菏泽学院博士基金项目"改革开放以来中国共产党党内法规制度研究"（项目编号：XY20BS25）

新时代
廉洁文化教育效能论

| 李广栋　著 |

九州出版社 JIUZHOUPRESS | 全国百佳图书出版单位

图书在版编目（CIP）数据

新时代廉洁文化教育效能论 / 李广栋著. -- 北京：九州出

版社，2024.7. -- ISBN 978-7-5225-3281-3

Ⅰ. D630.9

中国国家版本馆CIP数据核字第2024H3Z451号

新时代廉洁文化教育效能论

作　　者	李广栋　著	
责任编辑	古秋建	
出版发行	九州出版社	
地　　址	北京市西城区阜外大街甲 35 号（100037）	
发行电话	（010）68992190/3/5/6	
网　　址	www.jiuzhoupress.com	
印　　刷	北京捷迅佳彩印刷有限公司	
开　　本	889 毫米 ×1194 毫米　16 开	
印　　张	21.25	
字　　数	280 千字	
版　　次	2024 年 9 月第 1 版	
印　　次	2024 年 9 月第 1 次印刷	
书　　号	ISBN 978-7-5225-3281-3	
定　　价	66.00 元	

前　言

　　全面从严治党，既要靠治标，猛药去疴，重典治乱；也要靠治本，正身修身，涵养文化，守住为政之本。党中央高度重视廉洁文化建设，强调反对腐败，建设廉洁政治，这是我们党一贯坚持的鲜明政治立场，是党自我革命必须长期抓好的重大政治任务。2022年2月，中共中央办公厅印发了《关于加强新时代廉洁文化建设的意见》。同年11月，"加强新时代廉洁文化建设"写入党的二十大报告。2023年1月，第二十届中央纪委第二次全体会议指出：要在不想腐上巩固提升，更加注重正本清源，固本培元，加强新时代廉洁文化建设。要构建全覆盖、多层次的廉洁文化教育体系，把加强廉洁文化建设作为一体推进"三不腐"的基础性工程抓紧抓实抓好，区分不同层级、区域、群体，在全覆盖的基础上突出特色，不断营造崇尚廉洁、抵制腐败的良好风尚，为推进全面从严治党向纵深发展提供重要支撑。2024年1月，习近平总书记在第二十届中央纪委第三次全体会议上指出：要加强新时代廉洁文化建设。深入开展党性党风党纪教育，传承党的光荣传统和优良作风，激发共产党员崇高理想追求，把以权谋私、贪污腐败看成极大的耻辱。要注重家庭家教家风，督促领导干部从严管好亲属子女。积极宣传廉洁理念、廉洁典型，营造崇廉拒腐的良好风尚。廉洁文化建设成为新时代推进廉洁社会、清廉政治，遏制腐败现象滋生蔓延的有力举措，廉洁文化教育成为推进中国式现代化顺利实施的重要精神文化支撑，发挥着在腐败治理方面的重要作用。

中国特色社会主义进入新时代，回望百年来党和国家峥嵘岁月、辉煌历程，展望未来之中国发展，我们有理由自豪，对中华民族伟大复兴充满了必胜信心和底气。我们深知，能否消除或有效遏制腐败，关系到执政党的生死存亡，关系到国家的长治久安。这是党和国家政治生活中的重大问题，也是社会公众普遍关心的问题。

放眼世界，各国普遍把健全法制、制约公共权力作为腐败治理的不二之选。但是这一铁律在当前中国的部分地方、领域却失去效力，或至少效果不佳。究其原因，大致如下：其一，我国廉政法规制度建设还有待提升，法规制度本身具有滞后性。因为法律需要保持相对的稳定性，不能频繁变动，以确保其权威性、可预测性。现实社会生活却是纷繁复杂、频繁变动的事实存在，二者冲突和矛盾的存在，必然导致了法律自身存在的滞后性特征。其二，我国廉政法律制度的执行中还有许多难题要破解。主要表现在部分领导干部对廉洁法规执行的认识态度不到位，缺乏对党内法规学习的主动性和深度。廉政法规执行的监管机制不完善、处理标准不统一等问题，导致部分党员干部法治意识、观念不强。廉洁教育培训流于形式、收效不佳。反腐败工作中执法人员素质不高、专业知识和技能不足、依法办案不力等因素，导致对腐败问题预防不力。综上，这些问题的存在严重影响了廉政法律的有效执行和反腐败工作的深入开展。

其三，国内廉洁文化建设和教育方面还存在一些短板与弱项。制定执行法规制度的主体是人，而人是由主观思想意识支配的，这些思想观念的形成，与良好的社会环境、公民素质的提升、廉洁价值观的形成密不可分，需要通过教育加以培育，其中，以价值观塑造为核心的文化教育充当了至关重要的角色。在社会层面积极培育和践行社会主义核心价值观，便是对推进腐败治理、发挥廉洁文化教育积极作用的现实表达。由此可见，欧洲芬兰、亚洲新加坡国家清廉指数较高，与其法制健全有直接关系。同时，这些国家法律实施环境、廉洁文化教育、公民教育走在了治理腐败的前面却是不争的事实，正是通过廉洁文化教育的长期浸润（历史文化积淀、公民素质提升、社会价值观念的形成）与廉政法规制度的硬约束，终于造就了这些国家今天廉洁的局面。这样看来，在健全立法、建设法治国家的同时，大力弘扬廉洁文化、发挥廉洁文化教育的积极作用、建设符合中国实际的新时代廉洁文化，成为当前我国从源头上惩治和预防腐败工作的重中之重。党的十八大以后，以习近平同志为核心的党中央根据国内外反腐败斗争的新形势、新特点，结合国内经济社会发展实际，按照"标本兼治，综合治理，以治标为主，为治本赢得时间"的反腐策略，在实践层面，重拳反腐，对腐败零容忍，取得显著成效；在思想文化层面，发挥优秀传统文化在培养公民道德修养中的重要作用，把反腐败斗争推向纵深，为根治腐败提供了一条有效路径。廉洁文化教育作为反腐倡廉的一项治本之策，在加强廉洁道德修养、塑造健康人性、提升自警自律意识、营造清廉的社会环境、建设良好政治生态、惩治和预防腐败等方面起到了不可替代的重要作用，已成为当代中国开展廉洁文化建设、提升个体修养、凝聚民族精神、澄清吏治、建设清明政治的必由之路。

在国内，廉政文化教育、廉政文化建设的概念正式出现在中央文件中始于2005年发布的《建立健全教育、制度、监督并重的惩治和预防腐败体系实施纲要》。2010年，中央纪委、中宣部等六部委联合发布《关于加强廉政文化建设的意见》，在全国范围内大力实施廉政文化"六进"工程，有序推进廉政文化建设、教育。党的十八大以来，廉洁文化教育向纵深发展，发挥了惩治腐败、清廉社会风气的良好作用。尤其是2022年2月，中共中央办公厅印发了《关于加强新时代廉洁文化建设的意见》，为新时代推进中国式现代化建设营造了风清气正、浸润人心的社会环境。伴随着一系列廉政文化建设、教育政策的发布实施，国内各地区、单位廉政文化创建活动蔚然成风，廉洁文化教育实践活动正逐步深入开展，成效日渐凸显。党的十八大以来，中共中央陆续开展的落实中央八项规定精神、纠治"四风"、党的群众路线教育实践活动、"三严三实"专题教育活动、党纪学习教育等，正是从作风层面着手加强党员领导干部反腐倡廉工作的有效抓手，是对弘扬社会主义核心价值体系、推进腐败治理、发挥廉洁文化教育积极作用的现实表达。

廉洁与廉政二者具有内在本质上的统一性。前者是对全体社会成员的要求，后者是对从政者群体的必然要求。用廉洁代替廉政就将私德扩展到了公德、政德方面。今天我们通常说的廉洁文化教育即是廉政文化教育在社会范围内的拓展，二者之间没有明显界限。廉洁文化教育术语越来越多地运用到全社会范围，并逐步取代廉政文化教育表述。本书中关于廉洁文化教育的基本内涵是：一方面，指对掌握公共权力的政府从业人员的廉洁教育，即对所有能帮助执行公权力和委托权力的人形成不想不敢、不能滥用手中权力实施腐败行为的有关教育活动，以及与之相关的教育内容、方式方法。另一方面，对全体社会成员的廉洁教育。廉洁文化教育涵盖了公民廉洁文化教育、公务员反腐倡廉宣传教育、社会廉洁文化创建等内容。从国家、群体层面来看主要指社会廉洁环境建设，从个体层面看主要指公民廉洁价值观的塑造。廉洁文化教育包括内容体系、路径体系、保障体系、评估体系等方面。

从国内廉洁文化的发展进程来看，廉洁文化是中华优秀传统文化的重要组成部分，具有丰富的内涵，可分为俭朴修身思想、勤俭持家思想、勤政廉政思想等。我国古代社会执政实践中积累了丰富的廉洁文化建设经验，如从治国理政出发提出了法治思想性，建立了完善的监察制度，出现了一大批清官廉吏。中华传统廉洁文化具有重要的当代价值，是培养合格公民、推进党风廉政建设、构建社会主义和谐社会的思想基础。中国共产党执政以来重视反腐倡廉教育、思想政治教育，重视从思想上建党。毛泽东提出了"两个务必"思想、"精兵简政"思想。邓小平提出重视制度在廉洁文化教育中的作用，反腐败要教育、法律双管齐下，不搞群众运动等。中国廉洁文化开展具有丰富的实践内涵。新中国成立初期，实施一系列运动反腐的惩贪举措，开展"三反""五反"运动。改革开放后开展"三讲"教育活动、保持共产党员先进性教育活动、党的群众路线教育实践活动等。这些教育活动都适应了当时特定的社会历史背景，提升、净化了党员干部的精神境界，凝聚党心民心，营造了良好的社会政治环境，维护了国家政令统一和执政基础稳固。

西方国家廉洁文化思想理论与实践历史悠久，其廉洁思想主要有，崇尚法律和理性，民主自由、公开公平，重视对权力的监督制约，崇尚规则与制度等方面。马克思主义经典作家非常重视道德教育在国家治理中的作用，强调建设廉洁政府，发扬党内民主，严格党内纪律，重视教育在廉洁社会中的作用等。从实践层面来看，西方发达资本主义国家在廉洁文化教育中进行了有效的探索与实践，形成了适应市场经济发展和社会治理模式的路径，其中有益经验同样值得借鉴。

开展我国廉洁文化教育路径选择理论和实践研究，必须明确其在整个公民教育中所处的位置，以及与其他教育之间的区别与联系，用系统的眼光来进行宏观的设计。从本质上说，廉洁文化是政治文化的重要组成部分，是公民教育的重要载体。所谓公民教育是指"国家对全体公民进行的，以培养公民能够全面、积极地参与到政治和社会生活中所必需的知识、能力、态度和价值观为目的，使其成为在政治、经济及社会生活中有效成员的教育活动"[①]。公民教育是一个政治概念，也是历史和文化概念。公民教育目的在于提升公民意识，即公民的民主法治意识、权利义务意识、公共精神和社会责任感，既包括公民对国家、社会、家庭以及个人应负的责任教育，也包含世界观、人生观、价值观、道德观、法制观教育。

廉洁文化教育主要是通过文化的外在形式，以廉洁、诚信、公平、公正等价值观为基本理念，通过廉洁社会环境营造、一系列教育措施等文化建设和廉洁教育活动，使所有公共权力的执行者自警、自省、自励，形成廉洁自律、淡泊名利、公正执法的职业道德和操守，让廉洁价值观入脑入心，践于言行。廉洁文化教育的核心是廉洁价值理念的塑造，使其成为社会成员内心的自我认同、自我践行，实质体现了公民教育对如何成为合格公民的价值追求、内在要求。因此，在选择廉洁文化教育路径时，要充分利用公民教育的有效途径，做到既充分发挥其在公民教育中的重要地位和作用，又借力公民教育助推廉洁文化教育的成效，实现二者的有机融合。

"西方国家的公民廉洁教育的发展路径从公民社会入手，把廉洁教育引入公民教育，突出公民廉洁政治教育、廉洁文化教育、廉洁社会教育、公务员廉洁教育的整体性和系统性，逐步形成具有西方特色的公民廉洁教育体系。"[②]公民廉洁教育目的主要是培养公民对现存社会民主政治制度的认同感，更好地维护其政治统治的社会基础，其主要做法有：

---

① 蒋硕亮：《中国公民教育与廉洁文化建设》，北京大学出版社，2014年3月版，第7页。

② 本书中的西方国家指"二战"后在政治体制上已实行较成熟的民主制度的国家，包括英国、美国、德国、法国、新加坡、澳大利亚等。

　　一是把公民廉洁政治教育纳入公民教育课程体系中，注重廉洁文化教育的实践及分层教育，加强对不同群体的区分，实现廉洁教育与国民教育体系相结合。比如，在针对青少年的廉洁文化教育中，强调以学校为抓手，开展廉洁教育、道德教育、法治教育、价值观教育为内容的教育实践活动。英国重视发挥学校教育的主渠道作用。1990年，英国全国课程委员会把公民教育纳入英国国家课程。2000年，德国、英国的公民廉洁政治教育强调宗教的引导作用，把宗教课列为学校的必修课程，同时吸收大量现代的生活内容，逐步向世俗化靠拢。新加坡把儒家伦理与国家主义相结合，突出"国家至上、家庭为根、社会关怀、协商共识、种族和谐"的廉洁政治的价值观，面向各学段、年龄的学生，采取分层施策、目标性强的教育方式，培养学生的社会责任感。

　　二是重视廉洁文化教育的社会环境营造。人是环境的对应物，人生活在社会中必然与社会环境有千丝万缕的联系。人不能离开所生活的社会环境而单独存在。西方国家强化廉洁文化教育环境的营造，通过科技、媒体、国家强制力等措施，营造良好的廉洁文化教育氛围，收到了积极效果。比如，澳大利亚政府重视对公民廉洁文化的宣传教育，通过印发各种语言的宣传材料，广泛宣传廉洁文化，强化公民监督意识，公民也自觉配合相关机构工作。政府通过传媒进行宣传教育，营造反腐败的舆论氛围，加深公民对廉洁价值的认同，取信于民。英国也重视职业廉洁文化教育，通过公民行为、法律规范来加以约束，引导公民遵纪守法。美国则发表了《为民主服务的高等教育》《国家处在危机之中：教育改革势在必行》等报告，为廉洁社会教育的发展指明方向。

　　三是注重把廉洁文化教育纳入法治化、规范化轨道，通过制度的约束力，确保廉洁教育的刚性约束。比如美国颁布了《职业教育法案》《终身学习法》等，使廉洁社会教育体系更加完善，用法律保障了廉洁文化教育的实施。德国政府制定了《职业教育促进法》等，明确把职业教育研究报告作为每年对职业教育现状和发展的综述报告，为廉洁社会教育奠定了基础。从制度与文化的关系来看，制度具有长期性、稳定性特点，有刚性约束要求，在实践中易于操作执行，能最大限度地体现法律制度面前人人平等。良好的社会文化环境是法律制度的执行的重要保障，没有良好的法律文化实施环境，即使再严密的法律制度都可能不被严格遵守执行而成为一纸空文。在现实中，要把握好制度与文化的相互作用，使二者相互促进、相得益彰。

四是注重对公职人员的廉洁文化教育。公职人员的一言一行代表着政府形象及其对廉洁从政的态度和行为，是社会公众效仿和关注的焦点。西方国家普遍加强对公职人员从政道德、法律教育和实践的监督指导力度。西方国家在公务员廉洁教育方面建立了一套比较健全的法律和制度，以教育和规范公务员保持廉洁勤政的职业道德。在英国，公务员廉洁教育的法律主要体现在公务员的招聘、培训、任用、管理和监督制度，如《公务员行为准则》《议员行为准则》等，规范公职人员行为，形成自我约束机制。在美国，廉洁教育的法规多是预防性设定，是以事前预防为主的廉洁立法体系和运行机制，具有缜密和周全的特点，可操作性强。在德国，通过《联邦政府官员法》《公务员行为守则》等对公务员的升迁、义务等事项做了明确规定。新加坡通过《新加坡公务员守则和纪律条例》和公务员的身体力行，把廉洁教育工作渗透到公务员日常工作中。

从政治学角度分析，廉洁文化教育是由社会功能和个体功能结合的统一体。要保证廉洁文化教育的顺利实施，必须处理好社会功能和个体功能的辩证关系。其社会功能主要指维护国家、社会的正常运行秩序，为统治者执政合法性提供维护功能，其本质属于国家意识形态领域范畴。其个体功能是指提供价值道德判断和指引社会舆论导向的作用，帮助公众分辨是非、评判荣辱。廉洁文化教育的个体、社会功能既相互区分又彼此联结，构成一个有机体，共同促进廉洁社会风气的形成。其一，个体功能从属于社会功能，社会功能为个体功能发挥提供方向指导。其二，个体功能是社会功能的反映和基础。个体功能的良好发挥才能促进社会功能的实现，社会功能为个体功能的发挥提供良好的社会环境和舆论引导。个体积极参与廉洁社会文化建设，把清廉诚信、爱国守法、公平公正作为内心认同的价值观念，在实践中不断践行固化廉洁价值观念，可以有效促进其社会功能的实现。

廉洁文化教育路径选择的内在机理。从本质上来看，廉洁文化教育的社会功能是一种外在舆论社会环境的制约，具有被动价值导向，是"要我廉"，表现为他律。从廉洁文化教育的最高境界来看，最理性的状态不是通过严刑酷法来禁止人犯罪，而是提升个体的自我道德操守、内心的追求，自觉抵制贪污腐败现象的发生。实现个体功能与社会功能的有机统一，发挥法规制度与先进道德文化引领的重要作用，从两个层面推进廉洁文化教育的实践才是根治腐败的根本出路。正是基于这一逻辑关系，在选择廉洁文化教育路径时，应该从两个层面建构。一是外部环境建设，通过努力营造浓厚的廉洁文化教育的社会环境，包括廉洁制度环境、廉洁社会文化环境、廉洁政治生态环境、网络廉洁媒体环境等，发挥其社会功能的最大成效。但现实社会中，往往由于不重视对人本身的尊重，而靠僵硬的制度来约束公众，导致廉洁文化教育失去根基，在短期内可能会出现社会风气的好转，但是从长远发展来看，靠个体的内心觉醒去自觉抵制贪腐行为，才是推进廉洁社会建设的最高境界。二是注重对个体功能的发挥，通过国家层面力量进一步完善廉洁文化教育运行保障机制，确保廉洁文化教育有效运行、推进，形成各级党组织齐抓共管，纪委、监察、组织、宣传等部门通力协助的强大合力。以廉洁文化教育内容创新为例，首先，要尊重个体的主体地位，充分考虑其利益诉求，鼓励其积极主动参与廉洁文化建设、教育。综合运用全员育人、全方位育人理念，采取形式多样、喜闻乐见方式，借助数字媒体技术手段等，吸引全体社会成员主动参与，不断增强全体公民、公职人员拒腐防变和抵御风险的能力。政府部门要针对社会中群众思想困惑和错误认识及时疏导，给予精神、物质方面的帮扶激励，使其自觉培养和践行廉洁价值观念，让廉洁理念深入人心，让崇廉尚廉成为时尚，让廉洁风气充盈社会，成为社会主流价值观和意识形态，贪腐现象成为过街老鼠。综上所述，推进廉洁文化教育，建设法治中国，实现"软约束"与"硬制度"、自律与他律的有机结合，能够塑造健康人性，实现"政治清明、政府清廉、干部清正"。培育和践行社会主义廉洁文化价值观，是中国共产党人根治腐败、建设廉洁政府、巩固党的执政地位的庄严承诺和必然选择。有鉴于此，本书把研究构建我国廉洁文化教育的实现路径、丰富和发展新时代中国特色的反腐倡廉理论体系作为核心目的。

目　录

绪　论

第一节　廉洁文化教育的时代价值与意义

一、选题背景

（一）国内反腐倡廉工作呈现新气象

反对腐败、建设廉洁政治是中国共产党执政兴国的重要职责。党的十八大至今，反腐败行动在规模、密集程度、深入性及制度探索方面呈现出前所未有的态势。中国政府以"壮士断腕"自我革命精神，坚持"老虎""苍蝇"一起打，重拳反腐、重典治吏，对腐败分子以"零容忍"的态度，推动全面从严治党和社会治理改革，国内政治经济焕发新活力，社会环境呈现了新气象。中央高层领导的反腐决心、十八届三中全会对全面推进依法治国的战略部署，对国内反腐败工作都起到重要的推动作用。特别是落实中央八项规定精神、纠治"四风"，公开中央部委、省级及以下政府部门、行政单位的"三公"经费，把权力关进制度的"笼子"里，织密制度的"笼子"等措施实施，"打虎""拍蝇"不设限，反腐败不设禁区，没有所谓的"铁帽子王"等一系列反腐败"组合拳"，引发了官场"大地震"，让贪腐者付出沉重代价，让更多的国内民众感受到大面积的廉政建设成效，赢得了党心民心，在国际社会中树立起良好形象。同时，新一届党中央上任伊始就提出了全面深化改革的奋斗目标，成立了中央全面深化改革领导小组及国家安全委员会，在维护国家安全稳定和领土主权完整的情况下，有条不紊地推进经济、政治、文化、社会等全方位改革。这也向外界投放了一种积极信号，随着反腐败斗争的深入推进，中国政治体制改革的进程将会进一步加快。

然而，在公众对国内反腐败成效赞叹不已的同时，一则国际透明组织发布的各国廉政指数排名的新闻报道却引来了世人关注的目光。针对2014年中国廉政指数得分及廉政指数榜排名情况，有媒体就这一信息的可信度和原因曾求证时任外交部新闻发言人华春莹，请她就这一现象做出评价。针对这一现象，华春莹有理有据有节地回应了国际社会、公众及网络舆论的有关质疑，结合十八大以来我国反腐败的实际成效积极回应各项质疑。她严正指出：透明国际发布的关于中国廉政指数等有关数据情况歪曲事实，无视中国反腐败工作中取得的实际成效，对其发布的数据持保留意见。

事实上，党的十八大之后，中国政府各项反腐败力度持续加大，各项惩治预防腐败政策措施不断出台，公众也感受到了大面积的反腐败取得的成效。综合研究、考量10年间透明国际清廉指数排名可以看出，中国清廉指数无论是得分还是排名都呈现逐步向好的趋势。这充分说明经过一个时期的腐败治理，成效显著，我国清廉指数正趋向良好的方向发展，反映国际社会对中国反腐工作的评价不断提高。但与清廉指数排名在前十位的国家相比，我国清廉度还需进一步提升，当前和今后一个时期，国内反腐倡廉工作任务仍然艰巨。正如研究者指出的：中国政府的反腐力度是近年来最大的，老百姓对此期望很高，国外对此也比较关注。

但从上述一个具体个案可以看出，西方某些国家、组织或个人，罔顾事实，别有用心，打着非政府组织旗号在评价我国政府的反腐败成效上难免戴着"有色眼镜"，用非客观的标准来传递和解释中国的反腐败工作成效，向国际社会传递错误的信息，混淆视听，严重影响我国在国际社会上的地位和良好形象。为此，我们要进一步采取有效举措，把我国反腐倡廉的有益经验传播出去，树立我国在国际社会中的正面形象，同时要不断创新反腐倡廉的理论实践探索，在国际上发出中国的声音，为世界和平发展稳定做出积极贡献。其实，我国自2012年反腐败取得的成效举世瞩目、世人共睹，仅以一个清廉指数任意掩盖甚至贬低我国反腐倡廉建设中取得的成效，完全是以偏概全、别有用心的，这种对中国国内政治事务的干涉和指责是徒劳的。著名历史题材作家二月河在接受媒体采访时曾评价当前国内反腐败的成效：翻遍中国二十四史，也找不到哪个朝代像今天反腐败力度这么大。

在国际化进程中，我国政府一直致力于推进廉洁政府建设，中国的反腐败力度和成果正逐渐得到国际社会的广泛认可和支持。比如，2014年北京APEC会议期间，中国政府在部长级会议上提交并发表了《北京反腐败宣言》，此次会议通过的《北京反腐败宣言》中，各方承诺"通过引渡、司法协助、追回腐败所得等手段"消除腐败，还提出加强对腐败官员及其非法所得跨境活动相关信息的共享，在亚太地区加大追逃追赃等方面合作。《北京反腐败宣言》集中反映了APEC各经济体在反腐败国际合作方面达成的共识：各经济体一致认识到，腐败破坏社会公平正义，损害政府形象和公信力，阻碍经济健康发展，是必须治理的社会"毒瘤"。呼吁各经济体加大合作力度，开拓合作领域，有效打击跨国（境）腐败行为。《北京反腐败宣言》主体部分共8条，从不同角度明确了各经济体加强合作的内容。加强反腐败国际追逃追赃合作是《北京反腐败宣言》的核心内容，包括拒绝为腐败分子及其非法所得提供避风港，加强对外逃腐败官员的引渡和遣返；加强对出入境移民活动的监管，建设相关信息共享机制；探索运用《联合国反腐败公约》等国际合作倡议，加强双边反腐败合作；支持并参与APEC反腐败执法合作网（ACT-NET）；通过一切可行方式开展反腐败案件合作等。《北京反腐败宣言》呼吁："在既往反腐败承诺的基础上，我们将继续以身作则开展合作，共同打击本地区内各种腐败行为。我们将带着崭新的活力与姿态，通过扎实的行动和其他必要的有效措施，捍卫我们在维护地区安全、市场诚信、社会法治和可持续发展方面的共同利益。"[1]APEC反腐败执法合作网络已正式运行。外交部部长王毅接受媒体采访介绍："这一宣言旨在致力于加强亚太地区打击贪官外逃和非法资金外流方面的国际合作。"[2]

　　同时，2014年11月，中国政府决定加入总部位于奥地利维也纳的国际组织、高等教育机构——国际反腐败学院，以加强打击贪腐的国际合作，成为第59个签署"建立国际反腐败学院协定"的缔约国。这是继APEC会议和G20峰会之后，中国反腐败进行国际合作的又一力举。根据《联合国反腐败公约》等相关国际合作文件，2015年，中国在全球范围内启动"猎狐"行动，开展对贪污犯罪分子的国际追逃。据报道："2015年5月9日，潜逃新加坡四年之久的江西鄱阳县财政局原干部李某被遣返回国，这是'天网'行动开展以来职务犯罪国际追逃追赃专项行动取得的重要战果，也是公开曝光百名外逃人员后遣返的重要案犯，国际刑警组织红色通缉令号码A-1256/2-2011。现年54岁的李某在中国发布的红色通缉令名单中排名第二，涉嫌贪污公款9400万元。中共中央反腐败协调小组国际追逃追赃工作办公室负责人表示：'李某被遣返回国再次证明，

---

① 《中纪委：〈北京反腐败宣言〉将成国际反腐新篇章》，中国政府网，2014年11月9日。

② 《APEC通过〈北京反腐败宣言〉》，《京华时报》，2014年11月9日。

我们说的腐败分子即使逃到天涯海角，也要把他们追回来绳之以法绝不是一句空话。我们将加强与有关国家的司法执法合作，统筹国内外资源，坚决把腐败分子追回来绳之以法。'"①

这一案例充分表明，在建设中国特色社会主义反腐败理论研究的过程中，我们要按照习近平总书记的要求，树立"中国特色社会主义道路自信、理论自信、制度自信、文化自信"，不管国际风云如何变幻，在处理具体的问题时，我们都有静气、有底气，有决心和能力、智慧、办法解决好自己的问题。同时，在反腐倡廉理论研究与实践探索中，要始终坚持和发展有中国特色的社会主义制度，根据社会发展阶段和层次需要，积极建构有中国特色的社会主义反腐倡廉理论体系，坚定"四个自信"，不断探索总结、创新发展新时代中国特色社会主义反腐败理论体系。

（二）国际政治文化环境复杂多变

当前，国内反腐败工作取得了令世人瞩目的成效，为我国的反腐倡廉工作特别是廉洁文化教育工作营造了良好的政治环境和舆论基础。同时，反腐倡廉工作面临诸多新情况和新问题，对廉洁文化教育实践提出了更高要求。

随着互联网的高度普及，特别是新媒体的崛起，微信、微博、博客、社交网站等新型社交工具使更多的人被卷入网络提供的海量信息之中。这些信息良莠不齐，媚俗低俗文化在网络上的蔓延，必定会对廉洁文化环境带来一定的负面影响。在信息时代，越是能吸引更多的眼球的宣传和教育就越能在竞争中略胜一筹。作为现代传媒重要手段之一的网络应用日益普及，网络已经成为宣传廉洁政文化的重要阵地，成为意

---

① 《"红色通缉令"2号嫌犯李华波被遣返回国》，中央纪委国家监委网站，2015年5月9日。

识形态斗争和宣传思想等工作的新途径。一方面，网络的互动性、广泛应用性使廉洁文化日益渗透、融合到网络文化之中，大大增强了廉洁文化宣传的辐射力。借助互联网平台，政府部门可以利用网络平台开设网站、设置议题，传播和弘扬廉洁价值观和正能量，网民既可以是廉洁文化的受教育者，也可以是廉洁文化教育的推动者，极大地提高了网民参与廉洁文化建设的积极性，使廉洁文化更具有吸引力和感染力。另一方面，网络文化是一把"双刃剑"，在运用网络提升廉洁文化教育效果时，如果不能坚持正确的导向，可能会适得其反，产生不良的消极影响。廉洁文化讴歌廉洁从政行为，鞭挞腐恶现象，这是影响、重塑社会意识的重要因素。因此，既要把握好廉洁文化教育网络宣传导向问题，又要不断创新模式，丰富廉洁文化教育的内容形式，引导公众积极理性参与。

西方以发达国家为首的资本主义世界，始终没有放松对中国实施文化领域、意识形态领域、思想观念领域的侵蚀、颠覆、破坏。特别在制话语权方面，常常预设话题，制造事端，东西方国家间的意识形态领域的斗争日益表现为各种隐蔽的形式，始终没有停止过。国家文化安全日益成为各国意识形态领域争夺的主要方面。可以说，国家文化安全关涉意识形态的方向，事关党的前途命运和国家长治久安，也影响着民族凝聚力和向心力，必须引起高度重视。相对于制空权、制海权以及制信息权而言，制话语权更难以把握。谁拥有了制话语权往往意味着掌握了社会公众舆论导向主动权，如果失去了制话语权，很可能会在中西方意识形态的较量中走向自我瓦解，甚至人亡政息，政权易手，国将不国。苏联后期执政意识放松、忽视了意识形态领域的斗争，一夜之间政权易手就是最有力的佐证，其教训是非常深刻的。今天，以互联网为引领的现代通信技术革命日新月异，引发的意识形态斗争更加剧烈，隐蔽性、损害性更大。

以计算机技术为主导的互联网成为信息传播的新渠道、重要载体，其交互性、便捷性、及时性、数字化传输的特点，一经出现就引起了信息传播革命。今天的社会已经成为互联网数字时代，新一代青年人被称为数字时代的原住民。互联网已经日益成为不同意识形态领域斗争的主战场，被西方敌对势力视为重要的平台进行思想文化和意识形态的渗透，他们在互联网上频频发声，蛊惑人心。对此，必须从政治的高度来看待网络制话语权的争夺，时刻关注舆情动态和媒体格局，不断创新文化宣传理念和手段，确保国家意识形态和文化安全。同时，互联网成为廉洁文化教育的重要阵地之一，如何推进廉洁文化教育理论和实践的创新，不断探索把握廉政文化教育舆论宣传特点和规律，发挥廉洁文化教育的优势和作用，抗衡西方发达国家的舆论宣传，占领网络文化阵地，成为理论界和实践层面急需解决的重大课题之一。

（三）制度反腐与文化反腐双重要求

回顾历史，我国历代统治者都非常重视发挥法规制度建设作用，维护政权稳定，正所谓"不以规矩，不能成方圆"。战国时期法家思想的代表商鞅在《商君书》中指出："凡将立国，制度不可不察也，治法不可不慎也，国务不可不谨也，事本不可不抟也。制度明，则国俗可化，而民从制。治法明，则官无邪。"[①]其意思是说：凡是建立国家，对于制度不能不明白，政策法令不能不慎重研究，国家的政务不可不谨慎处理，国家该从事的根本之业不能不集中。国家的制度合于时势，那么国家的风格就能改变，而民众就遵守服从制度；政策法度清明，那么官吏中就不会发生邪恶的事。距今2000年前战国时期的商鞅为代表的法家学派认为

---

① 《商君书·壹言》，岳麓书社，2020年版，第77页。

制度可以制约人们远离邪恶而向上向善，制度在治理国家中具有重要作用。另一位战国时期的思想家荀子认为："今人无师法，则偏险而不正，无礼仪，则悖乱而不治。古者圣王以人之性恶，以为偏险而不正，悖乱而不治，是以为之起礼仪、制法度，以矫饰人之性情而正之也，以扰化人之性情而导之也。始皆出于治，而合于道也。"①在这一段论述中，荀子首先提出人性是恶的，而善是后天人为的，认为人自出生就好利、嫉恶、好色。放纵这些人的本性就会带来不好的后果。只有师法、礼仪才能矫正和约束人性。所以古代的先贤圣人主张"起礼仪、制法度"，以制度约束、道德教化来化导人的性情。

中国古代倡导廉洁从政的制度安排包括：选官用廉制度、考核促廉制度、俸禄养廉制度、廉政监察制度和法律保廉制度等。这些制度措施对我国封建社会统治者惩治贪腐、清明吏治、维护其中央集权统治产生了重要作用。先秦儒、法两大思想家关于制度重要性的论述，以及中国古代通过制度安排以规范官吏廉洁从政的行为至今仍具有重要的借鉴意义。

新中国成立后，中国共产党作为执政党与广大人民的利益根本上具有一致性，把维护和尊重人民的利益作为最高使命，相继出台了一系列反腐倡廉制度来约束党员领导干部和从政人员，对肃清封建遗毒及腐败的危害、建设清明政治起到了积极作用。20世纪80年代，中国开启了改革开放的新纪元。90年代，中国逐步建立起了社会主义市场经济体制，各项法规制度不断完善，我国的综合国力和国际影响力日益增强。但同时国内、国际经济、社会环境发生了深刻变化，随着社会转型、体制转轨，腐败现象在一定领域和范围内仍然高发频发。这一时期，制度反腐工作中主要存在两种问题和倾向：一是反腐倡廉制度不健全，一些关键

---

① 《荀子·性恶》，中华书局，2015年版，第376页。

的法律法规缺失，被贪腐分子嘲讽为"牛栏关猫"。另一方面，由于制度自身存在的弊端，仅仅依靠制度规避和治理腐败一再遭遇制度功能弱化的瓶颈。因此，要解决制度反腐面临的种种困境，走出单纯依靠制度反腐的怪圈，必须深刻认识、系统研究制度反腐中的缺陷和不足，大力弘扬廉洁文化教育，发挥文化在浸润心灵、陶冶情操中的巨大作用，发挥文化对制度执行环境的维护作用，在全社会大力营造廉洁的文化氛围，达到"软文化"与"硬制度"的双管齐下、他律与自律双重约束，探寻一条科学有效的反腐路径，持续不断推进反腐败理论和实践创新。

以习近平同志为核心的党中央，以"猛药去疴""壮士断腕"的气魄推进反腐败斗争，提出"管住任性的权力"，"织密制度的笼子"，"把权力关进制度的笼子里"，通过依法严惩腐败和提升公民、社会道德文化水平来规范和制约公权力的运行，反腐败工作取得了阶段性成效。新一届中央政府把增强文化自信和传承弘扬中华优秀传统文化提上日程，深入挖掘中华优秀传统文化中蕴含的积极因素，以鲜活形式、深厚底蕴引领和弘扬社会主义核心价值观，激发正能量，在社会上形成以社会主义核心价值观为引领、风清气正的良好政治生态和舆论环境。2013年11月，习近平在山东曲阜考察时强调："一个国家、一个民族的兴盛，总是以文化兴盛为支撑点，中华民族伟大复兴需要以中华文化发展繁荣为条件。"①随着"实现中华民族伟大复兴的中国梦"的提出，落实中央八项规定精神、纠治"四风"等一系列执政新风为良好社会风尚的形成凝聚了力量，赢得了公众对反腐败的支持，赢得了党心、民心，为新时期廉洁文化的弘扬和培养营造了良好社会氛围。现阶段我国必须发挥制度反腐、文化反腐的积极作用，实现"硬制度"与"软约束"的有机融合，才能从根本

---

① 《曲阜"三孔"：儒风千载文脉传》，新华网，2023年6月26日。

上遏制腐败的滋生蔓延。

（四）价值观教育与廉洁文化教育的内在统一性

文化的实质是一种精神价值，是在适应改造自然逐步实现自身价值观念的过程中形成的一种精神价值。文化的核心在于价值观的培育和践行。廉洁文化教育的本质在于廉洁价值观念的培育养成，所以价值观与廉洁文化在本质上具有内在统一性。从群体、国家层面来看，廉洁文化教育对于社会环境的塑造培养有重要作用，可以抵制腐败文化的侵袭，营造良好的社会环境氛围。从个体层面来看，廉洁文化教育对于公权力行使可以规劝、监督，加强公职人员廉洁从政意识的提升。总之，通过廉洁社会教育、公民教育的培育和践行可以提高社会公众的廉洁自律意识，增强抵制腐败的自信心。

二、问题的提出

（一）制度反腐的"瓶颈"分析

从新中国成立初期的单纯依靠运动反腐到逐步建立健全制度，走制度反腐之路，从依靠领导个人魅力和自我约束的治理模式到依法治国转换，是中国共产党执政70多年在政治领域的一个显著特征。相比新中国成立初期各个领域都处于起步阶段，许多制度还非常不完善，许多重要的制度还没有制定，目前我国在经济、政治、文化等各领域治理都逐步走上规范化、法治化轨道。但在看到法治化进程中取得成绩的同时，也存在着一个悖论，即当前腐败现象远没有绝迹。据调查，连续几年，全国"两会"期间百姓最关心的议题中，反腐败一直位居前列，原因是什么呢？从本质上说，制度具有客观性、长期性、稳定性特点。但制度自身也具有固有的缺陷，比如制度在控权过程中的局限，制度正义难以完全实现，制度漏洞和制度矛盾同时存在等。鉴于腐败成因的复杂性、腐败现象的隐蔽性、腐败惯性及腐败的主体——人的复杂性。人具有多变性、复杂性特点，人的思想、观念、心理、行为总是受某种社会文化或明显或潜在影响的结果）等诸多因素和不同观点交织，造成了腐败治理的艰巨性、复杂性仅凭某个单一的措施难以根治。显然，在反腐败中仅靠制度的力量是远远不够的，同样需要道德文化层面精神的力量来指导和引领。原因如下：

首先，法律制度是一种外力约束，具有刚性约束特点。从客观上讲，法律制度能对腐败造成惩戒，法律面前人人平等便要求对违法者处以惩治。建设法治社会、法治政府是当前政治体制改革的关键。随着我国法治进程的加快，依法治国、依法办事日益成为国人的共识，对惩治腐败的震慑治理作用明显。腐败文化的本质特性、社会历史发展阶段的特点都决定了治理腐败任务的长期性和艰巨性。目前，即使世界上公认的最廉洁的西方发达国家，其各项法规制度等已非常完善，腐败现象还是未能根除。这就需要提升法律执行的社会环境，增强公民素质、自律意识，发挥文化、道德、制度的合力，才能从根源上消除和遏制腐败现象发生。另一方面，法规制度的刚性特点致使法律执行中缺少温情，不利于和谐社会建设的整体推进，现代人钟情于诉诸法律，而逐渐淡忘了道德的约束。与传统社会相比人与人之间缺乏基本的关爱和温情，造成人与人之间的冷漠，互不信任，内心缺乏信仰和敬畏之心，这不能不说是现代制度的悖论。

其次，制度建设的渐进性特点，说明制度不是一蹴而就的，需要文化道德来弥补不足。实践表明，即使已经制定和执行的制度，随着时间推移和社会发展，也需要不断调整。制度对腐败的制约具有优势，但即使芬兰、瑞典等世界上被公认的廉洁国家，他们的廉政制度依然存在漏洞，制度建设还有进一步改进空间。从我国社会发展来看，同样的法治环境下，有的公职人员能够安贫乐道，廉洁守法，不为外界的利益所惑，成为人民永远铭记的公仆，比如孔繁森、牛玉儒、郑培民等许多杰出的公职人员代表。而有极个别的贪腐官员不能秉公用权，辜负党和人民的重托，腐化堕落，沦落为党和人民的罪人。这两类官员的人生结局可谓天壤之别，岂是仅靠健全法制、严格执法能解释的？其原因之一是，这其中蕴含着深层次的个人意志、价值观和理想道德的因素。比如，理想信念的动摇、道德缺失、价值观念滑坡、自身学习和自我改造的放松，必然背离为人民服务的宗旨。因此，要牢固树立正确的世界观、人生观、价值观，不为外界利益所惑，谨慎用权，筑牢思想道德防线，加强道德修养，自律、自警、自省，通过廉洁文化的熏陶、浸润，来提升自我的人生境界，只有坚持"权为民所用，情为民所系、利为民所谋"才能赢得人民的称赞和拥护。

第三，法律制度在治理腐败中存在着难以避免的"盲区"。一是制度的完善与整个社会经济政治的发展进程密切相关，具有一定的时代局限性；二是制度执行中存在着行为人的主观因素难以完全杜绝；三是制度的惩罚功能具有威慑力，但中国当前惩处制度执行宽、严方面有待进一步完善。

第四，腐败成因的复杂性。事实上，当前，我国的腐败成因复杂，腐败现象更加隐蔽，既有封建社会历史遗留、思想意识方面的影响，也有市场经济条件下社会转型的影响；既有腐败主体的人性因素，也有制度因素。迄今，国内外反腐败方面的理论专家分别从经济、社会、政治、文化等方面提出了"权力寻租理论""经济人假设理论"等十余种理论来解释腐败现象和成因。鉴于腐败治理的复杂性，仅凭制度、法规等某个单一的措施难以全面遏制腐败的滋生蔓延。除了加大和创新惩治、预防腐败的力度，在制定和执行制度、法律同时，还应该探讨综合治理、根治腐败的治本之策。理论和实践充分表明，从文化的视角来研究治理腐败、德法并举，能够弥补制度反腐的不足，"硬制度"与"软约束"相配合，才能标本兼治，起到事半功倍的效果。

通过分析中国当下出现的"文化杂交"和"信仰真空"现象，对当前反腐败工作的难度的原因可窥之一二。一个时期以来，在拜金主义、享乐主义、个人主义等西方自由主义思想糟粕和官本位、等级观念、"官"与"禄"不分、情大于法等封建文化遗毒杂交形成的文化失范和信仰真空的影响下，一部分人精神世界价值观念错乱，主流价值观缺失，不良观念肆虐。腐败已经不仅仅涉及某一领域和某几个人。比如"靠山吃山、靠水吃水"，利用自身的有利条件为自己或亲属、朋友谋取好处、输送利益成为一些人的行为方式。因此反腐败已经不仅是某个部门和国家的责任，更应该是全民的责任，是每一个中国公民的责任。当前，要根治腐败就必须从思想、道德、文化等层面上做工作。目前，我们的腐败预防惩处制度不完善，可能带来一定的腐败治理难度，但关键还是反腐败策略的问题。有时能够带来根本变化和格局转变的可能是一些小的制度，如中央八项规定精神正在从细微之处改变中国，其在制止公款吃喝等方面都收到了立竿见影的效果。尽管今天公款吃喝现象还时有发生，但这种活动已不敢明目张胆地进行了，而且一旦有些吃了不该吃的，被举报出来，会付出很大的代价，如丢"乌纱帽"，或者被实名通报。应从思想认识上入手，自上而下加大道德教化和制度约束，通过培育廉洁从政的政治生态、风清气正的社会环境，在全体公职人员的心中牢固树立正确的世界观、人生观、价值观，正确对待权力、美色、金钱、名誉等的诱惑，自觉形成抵制各种腐败现象滋生的思想防线，这无疑是一种行之有效的举措。

（二）突破制度反腐"瓶颈"的对策

明王朝曾以严刑峻法整顿吏治而闻名于世，但最终没能改变其因为官吏腐败而走向灭亡的宿命。新中国成立前夕，1945年7月，褚辅成、黄炎培、傅斯年、左舜生、章伯钧等六位国民参政员从重庆飞抵延安与中共领导人共商国是，开展了5天的考察活动。其间，毛泽东邀请黄炎培等人到家中作客，在窑洞中长谈了一个下午，探讨了如何才能跳出"历史周期率"的问题，从此延安"窑洞对"成为民主人士建言资政的成功范例。

谈话中，毛泽东问黄炎培，在延安考察了几天之后有什么感想。黄炎培坦率地说："我生六十多年，耳闻的不说，所亲眼看到的，真所谓'其兴也浡焉'，'其亡也忽焉'，一人，一家，一团体，一地方，乃至一国，不少单位都没有能跳出这周期率的支配力。大凡初时聚精会神，没有一事不用心，没有一人不卖力，也许那时艰难困苦，只有从万死中觅取一生。既而环境渐渐好转了，精神也就渐渐放下了。有的因为历时长久，自然地惰性发作，由少数演为多数，到风气养成，虽有大力，无法扭转，并且无法补救。也有为了区域一步步扩大了，它的扩大，有的出于自然发展，有的为功业欲所驱使，强求发展，到干部人才渐见竭蹶、艰于应付的时候，环境倒越加复杂起来了，控制力不免趋于薄弱了。一部历史，'政怠宦成'的也有，'人亡政息'的也有，'求荣取辱'的也有。总之没有能跳出这周期率。中共诸君从过去到现在，我略略了解的了，就是希望找出一条新路，来跳出这周期率的支配。"毛泽东回答说："我们已经找到新路，我们能跳出这周期率。这条新路，就是民主。只有让人民来监督政府，政府才不敢松懈。只有人人起来负责，才不会人亡政息。"

毛泽东之所以胸有成竹，就是因为他很早就在反复思考这个历史现象。在以毛泽东为代表的中国共产党人心中，权力是人民给的，共产党人的责任，是向人民负责，当了人民的代表，必须代表得好。黄炎培对毛泽东的回答表示认同："这话是对的。只有大政方针决之于公众，个人功业欲才不会发生。只有把每一地方的事，公之于每一地方的人，才能使地地得人，人人得事。用民主来打破这周期率，怕是有效的。"他还赞赏中国共产党人的精神品质，认为"中共朋友最宝贵的精神，倒是不断地要好，不断地求进步，这种精神充分发挥出来，前途希望是无限的。"①

　　笔者通过查阅和整理相关史料，探究各朝各代之所以无法摆脱"历史周期率"的宿命，发现其根本原因便在于封建官场体制的封闭性，以及"愚民"思想对群众监督的限制，使得各种官场陋习逐渐成为一种贪渎文化笼罩了整个官场，而且挥之不去。在探究制度反腐困境时，有人将其归结于制度缺失，有人归结于制度失灵，有人甚至批判唯制度主义。同样的制度在不同国家和地区执行会得到不同结果，其根本原因在于每个地方的不同社会、文化环境所导致。理论和实践表明，要想从根源上遏制腐败，仅靠制度、仅靠政治主张还是远远不够的，必须重视和有效发挥廉洁文化与法规制度的相互作用。一方面，发挥廉洁文化对贪渎文化的抵制作用，弘扬正能量，净化社会环境，培养健康向上的人格，自律自省，同时，形成对政府公权力监督的良好意识和社会文化氛围，使腐败现象和行为无处遁形。另一方面，加强制度建设，树立制度权威，提高制度的执行力，形成制度面前人人平等的良好氛围，坚决依法反腐，有贪必反，有贪必肃，保持对腐败现象"零容忍"。

　　2022年10月16日，习近平总书记在党的二十大报告中指出："经过不懈努力，党找到了自我革命这一跳出治乱兴衰历史周期率的第二个答

①　王光鑫：《重温"窑洞对"——打铁必须自身硬》，中国共产党新闻网，2022年7月14日。

案，自我净化、自我完善、自我革新、自我提高能力显著增强，管党治党宽松软状况得到根本扭转，风清气正的党内政治生态不断形成和发展，确保党永远不变质、不变色、不变味。"①习近平总书记提出了跳出历史周期率的第二个答案，这就是"自我革命"。中国共产党百年征程，是一部波澜壮阔的社会革命史、自我革命史。中国共产党历经磨难而茁壮发展的伟大历程，始终坚持真理，修正错误，是以自我革命精神、完善自身、走向胜利的典范。马克思指出，无产阶级革命与其他任何革命不同的地方，就在于它"经常批判自觉"。先进的马克思主义政党不是天生的，而是在不断自我革命中淬炼而成的。中国共产党以民族、人民的利益为自己的毕生追求，始终坚持国家、人民至上的价值立场，常怀忧患意识。探索出一条在长期执政条件下解决自身问题、跳出历史周期率的成功道路，确保党始终成为中国革命、建设、改革的中坚力量。

党的十八大以来，习近平总书记反复强调历史周期率问题，经常借用"霸王别姬""人亡政息"等典故、话语警示全党，号召全党要牢记"两个务必""生于忧患死于安乐"的古训，着力解决好"其兴也勃焉，其亡也忽焉"的历史性课题。②新时代全面从严治党取得历史性、开创性成就，产生全方位、深层次影响，形成了一整套自我净化、自我完善、自我革新、自我提高的制度体系，探索出一条长期执政条件下解决自身问题、跳出历史周期率的成功道路。

新形势下针对国内腐败现象及原因，走加强廉洁文化教育之路，在全社会弘扬清风正气，提升和净化社会环境，形成全民的廉洁意识，提

---

① 《高举中国特色社会主义伟大旗帜　为全面建设社会主义现代化国家而团结奋斗——在中国共产党第二十次全国代表大会上的报告》，人民出版社，2022年版，第14页。

② 《自我革命：跳出历史周期率的第二个答案》，光明网，2021年12月7日。

升群众监督意识，是当前开展反腐倡廉工作的正确选择。可以想见，被贪腐文化所腐蚀的民众意识，是不可能对贪污腐败现象痛加指责，进而进行有力的抨击和监督的。因此，发挥廉洁文化教育的优势和作用，建设和推广适合全社会的廉洁教育方式必须提上日程，当前，更需要以路径创新为突破口，探寻反腐败的成功之道。

党的十八大以来，新一届中央政府推动的党内的学习教育活动深入开展，如"党的群众路线实践教育活动"、纠治"四风"、落实中央八项规定精神、"党史学习教育"、"党纪学习教育"等，是从思想上加强廉洁价值观的重要途径。从中国改革发展的历程来看，改革开放初期，由于一穷二白，"官"和"民"的日子都差不多，改革的重任便落在了党政官员和公务员队伍身上。改革开放让一部分人先富起来的思路和"摸石头过河""黑猫白猫一样抓老鼠"的改革模式，一方面调动了个体和地方政府的积极性，也模糊了公共部门和私有部门的界限。同时，在公权力不受约束，官员缺乏监督的制度缺陷下，形成了包括一部分贪污腐败的党政官员和对改革益处有优先选择权的公务系统，他们形成了一个强大的既得利益集团，进而也逐渐由过去改革的中坚力量成为改革的"绊脚石"，站在了改革和群众的对立面。十八大之后，以习近平同志为核心的党中央全面深化改革，采取了一系列科学有效的反腐败措施，重拳惩治腐败，社会风气为之一新，为通过"治标"达到"治本"胜利赢得时间。2013年以来，中央先后出台多个政策规定，以"严禁""严查"遏制公务员的"灰色利益"，如"不动产财产申报""裸官不得从政""公共场所领导禁止吸烟""殡葬改革令""禁摊派党报党刊"等制度，与纠治"四风"、落实中央八项规定精神等举措相呼应，有效遏制了腐败蔓延的势头。当前和今后一个时期，必须发挥廉洁文化教育净化社会环境、塑造健康人性、培养良好政治生态的强大作用，通过廉洁价值观的培育和践行，在全社会形成良好的社会价值观、道德信仰，发挥好制度与文化在反腐败中的协调配合作用，根治腐败现象滋生蔓延。

检验反腐措施是否得力，关键看成效及是否获得了广大群众的认同。进入新时代，中央政府的反腐措施一方面吸收借鉴了世界各国的通用的经验和具体做法，同时也结合新的社会条件下反腐败战略变化做出历史抉择，这些举措取得了广大网民的支持，受到了广大群众特别是基层民众的普遍认同。习近平总书记指出要"以猛药去疴、重典治乱的决心，以刮骨疗毒、壮士断腕的勇气，坚决把党风廉政建设和反腐败斗争进行到底"。这显然是面向全社会提出的要求，希望全体公民，包括社会精英，全力支持反腐，做到法律面前人人平等，建设法治国家、法治政府、法治社会。实现中国式现代化，就要继续深化改革，因为腐败危害党的执政根基巩固、侵害大多数人利益、为社会大众所深恶痛绝。彻底反腐必定会触及现有的"既得利益者"。面对两难抉择，必须有坚定的政治信仰、卓越的政治智慧、"我将无我、不负人民"的胸怀气魄，才能领导这场改革取得胜利。

（三）腐败文化的成因分析

各种社会现象并不是孤立存在的，都有其自身特定的历史文化背景。腐败现象也不例外，其发生发展的过程也有着其自身的社会历史文化因素。而且人作为社会的人，不是孤立存在的，作为各种社会文化的载体，各个体的思想和行动总是受到所处社会的文化潜移默化影响，腐败主体也不能例外。因此，在探讨腐败治理问题时，应当把腐败问题与其所处的社会历史文化环境相联系，借助对不同文化背景的分析，寻找文化的影响因素，从文化中寻找答案，这一思路也成为国内外解决腐败问题的重要举措。反腐倡廉工作不仅受体制、机制和法律制度等因素的影响，更受人们思想意识、价值观念、思维方式、文化背景等因素的影响。要使法律制度真正发挥对个体、社会发展的约束作用，仅靠严刑峻法是不够的，必须借助一定的社会文化环境，让人们从内心敬畏法律，并自觉遵守法律，形成遵纪守法的制度文化环境和良好社会舆论氛围。

从本质上说，腐败现象是一种文化现象，是侵蚀廉洁文化助推腐败文化的重要影响因素。培育廉洁文化必须大力打击腐败现象，而要抵制腐败文化，减少腐败现象的发生，则必须加强廉洁文化的培育。廉洁文化教育与廉洁价值观教育结合可以净化社会环境，形成清廉诚信的社会氛围，为每个个体画出内心道德底线。同时，借助制度的刚性约束力，坚持有贪必反，有贪必肃，提升廉洁文化教育的效果。这些做法无论在中国还是西方国家都有着深厚的历史渊源，为我们开展新时期廉洁文化教育提供了重要的参考和借鉴。只有把腐败现象放在历史的长河中加以研究，在与文化、历史的联系中探寻制度反腐的突破口，才能探寻到治理腐败的关键所在。

为此，需要研究和探索廉洁文化教育实施的有效途径，探索把廉洁意识通过言行举止、思想教化等逐步渗透到人们的日常生活、习惯中的方式方法，形成人人知法、守法的良好局面，固化为人们的日常行为。中华文化拥有5000多年的文明史，在这方面不乏廉洁文化教育丰富的宝库，也不乏以德治国、道德教化启迪引导人们的行为，以达到预防、惩治腐败的目的，比如俭朴修身思想、勤俭持家思想、勤政廉政思想。同样，在西方国家的历史发展中，也有着许多关于文化反腐、德治思想的理论与实践值得我们借鉴，比如宪政思想、权力监督理论、民主自由思想等。无论是受中国儒家孔孟思想文化的熏陶，还是受西方古典哲学、法律文化以及基督教的教化，历史长河奔腾不息，逐步积淀为当今人类社会所普遍认同、接受的全人类共同价值"和平、发展、公平、正义、民主、自由"。"全人类共同价值"系习近平总书记在2015年9月出席第七十届联合国大会讲话时首次提出,其着眼全人类历史发展进程,旨在超越地域、民族、肤色等差别,以人类共同利益为交汇点,凝聚不同文明的价值共识,目前,得到越来越多国家、国际组织的认同和践行。以中华优秀传统文化为代表的价值理念已成为全人类的共同文明成果,为世界各国法律制度所遵循、认同。

本书研究的核心逻辑是:首先,文化是什么?为什么会与治理腐败密切相连?如何起到遏制腐败的作用?其次,道德教育与文化教育的关系是什么?价值观与文化教育、道德教育的关系是什么?文化熏陶为什么可以起到道德引领的作用。第三,为什么文化可以对人的行为进行"软约束"?究竟是什么力量使得文化具有如此大的功效,甚至会超过制度等硬性的约束?第四,文化与制度的关系是什么?这些问题的破解和关注是开展廉洁文化教育理论研究首先要弄清的基本问题。

(四)廉洁文化对腐败治理的作用机理

在市场经济条件下,除了运用市场、政府的手段对经济社会进行调节,道德文化的因素也是一个非常重要的调节手段。道德文化为什么有如此大的——对反腐败起到"治心"的作用?北京大学厉以宁教授从理论源头探寻答案,为此提出"两个假设,三种调节"的理论,即"市场调节是无形的,政府调节是有形的,道德调节是无形却有形"。他进一步解释说,在市场调节、政府调节出现之前,人类社会之所以能存活下来正是靠道德力量的调节。在市场、政府调节的手段之后,道德力量调节同样也不能丢,因为在市场经济条件下,制度再管用也不能包罗万象,并且制度的制定执行中存在着人为因素,不能做到绝对客观。很多方面要靠自律、靠文化建设、靠乡规民约来实现。正是基于市场、政府调节手段不能覆盖所有的领域，才需要用道德标准来调节，用道德的力量来感化，在公众内心形成道德法则、行为准则。

廉洁文化教育在西方发达国家的反腐败实践中占有重要的地位，比如，美国等国家开展道德立法就是从文化层面开展腐败治理取得成效的有力证明。

廉洁文化教育治理腐败的作用机理体现在：首先，文化的本质在精神层面表现为价值观。文化的内核体现了一定的价值观，有什么样的文化就有什么样的价值观，文化产品从本质上来说是国家精神层面的产品，反映并维护着国家的价值观。价值观又能为个体行为提供根本指引和动力，促使个体形成持久的行为规范，如法律规范和道德规范，这些都是人类社会特有的理性选择的结果。其次，支配人类行为的动机不仅包括基于本能等生理需求的不具价值判断的自然动机，还包括基于人类社会所独有的理性需求，具有价值判断的理性动机。这些理性追求是人类特有的基于不同价值观的追求，它们是灵感和意义的源泉，是不能从我们身上拿走的精神层面的理性追求。价值观最终将成为人类行动的另一个"路线图"，区别于由本能驱动的人类与动物界所共有的常规"路线图"。我们越忠于自己的价值观并以其做指导，价值观所激发出来的动力就越旺盛。第三，价值观既是行为动力的来源，又是一种行为规范。当我们把自己的价值观转换成行动时，才能体现为人的品德。在"鱼，我所欲也，熊掌亦我所欲也，舍鱼而取熊掌者也"中，人们面对两者取其一的抉择需要筛选，这一选择本身就体现了一种价值判断。正常情况下，人们会选择熊掌来充饥，但是，动物保护组织成员们则会做出相反的选择，因为熊是濒危动物，应该受到保护，而不是杀戮，他们宁愿选择替代品食用，也要坚持自己的观念。这个案例说明了人与动物的本质区别是有理性能力和自控能力的。如果你看重尊敬他人，即使是在你面对压力的时候你可能会进行自我控制。如果一个人把诚信作为一种重要的价值追求，即便他招致批评也会说出实情。正常情况下，按照自己的价值观行事相对容易，真正的考验是要求我们抵制不断的满足感和做出某些自我牺牲。在这种情况下，价值观的作用凸显出来。这一案例说明只有把保护动物看作生命中极为重要的价值观时，经过权衡利弊和价值判断之后，他才会改变自己长期固守的行为。价值观指导下的生活让一个人更有可能远离基于本能需求的权宜之计行为，而具有高尚道德。这正说明文化教育能够通过塑造价值观进而影响人的道德修为，从而对人的行为产生影响的根源。

近年来，西方一些国家的政治学家及有识之士面对日益严重的腐败问题和社会问题，提出了向传统价值观回归的思想。英国前首相梅杰发起回归基本伦理运动。美国的布热津斯基著《大失控与大混乱》一书，对于美国和其他西方国家的人们追求物质生活上的纵欲无度，导致西方社会越来越腐败，表示忧心忡忡。布热津斯基认为，如果使追求声色物欲不断升级成为占主导地位的文化现实，那是很危险的。他说，美国的全球力量可能被美国自己的价值观念所破坏。[①]因此，美国需要长时间在哲学上反省，文化上自我批评，重振道德和价值观念，以获得道德上的影响力。新加坡提出"以德助廉"，重视教育与预防和"先教后诛"的思想观念，号召国民传承、践行儒家传统道德，以"忠孝、仁爱、礼仪、廉耻"为"做人之德、治国之纲"。此外，瑞士、古巴等提出道德价值观念的变化加剧了腐败的蔓延。强调腐败的关键因素是人心的堕落、道德观念的沦丧。哲学史上也不乏关于制度与道德辩证关系的论述。孟德斯鸠

---

① 《必须把思想政治建设摆在全军各项建设的首位》，《十四大以来重要文献选编（中）》，人民出版社，1997年版。

在《论法的精神》中指出："有些国家轻视道德的力量，一味用严酷的刑罚治理国家，结果适得其反。刑罚的力量是有限的，刑罚可以把一个犯了重罪的公民从社会中清除掉，但是它无法把犯罪本身清除掉。如果所有的人都丧失了道德观念，仅有刑罚，能够维持社会秩序吗？因此，当一个国家把道德礼仪抛弃的时候，便陷入混乱状态。"①这正是中国传统儒家经典《大学》中所倡导的处事原则："所谓修身在正其心者：身有所忿，则不得其正；有所恐惧，则不得其正；有所好乐，则不得其正；有所忧患，则不得其正。心不在焉，视而不见，听而不闻，食而不知其味，此所谓修身在正其心。"②这一论述充分表明了伦理道德、礼仪廉耻在社会治理中具有不可取代的基础性支撑作用。

因此，在当前阶段，廉洁文化教育地位和作用的重要性日益凸显，人的因素和社会环境制约着制度的制定和执行，必然导致"制度万能"论失效或效果不佳。那种认为只要创建或引进了某些廉政制度就可以一劳永逸的观念，只能是一种美好的期盼。因此，坚持廉政制度反腐与廉政文化教育并举，惩防并举、标本兼治、综合治理，实现二者优势互补，才能开创当前中国廉洁政治的崭新局面。

三、选题意义

（一）廉洁文化教育路径研究的现实意义

廉洁文化教育作为我们党革命和建设取得成功的法宝之一，无论是在革命战争年代还是社会主义现代化建设新时期，其对巩固执政基础，

---

① 孟德斯鸠：《论法的精神》，北京出版社，2012年版，第152页。
② 《论语·大学·中庸》，中华书局，2015年版。

净化社会风气，培育和践行廉洁价值观，提升个人道德素养，建设清明政治方面都发挥着强有力的作用。中国共产党在历史发展中始终注意发挥廉洁文化教育的作用，促使党的事业不断发展壮大，带领中国人民经过艰苦卓绝的革命战争，建立了新中国，开创了社会主义现代化建设的新局面。廉洁文化教育研究一方面需要重要的理论依托，是理论性很强的问题，同时更是一个重大的实践问题，必须从实际出发，选择适当的形式手段、方法途径和载体，必须将廉洁文化教育相关理论成果转化为实际的成效。廉洁文化教育相关问题的研究归根结底必须落脚在具体成效上，这也是开展廉洁文化教育路径研究的现实价值所在。

1.廉洁文化教育需要理论创新

中国共产党成立百年来，无论是革命年代还是社会主义建设、改革开放、新时代中国特色社会主义时期，廉洁文化教育，都是预防腐败的重要举措，在不同历史时期均发挥着惩治腐败、清明政治、净化社会风气、提升党员干部道德素养方面的重要作用。近年来，由于社会转型、体制转轨、市场经济发展、社会环境变化、理论研究方面滞后等原因，廉洁文化教育未能充分有效发挥其在遏制、预防腐败等方面的积极作用。从理论研究层面来看，当前廉洁文化教育研究中存在一些误区，即无论学界还是民间普遍存在关于廉洁文化教育相关概念界定不清、概念重复使用、同一内容却出现了多个称谓、缺乏重点与核心的问题，致使关于廉洁文化教育的理论研究与具体实践自说自话，难以形成学界普遍认同的结论，影响了研究效果。例如，出现反腐倡廉宣传教育、党风廉政建设、廉政教育、廉政文化建设等多个相似的概念，相互之间交叉融合，不易区分，一定程度上也分散了公众关注的核心以及理论研究的重点，使得关于廉洁文化教育研究各抒己见，很难形成研究范畴上的统一，而且浪费了宝贵的研究资源。有必要对目前学界和社会舆论中关于以廉洁文化教育为核心的相关研究有机整合，更好地推进廉洁文化教育的实践。

因此，开展廉洁教育的研究起点是把相关研究统一到科学合理的概念范畴中，然后围绕该基本概念展开所有讨论，才能形成合力，取得较好的研究效果。本书倾向于选用廉洁文化教育来统摄所有关于反腐倡廉宣传教育的概念，主要理由是：从反腐败的实践来看，反腐败工作的主体是惩处机关和侦查机关，反腐倡廉宣传教育主体是纪检监察系统和宣传教育部门牵头形成的各级党政宣传、文化、教育部门组成的联合体。但目前的情况是仅以纪检监察系统的宣传教育部门为主开展反腐倡廉宣传教育，这种情况不利于调动其他社会力量的参与，难以形成全民参与的良好社会环境。因此推进全社会反腐倡廉宣传教育工作必须调整思路，进一步拓宽廉政宣传教育的组织实施主体，让全社会多个部门、机关如纪检、法院、检察、宣传、文化、教育、街道、社区、学校、农村、企业等共同参与，凝聚多方合力，才能更好地扩大反腐败宣传教育的影响力，推进廉洁教育健康发展。基于此，反腐倡廉教育的理论研究和具体实践的概念统一到廉洁文化教育这一概念，可操作性更强，效果会更好。

围绕本书选题，笔者形成了用廉洁文化教育概念统领所有关于党风廉政建设、廉政建设、廉政教育、反腐倡廉宣传教育等概念的思路，在此基础上探索从个体价值观、群体价值观两条途径，推进廉洁文化教育实践开展，以此营造良好廉洁社会文化环境，培养健康人性。并希望本研究能够为今后国内相关反腐倡廉宣传教育方面的理论研究与实践探索提供一定的借鉴和参考。

2.廉洁文化教育与党的作风建设

廉洁文化教育为党的优良作风的建设和形成提供了坚强思想保证。2013年6月，党的群众路线教育实践活动正式启动，其主要任务是加强作风建设，集中解决"形式主义、官僚主义、享乐主义和奢靡之风"，简称"四风"问题。出重拳，保持高压惩治腐败态势，还只是刹"四风"的治标之策，要真正贯彻落实中央八项规定精神，还需要相关制度跟进，以便让落实中央八项规定精神有章可循、有规可依，才能继承和发扬干部党员的优良作风，促进党永葆青春活力。同时，再好的制度也要靠人来贯彻执行。再完美的制度，如果贯彻不力，其效果将大打折扣。"好官"的大量涌现，除了靠制度约束，更重要的是加强其思想、道德的培养，让其不想腐，而思想道德的基础是深层的文化。在这一思想转变过程中，文化养成是良好思想道德、优良作风形成的基础，是一切行动的本源。因此，积极主动地塑造、培育廉洁文化及其他一切孕育正能量的现代文化，开展廉洁文化教育理论与实践探索，是落实中央八项规定精神，巩固纠治"四风"成果，加强党的作风建设的关键。

3.廉洁文化教育与价值观教育

廉洁文化作为一定经济、政治在意识形态上的反映，是上层建筑的重要部分，是促进国家发展进步的正能量，它对整个社会、政治、经济都产生了极为重要的作用。大力培育和加强廉洁文化教育，提升全民的思想政治素养，对践行社会主义核心价值观产生重要影响和理论支撑。社会主义核心价值观是全社会的标准，有了这一标准，就会在全体成员中形成强大的约束力量。

必须在全体公民中培育和践行社会主义核心价值观，让其在公民中内化于心，外化于行。而要弘扬社会主义核心价值观，离不开文化的熏陶和教化，因为价值观作为文化的最核心的本质，属于意识形态领域，其培育需要通过教育。2006年，党的十六届六中全会第一次明确提出建设社会主义核心价值体系这一重大命题和战略任务。2012年，党的十八大首次明确了"三个倡导"的24字社会主义核心价值观内容。在此基础上，中央提出弘扬中国传统文化，践行社会主义核心价值观，用廉洁文化占领思想高地，用改作风赢得民众支持，用"中华民族伟大复兴的中国梦"串起大家的行动，用反腐整饬中国官场陋规，用网络发挥群众监督力量，形成"人人为我，我为人人"，大家共建美好家园的良好社会风尚，这就为新时代廉洁文化教育工作顺利开展提出了新任务。

（二）廉洁文化教育研究的理论价值

2005年，中共中央《建立健全教育、制度、监督并重的惩治和预防腐败体系实施纲要》第八条中指出："反腐倡廉教育要面向全社会，把思想教育、纪律教育与社会公德、职业道德、家庭美德教育和法治教育结合起来。大力加强廉政文化建设，积极推动廉政文化进社区、家庭、学校、企业和农村。社区组织要积极开展丰富多彩的廉政文化创建活动。妇联等人民团体要积极开展多种形式的家庭助廉教育活动。教育行政部门、学校和共青团组织要把廉洁教育作为青少年思想道德教育的重要内容，培养青少年正确的价值观念和高尚的道德情操。积极引导企业廉洁诚信、依法经营，开展农村廉政文化建设活动，增强全社会的反腐倡廉意识，形成以廉为荣、以贪为耻的良好社会风尚。"①《实施纲要》的颁

---

① 《建立健全教育、制度、监督并重的惩治和预防腐败体系实施纲要》，中央纪委国家监委网站，2014年10月16日。

布实施为廉洁文化教育在全社会推行提供了制度性保障。自此，廉政文化建设作为专用术语进入公众视野，其澄清吏治、净化社会风气的作用被肯定。近年来，我国理论界对廉洁文化建设、廉洁文化教育等进行了广泛研究并取得了一系列丰硕成果。但由于起步较晚，大部分研究还仅仅局限在廉洁文化建设理论层面的讨论，实证性研究还比较少。正是基于这一现状，开展以廉洁文化教育效能实证研究，将有效推进廉洁文化教育理论与实践研究向纵深发展。

具有独立人格和自由意志是人类文明的标志，个性的自由和人格的独立是人类的福祉，更是每个人的幸福。每个人都应是独立的精神存在，不依从于任何外在的权威。在真理的追求中，具有独立判断能力，在政治参与中具有独立自主精神。形成这种独立的人格关键在于教育先行。在最初阶段，要加强思想教育，努力培育良性的独立人格和自由意志，培育和践行社会主义核心价值观。因此，开展廉洁文化教育理论研究，确保各项廉洁文化教育工作取得成效，具有重要的理论价值。廉洁文化教育研究的理论价值主要体现在廉洁文化教育具有其自身的规律和相对完整的体系，它的指导思想、主体与对象、内容与载体、实现路径与现实效果等共同构筑了廉洁文化教育的理论基础，是开展廉洁文化教育和其他工作的重要理论依据。当前廉洁文化教育理论研究有待深化，主要基于以下几点原因。

首先，无论在学界还是在民间，当前对于廉洁文化教育相关概念的认识和使用上普遍存在概念模糊、使用混乱的情况。学界关于廉洁文化教育的研究中所使用的核心词不统一。

当前，关于廉洁文化教育的理论研究中对中央文件及讲话精神阐释多，对现实问题关照较少，造成与实践需要脱节，影响了理论效果的发挥。开展廉洁文化教育研究，应该从现实出发，而不应泛泛而谈，要真正能够为解决实际问题提供理论支持。正如马克思所讲："哲学家只是在用不同的方式解释世界，而问题的关键在于改造世界。"廉洁文化教育的相关研究也不能仅仅停留在概念和范式的研究，更应该将理论的触角伸向现实问题、实践层面的研究，更应该注重现实问题的解决，而不是闭门造车和纸上谈兵。

其次，理论研究与实践应用脱节。2005年《实施纲要》实施后，首次从中央层面提出了推动廉政文化"六进"工作。"六进"主要指廉政文化"进机关、进社区、进学校、进农村、进企业、进家庭"。这一做法主要源自江苏等省的廉洁文化教育实践经验，对在实践中大力推动廉洁文化的发展起到了积极的作用。但是各地推出的一批廉政文化"六进"典型地区和单位，由于缺乏有效的廉洁文化教育运行的体制机制，大都昙花一现，随着时间推移，除个别地方、部门外，"六进"工作在现实生活中的实际效果并不如意。社区居民对廉洁文化内容是什么仍然十分陌生。廉洁文化教育"进学校、进头脑、进教材"工作仍然缺乏实质性的进展。比如，在许多高校、中小学校的思想政治课中，更是很难见到廉政文化教育内容相关的字眼，多数学校的思想政治教育课的教材仍然沿袭过去的，其理论研究大多闭门造车、自说自话，擅长于纸上谈兵，与实践严重脱节。

有必要及时扭转这一局面，围绕廉洁文化实践中存在的问题开展深入的理论研究，寻找廉洁文化教育的有效路径。正是由于与基层实践相脱节，所以目前理论界关于廉洁文化教育的研究存在重国家层面的宏观研究、轻地方个案研究，重规范性研究、轻实证性研究，重零散研究、轻系统研究，而且同一水平的研究重复较多，深入实际的创新性研究成果较少，特别是缺乏廉洁文化教育效能方面的专门研究。

为此，目前廉洁文化教育相关理论研究应把廉洁文化创建活动同群众性精神文明创建活动结合起来，突出廉洁文化内涵，强化道德教化功能。在廉洁文化教育理论研究中不断实现与思想政治教育、公民道德教育、党纪学习教育、社会公德教育、职业道德教育、家庭美德教育和法治教育等有机整合。本书认为当前阶段，在理论方面对廉洁文化与廉政文化两个术语进行严格区分不利于廉洁文化宣传教育工作有效开展，主张用"廉洁文化教育"这一核心概念涵盖所有可以促进形成廉洁文化教育成效的方式方法和内容体系。

第二节　廉政文化教育研究现状与评析

随着廉洁文化教育实践的深入推进，其理论研究也引起国内学术界的关注，成为一个热门话题。检索中国知网，涉及"廉政文化教育"字段的相关文章万余篇，其中硕士、博士层次的研究论文占比大。梳理发现，目前国内理论界关于廉洁文化教育相关理论与实践研究的重点集中在廉洁文化宏观理论研究方面，比如：中央党校何爱云《新时期廉政教育研究》、东北师范大学赵秀月《推进中国廉政文化建设研究》、湖南大学邓学源《当代中国廉洁文化及其价值》等。关于廉洁文化教育效能方面的研究课题还不集中，对这一问题的关注还是粗线条的，大多处于宏观性建构方面，对于是否切合实际，以及实施效果如何，便没有进一步的追问和评价。而且大部分关于廉洁文化教育方面的研究文章多偏重于理论分析，缺少实践性的研究。本书的研究思路是：先从廉洁文化教育相关概念入手，进一步强调廉洁文化教育的重要作用，然后对中西方相关廉洁思想和廉政制度进行借鉴分析，最后提出相关的措施和建议。

而不仅是从问题入手，从廉洁文化教育工作目前面临的困境和现状入手，通过寻找问题的症结，来解读制约廉洁文化教育实现的核心要素。探寻廉洁文化教育得以实现的具体路径，提升廉洁文化教育效能。下面就既有理论研究成果综述如下。

一、国内廉洁文化教育理论的研究综述

廉洁理念已成为新时代社会共识。近年来，围绕廉洁文化教育主题，学术界从廉洁文化内涵、廉洁文化教育主要内容、现状及建设途径，理论研究与实证研究等多角度进行阐释，主要包括借鉴国外廉洁文化建设经验、总结国内研究的问题和不足、归纳推进廉洁文化教育理论研究和实践发展的趋势和方向等方面。现将主要理论观点、研究成果综述如下：

中华优秀传统文化是我们的根脉、基因、灵魂。是我们的第一竞争力，维护中华优秀传统文化就是维护我们的未来。社会伦理道德中的元素包含在优秀传统文化之中，比如，诚信、透明、正义、法治、崇礼、向善、爱国、敬业、友爱、包容、和谐等理念。本书结合实践开展了文化治腐、廉洁文化教育理论研究和实践探索，研究如何把廉洁价值观融入工作、社会生活中，从而培养社会廉洁文化价值观。

（一）廉洁文化内涵

廉洁文化是廉洁理论和行为方式及其相互关系的文化总和，是关于廉洁的知识、理念、制度及与之相对应的生活方式、行为规范的总概况。廉洁文化是中华优秀传统文化的核心要素，是社会主义先进文化的重要内容。

目前，对于廉洁文化的认识有三种观点。第一种观点认为廉洁文化主要在体现在廉政建设中，廉洁文化覆盖面广于廉政文化。第二种观点认为廉洁教育与社会公众相联系。第三种观点认为廉洁文化根源于中国历史传统文化，与贪腐文化相对应。

关于廉洁文化与廉政文化的关系。中国社会科学院"廉政文化研究"课题组做了以下概括：范畴不同，廉政文化指向廉洁从政，廉洁文化规范社会成员普遍认同的道德观念和行为方式；主体对象不同，廉政文化的主体是国家机关及公职人员，廉洁文化的主体指全社会所有组织和个人；功能不同，廉洁从政侧重于预防腐败的产生，廉洁文化侧重于培育社会成员优良的思想品德；作用领域不同，廉政行为指向公务行为，廉洁行为涵盖社会生活各层面；约束力不同，一方面是刚性、强制性力，另一方面是道德规范、在于内心认同。本书认为，二者没有本质不同，都指向同一个主题"廉"。适用的主题对象都属于中国公民，只不过廉政文化具体化为公职人员，只是适用范围大小的问题，二者都属于社会主义先进文化的重要组成部分，都属于价值观范畴，在本质上是一致的。因此书中除个别标明的情况外，廉洁文化、廉政文化两个概念可以相互替换。从国家层面看，当前官方文件表述中更倾向于使用廉洁文化这个术语，因为国内反腐败斗争取得了压倒性胜利并向纵深发展，依据"三不腐"理论，在全社会各基层群体推行廉洁文化教育，可起到预防、治本之用。

廉洁文化教育取得实际成效：国家电网天津电力公司党校通过打造廉洁教育"警示阵地""资源阵地""环境阵地"，抓好"展""讲""传"三个载体，推动廉洁文化实起来、强起来，面向系统内外，广泛传播廉洁文化，一系列举措增强廉洁文化影响力、传播力、渗透力。廉洁文化教育的途径：云南省纪委监委通过编印《清廉云南建设学习教育丛书（2023）》

（口袋书）等多种形式呈现廉洁文化，吸引了广大读者的广泛关注，成为党员干部的"掌中宝"，是廉洁文化建设的有效载体。

（二）廉洁文化与党的建设关系

沈其新《和谐之魂——中华廉洁文化与中国共产党先进性建设研究》（2007）认为"廉洁是永葆党的先进性的内在动力"，论述了廉洁文化与党先进性建设的联系，廉洁是党员干部自身的修养与建设；廉洁是党执政合法性的来源之一。党评文指出：推进廉洁文化建设，要有廉洁齐家的思想自觉，提升"三不腐"体制机制的整体效能，坚定不移推进全面从严治党。[①]要言之，廉洁文化既是党的建设的核心要点之一，又是保障党建行稳致远的"压舱石"。

（三）廉洁文化与中华优秀传统文化关系

梁建业从个人修身、廉洁从政、治国理政方面分析了传统廉洁文化的思想内涵与文化特征，认为清廉文化是清廉社会的文化基因。[②]任建明、胡光飞指出，近现代历史文化中，官方主导的廉政文化建设实践的突出特点是：一是建立多部门分工合作的体系；二是从正面、积极的角度，即从建设廉政文化角度展开宣传教育活动。此文首次从认识上解决了廉政教育实现全覆盖的问题，营造了有利于文化反腐的氛围。[③]总之，廉洁文化是中华优秀传统文化的重要组成部分，让廉洁文化内化于心、外化于行，有助于澄清社会风气，在全社会营造廉洁价值理念。

---

① 党评文：《扎实推进新时代廉洁文化建设》，《学校党建与思想教育》，2022年第4期。
② 梁建业：《传统廉洁文化的当代价值及融入路径》，《人民论坛》，2019年第29期。
③ 任建明、胡光飞：《文化反腐：历史反思、特点分析及手段策略》，《廉政文化研究》，2018年第6期。

（四）廉洁价值观引领作用

李红权认为廉洁文化的社会化过程会产生感召力、影响力、渗透力，进而以廉洁文化的培育和传播夯实政治的基础，实现廉洁政治建设的可持续发展。[①]邓学源指出，廉洁文化价值作为社会主导价值构成了中国特色社会主义先进文化的精神特质之一，具有重要的现实意义。廉洁文化以坚定理想信念、厚植反腐文化为导向，从精神层面崇德尚廉、崇廉拒腐，在人们内心筑起一道反腐败的思想防线。[②]

（五）廉洁文化教育路径

文化反腐具有基础性的作用，要重视中华优秀传统文化的继承与创新，从传统文化中寻求现实问题的解决方法，推动廉洁文化教育在全社会开展。西安建筑科技大学张柯从马克思主义人学理论出发，认为大学生廉洁教育应进行三个方面的推进：从人的本质特性出发改进方法、从人的现实需要出发改良内容供给、从人的主体性出发改善作用机理。把握好三个转向：从正向学习、反面警示单点推进到正、反面教育"协同育人"，从重显性教育、轻隐性灌输到显性、隐性教育"有机结合"，从社会需要主导到社会进步与个人发展"和谐共现"。[③]针对廉洁文化建设中存在的制约因素，破解举措有：一要真正树立廉洁理念，消除贪腐文化的消极影响；二是把握廉政文化建设的内在特性和建设规律；三要增强文化自信，并将其与社会主义核心价值观建设紧密结合；四是借鉴国外

---

① 李红权：《廉洁文化的培育与传播》，《社会科学家》，2014年第10期。

② 邓学源：《廉洁文化价值论》，中国社会科学出版社，2019年版。

③ 李斌雄、杨竹芸：《廉洁教育和廉洁文化建设：实现不想腐的基本路径》，《社会科学动态》，2019年第3期。

廉洁文化教育经验。

二、西方国家廉洁文化教育理论的研究综述

在西方国家，廉洁文化教育与公民教育、道德教育等概念联系紧密。梳理西方各国公民廉洁教育的发展历程，可以看出，西方国家的公民廉洁教育有一条非常明晰的发展路径，即从公民教育入手，通过各国政府推进，把公民廉洁教育引入公民教育，突出公民廉洁政治教育、廉洁文化教育、廉洁社会教育、公务员廉洁教育的整体性和系统性，形成了具有西方特色的公民廉洁教育体系。近年来，国内理论界专家、学者对西方廉洁文化教育理论实践进行了广泛关注并开展系统研究，主要成果有：

《国外廉政文化概略》①一书从欧洲国家、转轨国家、北美洲国家、拉丁美洲国家、大洋洲地区、东亚地区、东南亚和南亚地区以及非洲地区等选取部分国家进行介绍和分析。该书认为治理好一个国家，仅靠严刑峻法是不行的。法律不是万能的，"徒法不足以自行"。廉政建设既要有一套相对完备的法律体系，更要将廉洁自律内化为社会公众的自觉要求。因此，在廉政建设中，只有廉洁意识与廉政制度有效结合，才能从根本上减少和预防腐败对人类社会生活和政治社会的侵害。对国外廉洁文化的研究，有助于加强对廉政建设"硬制度"与"软约束"塑造的重要性认识。

《国外廉政建设制度与操作》②一书对国外廉政建设的制度安排与行动策略进行了较为系统的梳理，重点考察了国外廉政建设的组织体系与

---

① 孙晓莉：《国外廉政文化概略》，中国方正出版社，2011年版。
② 倪邦文、石国亮、刘晶：《国外廉政建设制度与操作》，中国言实出版社，2013年版。

运行机制、廉政建设的法治化、廉政建设中的透明制度、人事制度中的廉政设计、行政监督制度、廉政建设的国际合作，专设廉政文化建设一章，总结概述了廉洁文化建设在西方国家的具体运行方式。

《西方国家公民廉洁教育比较研究》[①]一书，从西方国家的民族性、地域性、时代性出发，依据不同国家公民廉洁教育经验的代表性和可借鉴性原则，选取英、美、德、法、新加坡、澳大利亚等国家作为研究对象，详细论述了各国公民廉洁政治教育、廉洁文化教育、廉洁社会教育、公务员廉洁教育的理论基础和构成体系。该书认为西方国家公民廉洁教育的共同点：重视学校教育在公民廉洁文化教育中的主导地位；善于运用反腐败的法令法规，以拓展廉洁文化教育的软制度环境；致力于廉洁监督体制建设，以保障廉洁文化教育的时效性。西方国家廉洁教育的差异性：一是形式的多样化。除学校教育外，还把廉洁文化教育与宗教、家庭教育等结合，提升廉洁教育效果。如美国重视新教伦理道德的影响，重视家庭生活中的宗教教育，通过给孩子讲《圣经》故事，使孩子得到爱心和廉洁的启迪。德国受宗教意识的影响，许多公民对自己的犯罪行为和腐败行为产生负罪感，这有利于社会稳定，也使公民重视道德修养，养成遵纪守法、善于服从、不感情用事的美德。二是功能的社会化。面向社会和大众，广泛动员社会各界参与和宣传廉洁文化教育，使廉洁文化教育具有深厚的社会基础。澳大利亚政府重视对公民的廉洁文化宣传教育，发放多语言的宣传材料，宣传廉洁文化，让公民普遍了解腐败现象及其产生的后果，公民发现腐败后如何对待和及时处理，如何受到保护等。

公民教育包括情感教育、道德教育、美学教育、归属教育。孔锴认

---

① 商日红主编，朱新光、朱萍著：《西方国家公民廉洁教育比较研究》，北京大学出版社，2014年版。

为："公民教育致力于培养个体素质的健全发展及全面提升社会的整体素质，它主要通过公民德性的塑造、公民意识的培育、公民知识的传授、公民行为及能力的培养，最终实现这一教育目的。公民教育过程是自然人社会化的过程，也是个体人格独立化的过程。公民教育在于德性的培养和人格的塑造，关乎人的品格与德性的健全与完善，强调从生命关怀和人性引导的终极目标出发，培养具有良知、能够明辨是非、富有同情心、有担当和使命感的现代公民。"[①]

《美国公民教育模式研究》通过对美国各个时期公民教育模式的考察，总结归纳出美国公民教育的几种模式：公民性传承模式、社会科学模式、反省思维模式、社会行动模式；对每一种模式进行全景式分析，纵观其发展历程；最后，通过对美国各个时期公民教育的考察，总结出美国学校公民教育的特征：公民教育的时代性。研究美国公民教育发展历程对开展新时代公民廉洁文化教育有重要启示。

此外，西方国家的政治哲学、政治伦理、社会治理等方面的理论和观点，对廉洁文化价值研究具有重要的理论借鉴意义。近几年，在西方学界出现了向传统价值观回归的思想，许多学者将西方目前存在众多问题归结为"纵欲无度、道德败坏、文化堕落"，认为哲学上反省、文化上自我批评以获得道德上的影响力非常有必要。比如，新加坡提出"以德助廉、重视教育与预防、先教后诛"的思想观念，并号召国民要保持和发扬儒家文化的传统道德，以"忠孝仁爱礼义廉耻"为做人之德、治国之纲。此外，瑞士、古巴等国在国际反贪大会上均提出，道德价值观念的变化加剧了腐败的蔓延，强调关键的因素是人心的堕落，道德观念的沦

---

① 孔锴：《美国公民教育模式研究》，中国社会科学出版社，2013年版。

丧问题，如果不解决道德理念上的滑坡，一切的努力都会白费。目前在市场经济条件下以道德标准遏制贪污腐败以及用道德伦理教化反腐败等观点已经成为国际社会普遍认同的主流意识。

公民教育与道德教育的关系是：公民教育是公共价值，道德教育是个人价值的领域。《美国现代化进程中的公民教育与道德教育》一书考察现代美国公民教育和道德教育关系的形成、发展，格局与特点。作者认为美国公民教育与道德教育的关系包括以下方面：混沌时期，道德教育开始现代化，公民教育萌芽，两者尚未在社会意识教育范围内形成明确分工；博弈时期，功能在两者之间开始迅速转换，并出现分工合作趋势；共生时期，两者之间的功能转换基本结束，其分工合作关系明确，表现出功能的良性互补与密切合作。即"道德教育功能由最大化向相对最小化、公民教育的功能从最小化向相对最大化发展的功能转换与分工合作的互动过程。"[①]

另外国外学者对廉洁文化方面的理论研究和国外政府具体的廉政思想和做法，历经几个世纪的发展与演变，形成了政治原罪理论、主权在民理论、自由主义和新自由主义理论、新滥用权力理论、道德教育理论、权力制约理论等内容丰富的廉洁理论学说体系。这些西方廉洁思想理论的产生和发展，不仅是西方资本主义国家对权力监督制度的重要思想基础，也深深地影响着当代西方资本主义国家的廉政政策的制定。同时，这对国内开展廉洁文化教育大有裨益，为我们开展反腐倡廉工作提供了重要的理论和实践参考。

综上所述，结合国内廉洁文化教育研究现状，借鉴国外廉洁文化教

---

① 付轶男：《美国现代化进程中的公民教育与道德教育》，东北师范大学出版社，2013年版。

育经验，需要进一步明确的研究方向是：首先，深入挖掘中华优秀传统文化中"廉文化"内涵。我国具有深厚廉洁文化基础，众多"廉说""廉论"对中国政治文化发展产生了较大影响。廉洁文化内涵应从中华传统文化中汲取养分，批判性地吸收借鉴我国传统廉洁文化中的廉洁、民本等因素，应与当前我国廉政建设方针政策相结合，与具体的群体、领域、地域相融合，古为今用，推陈出新，突出特色，采用群众喜闻乐见的形式。其次，批判吸收借鉴西方发达国家在廉洁文化教育中形成的成功经验和具体实践，洋为中用，为中国式现代化、社会主义现代化强国提供智力支持。最后，探索社会主义市场经济条件下新时代中国廉洁文化教育的内在规律，总结积累各地区、各领域廉洁文化教育中的有效做法，开展实证研究和比较研究，总结提炼，推广普及，推动新时代廉洁文化教育取得扎实成效。

第三节 廉洁文化教育的研究思路与方法

一、研究的思路

本书以马克思主义理论为指导，吸收和借鉴古今中外思想家、中共历代领导集体关于反腐倡廉的理论成果，综合运用哲学、社会学、心理学、教育学、管理学、法学、历史学等多学科知识，围绕新时期廉政文化教育路径构建这一核心概念，按照提出问题、分析问题、解决问题的思路展开写作。

廉洁文化教育实践是我国新时期推进反腐倡廉建设的重要举措，是时代发展中的重要课题，也是世界各国的普遍关注的问题。从文化层面探讨腐败治理的有效路径，无论是发挥廉洁文化教育滋润心田、春风化雨的强大育人功能，净化社会环境，提升公众道德素养和健康人性，抵制腐败文化的积极作用，还是发挥其在腐败治理中的治本作用，都具有重要的理论和现实意义。总结国内外理论研究现状，尽管这一研究取得了一定成果，但关于廉洁文化教育如何运行才能取得实效方面的研究相对较少。本书以廉洁文化教育效能为主题，对廉洁文化教育中的根本目的进行了系统的探讨。

本书的基本写作逻辑：绪论部分论述了选题的背景与意义、国内外研究现状与不足、研究方法与创新点。第一部分为比较视域下的中西廉洁文化教育辨析：对廉洁文化教育内涵与基础理论进行溯源，界定了其基本概念、关联概念，分析了廉洁文化教育与文化价值观、公民道德教育、公职人员廉洁教育的关联；对西方主要发达国家、我国古代及现时代廉洁文化教育的理论实践做了较为系统的比较研究、辨析。这是开展廉洁文化教育路径研究的逻辑起点。第二部分对廉洁文化的"廉动力"作用进行探析：从价值观对人的行为的影响进行解析，重点阐述廉洁文化教育对个体、群体廉洁价值观的一般作用原理，阐述了廉洁文化教育在塑造健康人性、培育良好社会文化环境中的作用机理。阐明了廉洁文化教育与"三不腐"的关系。这是廉洁文化教育在预防惩治腐败中的基本作用原理。第三部分为新时代廉洁文化教育的现状分析：系统总结了新时代廉洁文化教育取得的成效。这部分结合时代发展分析了全球化、国际化、文化价值多元化、政治经济新常态背景下，廉洁文化教育实践面临的机遇挑战；深入剖析了新时代我国廉洁文化教育实践中存在的关键问题。这是开展新时代廉洁文化教育背景剖析，推进廉洁文化教育实践的现实基点。第四部分以战略思维建构新时代廉洁文化教育宏观路径，重点分析了廉洁制度环境、廉洁社会文化环境、廉洁政治生态、网络媒体环境与廉洁文化教育实践的有机融合，阐明了宏观路径对廉洁社会文化环境营造的重要作用。第五部分"流程再造提升新时代廉洁文化教育体系效能"分别从社会与公民个体、外部环境与体系建设层面提出了实施廉洁文化教育路径的解决之道，界定了廉洁文化教育体系的基本内涵，对廉洁文化教育内容体系、路径体系、保障体系、评估体系进行学理与实践分析，探析新时代廉洁文化教育效能提升路径。

二、研究的方法

新时代路径文化教育路径研究是推进当前我国反腐倡廉建设理论研究的重要内容之一。本书以路径文化教育实现路径作为研究的切入点，深入分析了廉洁文化教育的实现路径、体制机制等方面的内容，涵盖面宽、内容广泛，而且兼具有理论性和实践性特点，仅靠单一学科和视角难以给予全面的解释，因此需要跨学科、综合性研究。本书写作中主要采用的研究方法有以下方面：

1.坚持理论与实践相结合的方法原则。廉洁文化教育实现路径研究应坚持理论与实践统一的方法。其研究成果要能够在当前和今后的反腐倡廉宣传教育中应用，能够指导廉洁文化教育的实践，应具有广泛的适用性。其研究得出的结论，必须经过廉洁文化教育建设与实践的检验和验证，才能推动科学理论向前发展。

2.比较研究法。运用对比研究方法。本书专门论述了西方国家、我国古代、现代及新中国成立后廉洁文化教育的有益经验、教训不足及重点启示。同时，结合对世界上部分西方发达国家廉洁文化教育理论和实践进行系统分析，详细分析了不同国家、地区在廉洁文化教育中取得的成功经验和重要启示，为推进当前我国廉洁文化教育有效实现路径寻找理论支点。

3.实证分析法。本书对古今中外反腐倡廉中的大量具体案例做了引证，还引用了国内外权威机构、新闻媒体、理论研究机构最近一个时期发布的有关反腐廉政数据资料，注重结论的严谨性和科学性。本书在对国内外相关案例进行研究分析的基础上，结合国内各地开展的廉洁文化教育具体实践，采取去粗取精、去伪存真、总结提升方法，探寻了适合当前我国廉洁文化教育开展的有效路径。

4.坚持文化继承与开拓创新相统一的学术品格。我国廉洁文化教育理论研究要坚持推陈出新的原则，在历史继承的基础上推动学科创新。继承就是在历史回顾的过程中，继承中国古代优秀廉洁文化教育思想和优秀成果，中国共产党开展反腐倡廉教育工作的优良传统及新中国成立后至今党的历代领导集体开展廉洁文化教育的成功经验和方法。同时，借鉴西方国家在廉洁文化教育中优秀的、有益的做法，推动新时期反腐倡廉建设工作。廉洁文化教育工作随着时代的前进而不断发展，历史实践所形成的优良传统有着超越时空的生命力，具有相对稳定性、必须加以继承和发扬。中国特色社会主义进入新时代，世界正经历百年未有之大变局，在全球变乱交织的大背景下，国际化、全球化、网络化以前所未有的速度加速演进。不断增强"四个意识"、坚定"四个自信"、做到"两个维护"，在继承中华优秀文化传统、新中国70多年建设发展中积累的丰富物质的基础上，矢志不渝推进中国式现代化建设、实现中华民族伟大复兴，是我们当代人的职责使命、光荣梦想。继承和弘扬廉洁文化教育的优秀传统，必须坚持开拓创新，我们只有在实践中坚持与时俱进，不断研究新情况，解决新问题，总结新经验，开拓新领域，寻找新载体，继承、借鉴和传承、创新廉洁文化教育方面积累的有益经验，方能凸显理论研究、实践探索的现实意义。

第一章 比较视域下的中西廉洁文化教育辨析

第一节 廉洁文化本质是价值观

廉洁文化教育研究的逻辑起点应从基本的概念入手，准确界定其内涵、外延，分析其涉及的基本要素及其相互关系，找准廉洁文化教育开展的切入点和突破口，充分汲取古今中外有关廉洁文化教育的理论和实践资源，发挥廉洁文化教育在反腐倡廉、清明政治中的正能量。目前，理论界对廉洁文化教育的概念、主体、客体、内容、载体等认识不统一，大大降低了廉洁文化教育的资源整合和实践效果，这也是廉洁文化教育顺利开展面临的一个重要难题。总的来看，关于廉洁文化教育的研究多分散在廉政文化、廉洁文化、廉政文化建设、党风廉政建设、反腐倡廉宣传教育等相关方面的研究中，在基本概念的使用和界定上未形成理论界一致认可的廉洁文化教育概念，相关术语之间经常混用，给研究和实践工作造成了诸多不利影响。因此，恰当界定廉洁文化教育概念，弄清其与廉政建设各要素之间的逻辑关系，才能更好地推进廉洁文化教育的整体开展。

一、廉洁文化教育概念界定

廉洁文化教育的目的是为实现个人清廉、政府廉洁、社会清明，保证公权力的执行公正、公平，而不以权谋取个人或小集团的私利。那么，廉洁的内涵是什么，这是研究廉洁文化教育理论时必须首先明确的问题。

纪律是管党治警的"戒尺"，加强纪律作风建设是推动全面从严管党、永葆党的生机活力的关键措施。廉洁纪律是党的各级组织和全体党员为确保清正廉洁，在从事公务活动或者其他活动中应当遵守的廉洁用权的行为规则，其本质要求是秉公用权，不用公权谋私利。习近平总书记指出，"一个人廉洁自律不过关，做人就没有骨气，做事就没有硬气"，强调要"依法用权、秉公用权、廉洁用权"。[①]对违反廉洁纪律的行为，新修订的《中国共产党纪律处分条例》做出了违反廉洁纪律的明确规定，划定党员不可触碰的纪律廉洁红线，引导党员拒腐败、永不沾，做到心有所戒、行有所止。在党员干部和广大公职人员、社会群体中开展廉洁文化教育，有助于增强党的纪律的严肃性、普及廉洁意识，自觉做到令行禁止、言行一致，不逾规、守纪律，做党和人民信赖的好干部，一身正气赢得民心。

（一）廉洁、廉政的基本内涵

从词源上讲，"廉"字最早出现在古书《仪礼·乡饮酒礼》中，有"设席于堂廉东上"。郑玄注曰："侧边曰廉。"段玉裁注《说文解字》，肯定了"廉"为"堂之边"或"厅堂上方有棱角的横梁"的说法。这说

---

① 《严明党的廉洁纪律　守住拒腐防变防线》，《人民日报》，2024年6月19日。

明"廉"字面意思有平直、方正、棱角分明的特点，后来"廉"被引申为"品行方正"，并被赋予"清正、堂正、洁净"等道德内涵。如《楚辞·招魂》有"朕清以廉洁兮"之说，王逸注曰："不受曰廉，不污曰洁。"廉也被赋予了清白不污、堂正不邪、公正不偏、廉洁不贪等道德含义，廉的这些含义，反映了中国传统廉洁文化的主要特征，也是封建时代中央政府对为官从政者的基本要求，在古代被称为"官德"。

正因为"廉"所被赋予的这些含义，常与"贪"相对立而存在，指"不贪"。中国古代思想家对"贪"的界定是"妄取""苟得"。孟子说："可以取，可以无取，取伤廉。"①在这里，"取"就是"妄取"。在孟子看来，"廉"就是不取分外之物，不贪不义之财，否则，会伤害到廉洁的品质。韩非子也说："所谓廉者，必生死之命也，轻恬资财也。"②"贤士者修廉而羞于奸臣欺其主。"③庄子认为"廉"即是"不贪"，即"不足故求之，争四处而不自以为贪……廉贪之实，非以迫外也，反监之度"④。汉代经学家刘向认为廉洁之士不妄取，即"义士不欺心，廉士不妄取"⑤。道学家葛洪认为"廉，就是不苟得"，解释说："睹利地而忘义，弃廉耻以苟得者，贪人也。"⑥隋代思想家王通认为："廉者常乐无求，贪者常忧不足。"⑦就是说，廉洁之士没有非分之想，贪婪之人则常常为无法填平心中的欲壑而烦恼。明代思想家薛瑄更是将廉划分为"不妄取""不苟取""不敢取"三个层次，他说："世之廉者有三：有见理明而不妄取

① 《孟子·离娄下》，中华书局，2016年版。
② 《韩非子·解老》，中华书局，2016年版。
③ 《韩非子·孤愤》，中华书局，2016年版。
④ 《庄子·盗跖》，中华书局，2016年版。
⑤ 《说苑·谈丛》，中华书局，2019年版。
⑥ 《抱朴子·行品》，中华书局，2011年版。
⑦ 《中说·王道》，中华书局，2020年版。

者；有尚名节而不苟取者；有畏法律、保禄位而不敢取者。见明理而不妄取，无所为而然，上也；尚名节而不苟取，狷介之士，其次也；畏法律、保禄位而不敢取，则勉强而然，斯又为次也。"①在薛瑄看来，"不妄取"代表了一种理性的自觉行为，"不苟取"代表了权衡利害关系之后的道德自觉，"不敢取"代表了出于畏惧法律和保禄位而被动进行的道德选择，是一种被动式的自律行为，行为人的自我约束功能依然存在，与贪者放纵自己欲望损人利己还是有较大区别的。所谓"惟廉者能约己而爱人，贪者必朘人以肥己"②，"廉"之所以与"贪"对立使用，是基于人们对实现欲望手段正当性的道德诉求。欲望是人皆有之，也是被普遍认可的人类自然需求。正如孔子所说的"食色，性也"、恩格斯指出的追求幸福的欲望是人生下来就有的，因而欲望应当成为一切道德的基础。具有各种欲望本无可厚非，欲望本身并不具有正当性与否的道德和价值判断，但是追求欲望的手段和方式，却必须进行道德和价值的评判，来判断其是否具有正当性。"我们要满足我们的这种欲望，就必须能够正确地估量我们的行为的后果，另一方面还必须承认他人有相应的欲望的平等权利。"③恩格斯的论述表明，欲望的价值合理性必须具备一定的前提基础，即人在实现自身利益时，必须考虑手段的正当性，这种正当性正是对实现欲望手段的道德评判。而"廉"正是对这种欲望实现手段正当性的道德规定。《吕氏春秋·忠廉》篇曰："临大利而不易其义，可谓廉矣，廉，故不以富贵而忘其辱。"④就是说不见利忘义，不因求富贵而辱

---

① 《薛瑄全集》，三晋出版社，2015年版。
② 《明史·循吏列传》，中华书局，2015年版。
③ 《马克思恩格斯文集》第4卷，人民出版社，2009年版，第292页。
④ 《吕氏春秋》，中华书局，2022年版。

没名声，这正是"廉"的内在要求。

"政"字的含义，在中国古代主要包括朝代的制度和秩序、统治和施政的手段、符合礼仪的道德和修养、朝廷中君主和大臣们的政务活动，与今天使用的政治一词具有相近的含义。但在中国古代多将"政"与"治"分开使用。"政"主要用来指国家的权力、制度、秩序和法令；"治"则主要用来指管理和教化等统治、治国等治理活动，以实现安定的状态。在西方"politics"（政治）主要指一种君主和大臣们维护统治、治理国家的活动，在舶入中国时，孙中山将其译为"政治"，指出"政就是众人之事，治就是管理，管理众人之事，就是政治"，在这一点上二者是具有相同含义的。"廉"之所以与"政"相连，被用来反对"贪污、受贿"等腐败行为，根本点便在于公权力的出现和公权力自身所固有的异化现象。公权力的行使主体往往会蜕变异化为利用公权力满足集团和个人私利的特权阶层，完全背离公权力应满足真正主体——广大人民的本质，与廉政相对立的腐败便应运而生。对此，马克思曾一针见血地指出："高高凌驾于社会之上的国家政权，实际上正是这个社会最丑陋的东西，正是这个社会一切腐败事物的温床。"①因为贪欲而滥用公共权力为私服务的腐败现象充斥着整个国家政治文明的历史，古今中外概莫能外，最后的结果便是朝代更迭、政权易手等政治危机。因此，统治阶级为了维护其对国家权力的控制，常把"廉"作为各级官僚的从政道德要求。中国古代先贤提出了"廉"乃"国之维""政之本""仕者之德""吏不廉平，则治道衰"等论断，表达了对政治生活和政治活动领域中廉洁用权的价值追求。在中国历代官僚统治中，要求为官从政者具备"正直、公

---

① 《马克思恩格斯文集》第2卷，人民出版社，2009年版，第154页。

道、清白、不贪"等基本道德品质一直成为一条主线，成为与贪污腐化相对应的正能量，成为对从政主体的最基本的要求。从政必须去私，否则从政者心存私念，就会利用手中的公权力不择手段地谋私利。这些做法必然会使公权力背离原有的轨迹，成为破坏公共秩序的最大推手，而背离公权力作为维护公共秩序的工具本质，危及政权巩固和国家安危。在中国古代思想家那里，"廉"是检验为官者行为公正与否的准绳，是为官从政者必须遵循的基本道德规定，是权力道德的根本要求。"廉"作为"仕者之德"而为社会所提倡，被人们所称颂，同时其作为一种文化也被历史社会所认同，被赋予了高度的价值合理性，成为权力运行秩序中不可或缺的道德诉求。这也正是"廉"与"政"密不可分的关键点，"廉"是对"政"的基本道德要求，"政"是"廉"的直接作用对象，"政"因"廉"而长存，因"不廉"而人亡政息。

正是由于廉作为对满足欲望手段进行价值评判的道德标准，在公权力的产生和政治国家出现之后，"廉"与"政"常合在一起使用。在中国，廉政最早出现在《晏子春秋·内篇》中，晏子将"廉政可以长久"描述为："其行水也，美哉水乎清清，其浊无不雩途，其清无不洒除，是以长久也。"就是说，廉政犹如那清清的流水，它所到之处，不仅在冲刷着污垢，而且也将浑浊的污泥沉淀于河道，由此永远保持着流水的清廉、干净与透明。这个比喻形象地表达了廉政是促进政治关系稳定和社会长治久安的需要这一永恒的命题。清廉成为政治关系中永恒的价值追求。晏子认为："廉者，政之本也。"[①]廉政的含义最初与廉正同义。廉正的意思是刚直、方正、正直。廉作为政之本、仕者之德是研究古代中国

---

① 《晏子春秋·内篇》，中华书局，2016年版。

政治治理的一条主线。秦代将"廉"视为官从政必备的品质之一，认为"吏有五善：一曰中（忠）信敬上，二曰清廉勿谤"①，把廉放在了第二的位置。在古代就有了比较清醒的对官吏不廉的危害的认识，如："吏不廉平，则治道衰。"②宋代范仲淹认为："天下官吏不廉则曲法，曲法则害民。"③宋代陈襄在《州县提纲·洁己》中说："廉，概居官者分内事。孰不知廉可以服人，然中无所主，则见利易动……苟有一毫妄取，虽有奇才异能，终不能以善其后。故为官者当以廉为先，而能廉者必深知分定之说。"即廉是当官者的分内事，居官者当以廉为先。否则，即便才华横溢，也必定到处伸手，不仅无法服人，而且也不会得到好的结果。明代郭允礼概括了廉洁与吏治的重要性："吏不畏吾严而畏吾廉，民不服吾能而服吾公。公则民不敢慢，廉则吏不敢欺。公生明，廉生威。"

另外一条主线便是将"廉"视为国之大维和治国之本。春秋管子将廉视为"国之四维"："国有四维……一曰礼，二曰义，三曰廉，四曰耻。"他强调："四维不张，国乃灭亡。""欲民之有廉，则小廉不可不修也。小廉不修于国，而求百姓之行大廉，不可得也。"④居官者要注重日常生活细节，不贪不占，防微杜渐，以上率下，从而实现移风易俗，美化社会风尚。司马迁在此基础上强调："上服度则六亲固。四维不张，国乃灭亡。"⑤"知与之为取，政之宝也。"⑥要求为官者不妄取，这是为政之宝。否则，国将不国。

---

① 《睡虎地秦墓竹简·为吏之道》，文物出版社，1978年版。

② 《汉书·宣帝纪》，中华书局，2007年版。

③ 《范仲淹全集》，中华书局，2020年版。

④ 《管子·牧民》，中华书局，2016年版。

⑤ 《管子·权修》，中华书局，2016年版。

⑥ 《史记·管婴列传》，中华书局，2019年版。

　　廉洁文化与廉政文化本质上有着内在一致性，廉洁是面向全体公民提出的价值观要求，廉政是对公权力人员群体提出的价值观要求。二者除在这一特定环境外，其他地方也可以通用。廉洁是一种价值选择，属于价值观层面的精神追求。而文化的本质内核便是精神层面的价值观问题，从这一点来讲，廉洁也应该属于文化的范畴，也是一种文化，对廉洁价值理念的塑造和培养，也同样需要遵循文化养成的规律，注重发挥教育的作用，通过教化，使得各种与廉洁有关的价值理念根植于人的内心，并进而外化为行动。

（二）文化的基本内涵

　　文化，是人类所特有的历史现象，是人类文明的象征。文化的"文"指文字，如《左传》昭公元年："于文，皿虫为蛊。"杜预注："文，字也。"《孟子·万章上》："故说《诗》者，不以文害辞，不以辞害志。""文"指书卷，如《礼记·中庸》："不考文。"郑玄注："文书名也。"《论语·学而》："行有余力，则以学文。"何晏引马融注曰："文者，古之遗文也。"《汉书·孙宝传》："前曰君男欲学文。"颜师古注："文谓书也。""文"指代表自然和社会某些规律性的现象。《周易·贲·彖》："刚柔交错，天文也。文明以止，人文也。观乎天文，以察时变。观乎人文，以化成天下。"文化的"化"字，本意是"变正"。《说文解字》解释为："化，教行也，从匕从人。""匕，变也，从到人。"段玉裁注："今以化为变匕字。""匕"在甲骨文中指人倒过来的形状，比喻倒了的人。因此"化"字含有使人变正的含义。这种变正的过程被《荀子·七法》形容为："渐也，顺也，靡也，久也，服也，习也，谓之化。"可以看出这一过程其实是一种渐进的教化过程。《吕氏春秋·士容》有："淳淳乎慎谨畏化。"古人对"化"的教化作用的理解，更侧重于一种内心世界的自觉、自醒，是一种精神领域的开化。在孔子心目中，所有的教化皆源自对周礼文化的宣传与奉行。"文"是"化"的依托和工具，通过"习文"以知礼，通过知礼以化人。文化作为一种社会历史现象，存在于各种不同形态的社会中，并随着社会物质生产的发展而不断丰富和发展。

"文化"一词则最早见于《易经》："文明以止，人文也。……观乎天文，以察时变；观乎人文，以化成天下。"①意思是说，人类之所以能将自身和大自然区分开来，是因为人类具有自身的文明性，具有以伦理道德为核心的文化现象。文化的词源意义是"文治教化"，即考察人类社会的伦理道德现象，在于教化天下以成全人类自身的品质。德国思想家康德认为，文化是"有理性的实体为了一定的目的而进行的能力之创造"②。从广义上来说，文化指人类社会历史实践过程中所创造的物质财富和精神财富的总和，包括民族历史、社会制度、传统风俗、价值观念以及宗教信仰等要素。就通常的意义上来讲，是指与物质世界相对应的整个精神文明，包括知识、道德信仰、艺术。其中，道德信仰在整个文化体系中居于核心地位，从狭义上来看，"指人类的思想道德建设和科学文化，即人们改造主观世界的能力和成果，与经济和政治相对应"。文化是一种历史现象，并随着物质生产的发展而发展。③文化的组成部分方面，古今中外的思想家具有一定的趋同性。如西方文化学者泰勒认为文化是一个复杂的整体，"它包括知识、信仰、艺术、道德、法律、风俗以及作为社会成员的人所具有的其他一切能力和习惯"。④梁漱溟先生认

---

① 《易经·贲卦·象传》，中华书局，2023年版。
② 胡潇：《文化现象学》，湖南人民出版社，1991年版，第9页。
③ 麻承照：《廉政文化概论》，中国方正出版社，2011年版。
④ ［英］泰勒著，蔡江浓译：《原始文化》，浙江人民出版社，1988年版，第1页。

为："文化之本义，应在经济、政治，乃至一切无所不包。"①

本书同意关于文化广义和狭义概念的区分。书中主要探讨精神领域的文化现象，兼顾物质层面的文化产品。关于文化的结构，"有物质文化、精神文化两分说；物质、制度、精神三层次说；有物质、制度、风俗习惯、思想价值四层次说。物质、社会关系、精神、艺术、语言符号、风俗习惯六大子系统说。"本书采用四层次说，即从"物质、制度、行为、观念"四个层面来分析文化现象。"物质层面的文化，是人类物质生产方式和产品的总和，是整个文化大厦的基石；制度层面的文化，包含人类在社会实践中建构的各种社会规范、典章制度，主要是政治制度、经济制度、法律制度等；行为层面的文化，即人类在交往中约定俗成的习惯定势，是以宗教、道德、民俗形态出现的行为模式；观念层面的文化，即人类在社会实践和意识活动中化育出来的价值取向、审美情趣、思维方式，凝结为文化的精神内核，它以文艺、艺术等形态呈现。"②

观念、精神层面的文化是其本质和内核，文化的社会作用是价值观的引领。文化自人类出现以来一直伴随着人类的生存繁衍，任何一个社会群体都有属于自身的文化，共同信奉的价值理念、道德准则。现实生活中的人，既是独立的个体，也从属于他生活的社会，所以任何社会个体都有自己遵循的价值理念。拥有共同文化认同和价值观念、共同追求、共同理想的群体成员，才最终形成了特定的族群、社会乃至国家。

不同文化形成不同的价值观。价值观一旦形成具有继承性、稳定性的特征，其对个体行为有精神引领作用。先进文化，可以帮助人们形成正确的价值观，为人们做有利于社会发展的有益之举提供精神动力。

---

① 梁漱溟：《中国文化要义》，学林出版社，1987年版，第1页。

② 麻承照：《廉政文化概论》，中国方正出版社，2011年版。

腐朽、没落的社会文化，则赋予人们消极落后腐朽的价值理念，成为危害社会正常发展的"绊脚石"。因此，应通过加强廉洁文化教育，传播正能量，抵消改造腐朽、落后的价值观念，在社会上营造风清气正、廉洁奉公的社会环境。廉洁文化是一种先进文化，而腐败文化是一种落后文化，两种文化价值观的作用主要是通过对各自价值观的培育对个体行为产生影响和作用。为此，要广泛开展多层次廉洁文化价值观培育和践行，以抵制削弱腐败价值观对个体思想和行为的影响和侵蚀。

（三）教育的内涵

"教育"在《说文解字》中的解释是："教，上所施，下所效也"，"育，养子使作善也"。孟子最早将"教"与"育"合用，提出"得天下英才而教育之"。在孟子看来，人皆有"善端"，而要将这些潜在的"善端"转化为现实，必须通过教育的方式加以引导。这与西方关于教育的原初认识和判断有一定的一致性。"教育"一词，起源于拉丁文，其词源意思指采用一定手段，把某种人身上潜在的东西引导出来，使人的潜质变为现实。其基本内涵是：教育就是通过一定的手段，将藏于教育对象内心深处的潜质引发出来，并加以培养形成现实生活中的一种具体行动。这里的教育更是一种思想道德方面的启迪，当然，还应该包括知识的传授。韩愈说："师者，所以传道授业解惑也。"王守恒等主编的《教育学新论》①中对教育概念的描述是："从广义上来看，教育是有意识地以影响人的身心发展为直接目标的社会活动。狭义上说，指学校教育，是由专职人员和专门机构承担的有计划、有组织地以影响学习者身心发

---

① 王守恒、查萧虎著，周国兴主编：《教育学新论》，中国科学技术大学出版社，2005年版，第18—23页。

展为直接目标的社会活动。"这个界定中，人应该包括各个年龄阶段的人，并且从教育的发展趋势来讲，教育应贯穿于人的终身，但青少年是教育对象的最主要的组成部分。以上主要是从社会角度来定义教育，强调社会因素对个体发展的影响。有学者从个体的角度定义教育，把教育等同于个体的学习或发展过程，侧重于个体心理需要的满足及心理品质的发展。《美国百科全书》对教育的界定是："从最广泛的意义说，教育就是个人获得知识或见解的过程，就是个人的观点或技艺得到提高的过程。教育活动有三个基本要素——教育者、受教育者、教育中介。教育中介是教育者与受教育者进行教育活动时所依赖的一切事物的总和。包括：教育内容、教育方法与组织形式、教育手段等。三者的关系是：教育者根据一定的教育目的去影响受教育者，教育者与受教育者之间相互作用；教育者与受教育者之间的联系和作用是通过一定的教育中介来实现的；三者之间交互作用的主要结果是受教育者的身心获得发展。"[1]

（四）廉政文化教育的内涵

我国廉洁思想传统历史悠久，可追溯至有文字记载的夏商时期。但廉洁文化作为一个明确的概念，是当代中国进入改革开放关键时期提出来的。"加强廉政文化建设"写入党的十六大、十七大和十八大报告中并多次被强调。作为政治关系与行政领域之廉洁价值诉求的文化凝结，廉政文化包含了与廉政相关的知识、信仰、规范要求、生活方式以及社会评价等方面的内容，是一种以廉洁为核心的价值理念的体现，不仅规

---

[1] 王守恒、查萧虎著，周国兴主编：《教育学新论》，中国科学技术大学出版社，2005年版，第18—23页。

范和引导运用公共权力的组织和个人的行为，而且规范和引导普通公民对公共权力的组织和个人进行评价和监督，提升培养公民的廉洁意识。在此意义上，廉洁文化的实施主体和接受客体都应该是全体公民。目前，应该有重点、分层次推进，主要从个体、群体两个层面重点实施。廉洁文化反映人们对廉洁政治和廉洁社会的总认识、基本理念和精神追求的一种文化，是社会主义先进文化的重要组成部分，集价值观念、道德行为规范和社会风尚于一体。对廉洁文化的强调，不仅是对新时期党的建设提出的时代课题，也是对重塑新时期政治文明包括政治伦理与行政伦理提出的重要要求。廉洁廉政教育文化研究具有一定的继承性和长期习得性。古今中外廉洁文化建设中取得了丰硕的成果，积累了丰富的经验，同时，廉洁文化内容上必须随着政治、经济、文化、社会环境的变迁而演变，不断吸收时代性赋予的新内容。

廉洁文化是政治关系与行政领域之廉洁价值诉求的文化凝结，涉及廉洁思想、制度、实践等诸多领域，主要通过培育而成。在内容上，有学者将廉洁制度文化、反腐惩贪和监督实践等均纳入廉洁文化的内容范畴，廉洁文化的内涵进一步扩大。

廉洁文化概念的本质是对价值观的引领，其对个体的影响体现为群体价值观通过外部环境的塑造，感染熏陶各个个体行为，个体价值观通过个体自律、自省对其品德行为直接作用。基于此，本书将廉洁制度建设、政治生态建设、媒体环境和舆论环境作为廉洁文化教育得以有效实施的外部环境和重要支撑加以论述，把公务员廉洁教育、社会公民廉洁教育及廉政文化教育的具体路径专门论述。无论作为一种价值体系还是知识体系，廉洁文化有关理念、知识、规范等的传播和廉政意识的培养与强化，都离不开通过教育来习得。要更好地开展中国廉洁文化教育，必须明确廉洁文化教育的内涵、任务及目标。廉洁文化教育是指教育主体（政府各级部门、社会团体组织、相关人员）借助各种载体、平台，运用恰当的方式方法，通过系统性干预，促使教育客体（公共权力的行使者及组织、团体）形成廉洁从政的观念意识，并把行为规范转化为内心信念，化为自觉的行动。从个体层面来说，要使公民形成廉洁自律的价值观，发挥廉洁文化的教育导向功能，培养公民的廉洁理念和意识，塑造公民的廉洁自律行为；从群体层面来说，要在全社会形成廉洁从政、秉公用权、公正公平的群体价值观，构建节俭、诚信、公平、正义的美好社会。

其教育内容和范围包括执行公共权力和委托权力的个人，教育主客体合一情况下的自我廉洁文化教育还包括：国家层面的对全社会开展的围绕社会主义核心价值体系的廉洁文化宣传和教育，各类形式的学校教育开展的渗透于思想品德教育、党性教育等的廉洁文化教育，社会层面的先进人物和贪腐人物对比过程中对人们的影响和对廉洁文化观念的塑造，家庭层面家庭教化中与廉洁文化有关的家风、家训式教育等。其内容和范围涵盖廉洁文化建设、廉政教育、廉洁文化教育、党风廉政建设、反腐倡廉宣传教育等活动。

把廉洁文化教育作为研究对象，一方面是希望扭转目前关于廉洁文化教育存在的一定思维定式，另一方面重在提高廉洁文化教育的实效性、针对性。打破传统思维模式下一提到廉洁便与党政机关及其工作人员有关，无关社会百姓，即便提出了全社会参与的大宣教格局，也是要求群众提高监督意识，无关群众自身的教育。涉及群众自身的教育只体现为廉洁文化教育，如此割裂或者严格的区分本身并不符合文化和教育自身的规律，文化是通过教育习得需要长时间积累的一个教化过程，在内容上也是融会贯通、彼此互相影响、无法简单区分的。总之，本研究视域中廉洁文化教育就是整合所有有关部门参与的全民廉洁文化教育，实施机关还需要进一步整合和确立，而不仅仅局限在纪检监察机关和各级党政部门的推动。应该让廉洁观念落实到人的精神、规章制度、行为方式、社会环境中，因此，廉洁文化教育的实现路径包括群体层面和个体层面两个方向。在体制机制建设上包括廉洁文化内容构成机制、运行保障机制、廉洁文化教育监督机制、廉洁文化教育评估机制等。廉洁文化教育除具有一般教育的特点，还有自身的独有特点，如公益性、公共性特征等。

二、廉洁文化教育与文化价值观

关于文化的界定，不同学者根据自身的研究需要给出了不同定义。有学者对世界上关于文化的定义做过统计，据说已超过300种以上。从本质上讲，文化的核心是精神层面的价值观问题。在人类文化各种特性中，最深层次、最核心的共同内核，便是一种精神层面的价值观，任何文化现象背后都隐含着一种核心的价值观。如建筑文化，我国五千年的文明史中，从宫室殿阁、亭榭楼台，到民居和园林，体现了独具特色的中国传统民族文化风格。建筑文化现象的核心的价值观与中国传统文化中的中庸之道、崇尚和谐的价值理念有关。价值观是人们关于世界的根本看法和态度，是人们一切活动取向的指针，属于意识形态。价值观的不同，导致了人们各种具体行为的千差万别。文化教育最根本的作用是对价值观的培育和塑造。作为文化的分支，廉洁文化的本质内涵也应是精神层面的价值观问题，即用来回答为什么要廉洁的问题。廉洁文化教育自然是围绕廉洁价值观展开的一系列文化教育活动。

教育属于文化范畴，文化与教育的关系最为直接和密切，文化是教育之根，教育以文化为根、以人为本。教育的核心本质在于"传道"，"传道、授业、解惑"中，传道是"本"，授业和解惑都是"末"。传道即价值观培育、文化教育。因此，教育的核心本质便是与文化教育有关的价值观培育。而文化教育的核心又在于价值观培育中最核心的思想道德教育。因此，廉洁文化教育离不开国民文化教育的滋养，尤其与国民思想道德教育，或者称为公民思想政治教育密不可分。而国民的思想道德教育，贯穿于个体从家庭教育、学校教育、社会教育整个人生历程，包括与思想道德教育有关的所有教育形式。

中国特色社会主义廉洁文化的本质主要体现为"为民、务实、清廉"等价值取向。廉洁文化价值观包含许多道德操守和人格境界的价值诉求。廉洁社会氛围与社会道德风尚密切相关，互相促进。优秀廉洁文化是古今中外人类文明成果中优秀的精神产物，是中华民族传统廉洁文化体系的延续，是中华民族的基因，是在继承传统基础上的成果。廉洁文化不仅是意识形态领域的概念与范畴，它更具有实践性，它要求政府部门、企事业单位等公共组织处事公平公正、廉洁透明、务实高效，培养和践行社会主义核心价值观与廉洁价值观。

缺乏对廉洁文化价值观的认识，便无法把握廉洁文化的本质，也无法确保廉洁文化教育的目标、方向、内容、实现形式和效果，如果缺乏对廉洁文化价值体系的研究，廉洁文化教育实践就会陷入盲目或一般化。从文化的本质而言，廉洁文化的本质主要体现为廉洁文化价值体系。应深入研究确保权力的运行为公而不是为私的价值追求，并纳入廉洁文化价值体系中。在整合挖掘的过程中，应秉承廉洁文化价值观的核心精髓和逻辑体系，并汲取古今中外人类文明的智慧和文明成果，挖掘蕴含其中的丰富的廉洁文化价值诉求。

三、道德教育与文化价值观教育

道德行为源于个体价值观，受其影响和支配；价值观教育是道德教育的基础。价值观的基础是需要，包括自然需要和理性需要，有什么样的需要就会形成什么样的价值观。道德观只是价值观的部分内容，价值观总是个人的，即使是群体的社会价值观也需要内化到个体之中，并以此为载体。道德价值观是价值观系统的核心。社会价值体系由个体的价值观念组合和凝结而成，并演变为一种社会意识形态，道德价值体系是其中的重要内容。道德作为人类精神文化的核心对整个文化有着广泛的渗透力和影响力。

道德是价值观的表现形式。有什么样的价值观就有什么样的道德观及道德行为。价值是基于个体的人的需要而产生的，当个体的需要受到周围与之相互作用的人或者物的阻碍、冲突或者矛盾的时候，就需要一种公认的标准来进行调节。道德成为调节人类社会价值取向的重要手段。

比如，厉以宁教授提出"两个假设，三种调节"理论。在野蛮的社会中，没有这种道德的调节标准，而是靠弱肉强食的自然法则达到优胜劣汰。道德的调节标准是随着人类社会的发展而发展的。正是因为道德属于价值观的具体体现，因此，道德行为可以实现人的价值，进而固化某种价值观。道德行为能够促使人的多种能力和价值得以发展、实现，如个人价值实现、情感的满足、奋斗的动能等。道德一旦成为人们公认的观念，便成了实现个体价值的工具，对人的社会化发展具有重要的指导意义。

正确把握和理解道德与价值观的关系对于廉洁文化教育实践、开展公民道德教育具有重要的意义。比如，通过大力开展社会主义核心价值观践行培养，可以提升全社会成员的道德水平，促使道德自律的形成，形成良好的社会秩序和道德风气。再如，现实生活中，常把德育工作简单化，认为只要按照特定的教育活动和规律就能提升个体的社会道德水平和道德意识，忽视了社会主导价值观的培育，造成了全社会道德水平下降这一事实，这充分说明了忽视价值观教育带来的社会问题。20世纪五六十年代西方教育家开始关注价值观教育对公民道德教育的作用，用价值观教育促进、改善道德教育。那种认为价值观教育是无关个体需要的社会要求，都会成为空谈或者因为缺乏支撑点而无法入脑入心。实际上，廉洁文化教育应该不仅重视开发其社会功能，还要注重其个体功能的发挥，便是基于对以上理论内涵的准确把握。因为所有的文化教育，本质上都是在为培育一定的价值观服务的，包括认识世界的知识体系的灌输，也包括以道德教育为核心的价值观的塑造，廉洁文化教育也不例外，其本质也是为了培育廉洁文化价值观服务的。这就要求我们在廉洁文化教育的实践中都必须围绕主导价值观建设规律，探寻具体路径，才能取得成效。

廉洁文化教育作为一种教育活动，其本质决定了这一教育活动实质是一种价值观的培育过程。中国的廉洁文化教育历来与道德教化不分家，肩负着道德价值判断与文化传承的双重使命，并贯穿于一个民族维系生存与发展的过程，这一过程中，通过思想道德教育等形式，实现了社会历史以目的、意义和价值的传承。古代的为官之道不仅蕴含着对是非对错的价值判断，也担负着文化传播的内在使命。中国历来有"以吏为师"的传统，古代的官吏其实也在扮演着文化传播者的角色，也就是现代意义上的老师职责，许多位居高位的朝廷官吏，都有收门生的传统，不仅为民官也为人师。这也是廉洁文化本质的一种外在表现。作为一种价值观，廉洁文化价值理念的传播与养成，离不开与价值观塑造有关的所有公民道德教育。廉洁文化价值体系的机构及分层，决定了廉洁文化教育活动与家庭教育、学校教育和公民思想品德教育的密切联系。

四、廉洁文化教育与公民道德教育

廉洁文化从属于政治文化，是公民思想政治教育的重要载体。要摆正廉洁文化教育在公民思想政治教育中的位置，明确其在家庭教育、青少年教育和社会教育中的重要地位，是理清其与各种教育形式之间区别与联系的重要前提，也是选择合适路径的重要依据。廉洁文化教育作为借助廉政文化的形式，帮助执行公共权力和委托权力的人形成不想、不敢、不能滥用手中权力实施腐败行为的有关教育活动、教育形式和手段。主要是通过文化的外在形式，以廉洁、诚信、公平、公正等价值观念为基本理念，通过环境培养、廉洁教育创建等活动，要求公共权力的执行者逐步形成廉洁自律、淡泊名利、公正执法的职业道德和操守。廉洁文化教育的核心是廉洁文化价值观的塑造和养成，其本身就是思想政治教育的主要内容之一。因此，在选择廉洁文化教育路径时，要充分利用公民思想政治教育的有效途径，明确其在整个公民教育中所处的位置，以及与其他教育之间的区别与联系，进行系统性设计。要做到既充分发挥其在公民教育中的重要地位和作用，又借力公民教育助推廉洁文化教育的成效，实现二者的融合。

公民教育作为一种提升公民思想道德素质的教育模式，源起于西方国家，与我国古代社会的道德教育类似，其目的在于培养公民意识，以更好地为国家发展培养高素质的成员。其内容包括：公民的民主法治意识、权利义务意识、社会责任感等。西方国家公民教育本质是使这一政治体制下的人能够履行公民职责。例如，西方国家公民廉洁教育从公民社会入手，把公民廉洁教育引入公民教育，突出公民廉洁政治教育、廉洁文化教育、廉洁社会教育、公务员廉洁教育的整体性和系统性，逐步形成具有西方特色的公民廉洁教育体系。

弄清价值观教育与道德教育、文化教育与道德教育、廉洁文化教育与公民教育之间的逻辑关系，对于我们正确处理文化教育与公民道德教育之间的关系，开展新时期廉政文化教育工作具有重要的指导意义。

首先，以价值观教育为统领，整合道德价值观教育。道德价值观，是指价值观中与他人、社会、自然界有关的，积极正确的内容。非道德的价值观，是指价值观中消极的，有碍于他人、社会、自然界需要的内容。非道德价值观与道德价值观并非完全没有联系，会或多或少地影响道德价值观。在现实中，三者之间是如何促使个体做出各种行为和言行的呢？一种情况是，如果一个人的道德价值观、非道德价值观能够和谐统一在道德价值观中，就会促进正确的道德价值观生成，指导人们按照社会公认的道德标准行为处事。反之，另一种情况是，如果一个人的非道德价值观、道德价值观相互矛盾，不能形成一个有机整体，就会在道德行为中表现出一些冲突，做出违反社会公德的举动和言行。所以，要以价值观为统领，整合道德价值观教育。同理，在廉洁文化价值观的塑造践行中，也要充分考量与其相对立的属于非道德价值观领域的腐败文化价值观的关系，按照教育、监督、制度三位一体的工作格局，弘扬社会主义核心价值观，抵制腐朽落后的封建价值观和物质利益、个人利益至上的资本主义价值观，发挥廉洁文化对腐败文化的抵制作用，做好社会主义廉洁文化教育实践文章。

其次，结合未成年人特点，丰富道德教育与价值观结合形式。未成年人处于成长期，也称青春期，其价值观还没有最终确立。大多数情况下，依据自身的需要为第一选择。这一阶段的青少年主要性格特点是叛逆、逆反。而道德教育作为一种价值系统，它不仅关注个体的道德行为规范，还关注个体的价值观念和道德品质的培养，通过教育和引导，帮助学生形成正确的价值观和道德观，从而促进个体的全面发展和社会的和谐进步。现实中，道德教育与未成年人的生活有一定距离。因此，道德教育要结合实际生活，从具体生活经验和经历出发，引导未成年人联系自身的需要与他人的需要，从而促进未成年人价值观与社会道德价值趋于一致。这也正是廉洁文化教育向全社会渗透的人性基础，要求在廉洁教育实践中与家庭教育、青少年教育、成年教育等各个层面的教育相联系，从整体上来布局。

第三，培养价值行为能力，调节道德行为。道德教育是价值观教育基础，价值观教育根本目的是促使价值观与社会道德价值体系趋于一致，用科学的价值观教育培养价值行为能力，形成自律道德意识和道德行为能力。把道德教育变为外在教育，难转化为未成年人的道德行为，取得实际效果。要从未成年人的实际需要及个人价值观、内在的心理机制入手，使道德成为未成年人的自觉行为。同样，廉洁文化教育也应从受教育对象的个人心理动机、培育价值行为能力入手，解决廉政等道德行为的内在理念和能力，抑制腐败非道德行为的诱惑。

五、廉洁文化教育概念辨析

（一）廉洁文化与腐败文化

廉洁文化与腐败文化是一对对立的矛盾面，要进行廉洁文化教育，就必须进行反对腐败文化的教育，而腐败文化其实就是古代贪渎文化在现时期的一种反映，其内容和精神实质是一致的。廉洁文化作为一种特殊的政治伦理文化，属于思想观念和伦理道德的范畴。从廉洁文化教育的实践发展来看，一定廉洁文化的建构，离不开一定社会的主流价值作为支撑与指导；而廉洁文化的每一步发展，又必然对社会主流价值的构建发挥积极作用。

廉洁文化是人们关于廉洁的理论、价值、规范和心理以及与之相适应的思想意识、行为取向、生活方式和社会风尚的总和，在人类文明发展进程中发挥着重要的作用。新时代廉洁文化具有深厚的理论渊源，是在马克思主义基本原理同中国具体实际相结合、同中华优秀传统文化相结合中形成的。"马克思和恩格斯把廉洁作为马克思主义政党先进性和纯洁性的重要标志，在其关于无产阶级政党、政权建设等相关论述中蕴含着丰富的廉洁思想。"[1]

本书中的廉洁文化包括直接与腐败文化相对立的与廉洁从政直接相关的关乎公职人员教育的各种思想、理论、规范、制度等方面，同时也包括间接影响廉洁从政价值理念的各类价值诉求和道德品质，包括个人、社会、国家三个层面的价值观。

（二）廉政建设、党风廉政建设、反腐倡廉建设与廉洁文化建设

"党风廉政建设"一词常与反腐败斗争相伴随。2014年1月，习近平在十八届中央纪委三次全会上指出："反对腐败、建设廉洁政治、保持党的肌体健康，始终是我们党一贯坚持的鲜明政治立场。党风廉政建设是广大干部群众始终关注的重大政治问题。'物必先腐，而后虫生。'近年

---

① 林月恩：《加强廉洁文化建设　增强不想腐的自觉》，光明网，2023年9月2日。

来，一些国家因长期积累的矛盾导致民怨载道、社会动荡、政权垮台，其中贪污腐败就是一个很重要的原因。""全党同志要深刻认识反腐败斗争的长期性、复杂性、艰巨性，以猛药去疴、重典治乱的决心，以刮骨疗毒、壮士断腕的勇气，坚决把党风廉政建设和反腐败斗争进行到底。"①

党风廉政建设与廉政建设是同一概念的不同表述方式。2010年12月29日发表的《中国的反腐败和廉政建设》白皮书，第一次将党风廉政建设简化为廉政建设，将反腐倡廉机制概括为反腐败和廉政建设领导体制与工作机制、反腐败和廉政建设法律法规制度体系、权力制约和监督体系。因此，作为具有同一内容的两个不同术语，如加以区分，主要是使用场合不同，所用的概念也不同。一般认为，在党内正式文件中常用党风廉政建设概念，而政府部门常用廉政建设表述。

反腐倡廉建设涵盖党风廉政建设和反腐败斗争两层含义。党风廉政建设包含对腐败的惩处，其与反腐倡廉建设所指内容是一致的。有学者指出党风廉政建设包括对腐败的惩处，其内涵包括教育、监督和惩处等方面内容。笔者认为这种涵盖一切的关于党风廉政建设的定义有过于宽泛之嫌。目前中央有关文件中关于"党风廉政建设和反腐败斗争"的提法比较精确，因此，党风廉政建设应该属于反腐倡廉建设中关于倡廉方面的内容，它们之间是包含与被包含的关系，而不是等同关系。

本书用廉洁文化教育取代廉洁文化建设作为研究核心，主要出于两方面的考虑：一是廉洁文化教育概念相比较可以实现全社会参与的教育氛围和模式，而不仅由某一具体党政机关主导的单纯建设活动。二是文化是通过教育普及和习得的，用教育取代建设更加符合廉洁文化自身特

---

① 《把反腐败斗争进行到底》，《光明日报》，2014年1月20日。

有的规律。

（三）反腐倡廉宣传教育、廉洁文化教育与廉政文化教育

反腐倡廉宣传教育是党章和国家法律法规赋予纪检监察机关的一项重要职能和经常性工作，它是以提高党员干部的拒腐防变能力、增强社会公众的反腐倡廉意识为主要目的的有组织的舆论引导和思想劝诫活动。其教育的主要对象是党员干部和社会公众。《反腐倡廉宣传教育教程》"廉政文化建设与反腐倡廉宣传教育"中对廉政文化建设与反腐倡廉宣传教育的关系并没有做具体的区分，具体表述为：要"大力加强廉政文化建设，积极推动廉政文化进社区、家庭、学校、企业和农村，各地各部门根据中央的要求，积极进行廉政文化建设的实践与探索，有效增强了全党全社会的反腐倡廉意识"[①]。反腐倡廉教育与廉政文化教育之间有的密切关系，廉政文化建设是反腐倡廉宣传教育的核心内容。

在《建立反腐倡廉宣传教育长效机制研究》一书[②]中，分报告之一、之二、之三、之五、之六全部以反腐倡廉宣传教育为核心词，分别就反腐倡廉教育的意义、内容、方式方法、制度建设、与惩防体系其他要素之间的关系进行了专门研究。而分报告之四标题为"新形势下深入推进廉政文化建设的路径选择"，但在内容上却没有关于廉政文化教育与反腐倡廉教育之间的关系的区分。这表明，该书存在将廉政文化教育与反腐倡廉教育等同的研究预设。其他的论著中，类似描述则对廉政文化建设和反腐倡廉教育进行了同语替换："反腐倡廉教育是反腐败和廉政建设的

---

① 李本刚主编：《反腐倡廉宣传教育教程》，中国方正出版社，2007年版，第51页。

② 建立反腐倡廉宣传教育长效机制研究课题组编著：《建立反腐倡廉宣传教育长效机制研究》，山西人民出版社，2010年版。

基础性工程。多年以来，党中央坚持不懈地在国家工作人员中开展廉政教育，在全社会加强廉政文化教育。"[1]关于廉洁文化教育与反腐倡廉宣传教育之间的区别，有的学者指出，反腐败关口前移，便是反腐倡廉教育，而反腐倡廉教育关口前移，则是廉洁教育。如在有的研究中这样表述："要降低反腐败成本，做到标本兼治，反腐败必须做到关口前移，要将反腐败关口前移，反腐倡廉教育是根本。"[2]近些年来，我国反腐倡廉教育关口的前移，使反腐败和廉政建设取得了巨大的成绩。2007年教育部发布了《关于在大中小学全面开展廉洁教育的意见》，要求在大中小学全面开展廉洁教育。整体来看各地各部门廉洁教育进入了研究和探索阶段，反腐倡廉教育关口前移工作已取得初步成效。反腐倡廉建设的内涵包括反腐倡廉思想建设、廉洁文化建设、反腐倡廉制度建设。这里的建设是一种教育活动，表明反腐倡廉宣传教育涵盖廉洁文化教育、相关廉政法规制度建设的内容。

廉洁教育或党风廉政教育的对象是党政干部，是指执政党干部党员的内部教育，而廉洁文化建设或廉洁文化教育，则是将受教育对象的范围扩大到全社会的教育活动。从教育内容上来看，廉洁文化教育相对于廉政教育更加具有包容性，廉政观念、廉政思想、廉政理论、廉政文学、廉政制度法规等都是其包含的范围。在教育形式上，廉洁文化教育可以为党风廉政教育提供更加多样的载体和平台。

廉洁文化教育作为一种与公权力紧密相关的保证公权力正确运行的廉洁从政价值理念和文化习惯的教育，渗透于所有的与廉洁从政有关的

---

① 李本刚主编：《反腐倡廉宣传教育教程》，中国方正出版社，2007年版，第51页。

② 黄德林：《探索反腐倡廉教育规律——反腐败与廉政建设研究》，西南交通大学出版社，2011年版，第3页。

教育活动之中。以大学和中学为主体的青少年思想道德教育中涵盖有与廉洁公正、诚信守法等有关的教育内容，家庭教育特别是幼儿时期的启蒙教育中，也涵盖如何做人的一些教育内容，这些启蒙教育内容有很多与廉洁文化教育内容的交集，党校、行政学院、纪检监察培训机构、社会培训机构开展的党性教育、法治教育、职业伦理道德教育中也都包含有与廉洁文化相关的教育内容。可以说廉洁文化教育是各类文化教育的灵魂，是社会主义核心价值体系的重要组成部分，对于重塑新时期民族性精神内核起着非常重要的作用。反腐倡廉建设的基础性工程是加快社会主义核心价值体系建设，防治腐败的基本途径是促进社会主义核心价值体系的宣传普及，入脑入心，践于行。

第二节　西方国家廉洁文化教育崇尚法治

一、西方廉洁文化教育思想述要

（一）西方廉洁文化教育思想内涵

1.崇尚法治、理性的思想

西方廉洁文化教育的出发点旨在打造、建立一个不腐败、不被收买、廉洁的政治文化环境，其思想源头可以追溯至古希腊和古罗马时代。西方廉洁文化所建构的政治文化特点是：凡事重制度和规则的思想传统，即做任何事都应该依照社会公众普遍接受的公平合理、公开透明的规则办事，而不是随心所欲的想当然或者心血来潮的为所欲为。由此延伸为崇尚理性、遵守法律的法治社会环境。在制定有关规则时，在西方国家主要从"人性恶"和"人有原罪"等理论预设出发，认为仅仅依靠人的觉悟不足以使人向善，更不足以使掌握公权力的人自觉保持清廉的工作作风。因此，在制度的设计上西方注重相关监督的制度设计，并认为这是使好人不变坏、坏人无法作恶的必要前提。西方制度文化的基本预设是人性有天生的弱点："人不是理想中的天使，如果人是天使，就不需要任何政府了；如果是天使统治人，就不需要对政府有任何外来的或内在的控制了。"[①]

西方人对规则的崇拜最早来自对自然的敬畏。他们认为："这个万物自同的宇宙，既不是任何神，也不是任何人所创造的，它过去是、现在是、将来也是一团永恒的活生生的火，按照一定的分寸燃烧，按照一定的分寸熄灭。"[②]这里的"一定分寸"便是被西方人所尊崇的规律、规则，当时被赫拉克利特称为"逻各斯"，即今天我们所称的理性原则、逻辑规则等。正是这个"逻各斯"统治世界万物，包括自然界的也包括人类社会，即万物皆有其理，人类社会的运行也不能例外。社会规则是自然规律的体现，必须敬之畏之，否则，没有规则和秩序的社会，必会充满混乱、争斗与邪恶。正是在这一对自然理性崇拜的前提下，衍生出了至今仍统治着西方思想界的传统思维习惯，即坚持理性原则和法律规范，这也正是西方社会发达科技和延续两千多年的法治传统的思想根基。

崇尚法律和理性的思维习惯成为现代法治精神的摇篮。这些思想在后来的思想家们的坚持、斗争中，不断得到完善。在古希腊，毕达库斯被尊为西方历史上第一个崇尚法治的学者，朴素唯物主义者赫拉克利特也推崇法治。而普罗泰戈拉主张法治、风俗和传统道德治国并重，德谟

---

① ［英］威廉·韦德著，徐炳等译：《行政法》，中国大百科全书出版社，1997年版，第558页。

② 苗力田主编：《古希腊哲学》，中国人民大学出版社，1995年版，第37—38页。

克利特也持类似观点。苏格拉底、柏拉图和亚里士多德三位智者对这些思想进行了总结和发展。苏格拉底主张贤人政治，柏拉图将法律置于国家一切官吏和公民之上，认为治理国家必须依靠法律。在亚里士多德的《政治学》中，对法律的崇尚到了无以复加的地位，其核心主张是强调法律的重要地位。他指出："公正是政治的基石，人一旦脱离了法律和公正，就会堕落成最恶劣的动物。"[①]"法律是摒弃了激情的理性，给法律赋予权威就是给上帝和理性赋予权威，但给人赋予权威就等于引进一个野兽。因为人的欲望具有某种兽性，一旦掌握大权总是倾向于被欲望的激情所侵蚀和控制，即便是一个起初很优秀的人。"[②]

在古罗马，以十二铜表法的创立为标志，法律制度成为笼罩在国家政治上空的灵魂。到了中世纪神权统治下的封建社会，在"法律至上"与"君权至上"的争论中，一部分学者为了捍卫法律的权威，做出了顽强的抗争。一些著名的主教和学者如米兰主教圣安布罗斯、圣奥古斯丁、阿尔昆等人认为要尊重法律、推崇法律，指出统治者只有尊重法律，才能让法律约束所有人。意大利的格拉提安指出：君主要受法律的约束并依据其法律生活。

启蒙运动时期，西欧和北美等地涌现出的一批杰出思想家反对封建专制，捍卫法律的权威。斯宾诺莎强调，如果一切都取决于个人变幻无常的意愿，那么就不会有稳定性可言了。哈林顿则提出权力要受理性和美德的控制，而不能受情欲和邪恶的控制，有完备的法则才有善良的人。这在今天看来仍然具有重要的借鉴意义，无论对于控制权力，还是

---

① ［古希腊］亚里士多德著，颜一、秦典华译：《政治学》，北京大学出版社，2005年版，第5页。

② ［英］罗素著，何兆武、李约瑟译：《西方哲学史》（上卷），商务印书馆，2001年版，第241页。

对于构建有利于社会良性发展的文化环境，完备的法律制度都是非常必要的。洛克更加强调法律的作用。他认为一个不重视法律的政府，是一个不可思议的政府，它是与人类社会格格不入的，真正的共和国应该是一个法治完备并认真执行法律的国家。因为生命、自由、财产是人的天赋权利，要保障这些权利就必须实行法治，建立法治政府统治，并不论贫富，权威对所有人都一视同仁。卢梭、孟德斯鸠、阿克顿等人的法治思想，都对今天西方法治理念的形成起到了重要的启蒙和奠基作用。

近现代以来，西方学者围绕法治与治理腐败的关系，各抒己见，形成了一大批有价值的论述。如塞缪尔·P. 亨廷顿指出："社会基本价值观发生变化，现代准则与传统准则的冲突导致的社会失范是导致腐败的重要原因之一。"①海登海默、胡格韦尔等人，也对腐败和法治的关系进行了分析，对通过控制权力治理腐败提出了有益的建议，这对于探索新时期法治和治理腐败理论都具有重要的借鉴作用。理论界对法律和理性的执着追求，对于打造廉洁文化教育的大环境意义非同寻常，不仅为减少腐败文化的蔓延提供了约束，也为打造不腐败、不被收买的廉洁政府和政府行政文化，提供了技术支撑和核心理念。法律和规则作为一种既定的知识体系，是廉洁文化教育的必修课和重要内容，只有普及了法律知识，才能了解法律并敬畏法律，做到知法守法。

2.崇尚自由、平等的价值理念

对于民主、自由、公开、公平、正义等价值理念的不懈追求可以说

---

① ［美］塞缪尔·P. 亨廷顿著，李盛平译：《变革社会中的政治秩序》，华夏出版社，1988年版，第60页。

贯穿了整个西方文明史，这些价值理念不仅为建立现代西方完善的制度体系打下了坚实的思想基础，也成为廉洁文化的重要思想基础，如"天赋人权""主权在民"思想。正如保罗·道格拉斯曾说："我认为改进机构更为重要的是需要建立一套更为深刻的道德价值观……我们看到的政府的失误常常是我们自己的道德失误的反映。所有这些可能都在提醒我们，我们不仅要帮助改革政府，而且还要帮助改革我们自己。"[①]现代西方文明在经历了从文艺复兴、启蒙运动、宗教改革到产业革命等长达400多年的漫长现代化历程，已形成独具特色的价值观和精神家园。其中，宗教的教化力量成为塑造其意识形态、价值观的重要推手。比如，西方国家普遍把基督教、伊斯兰教、天主教作为国家层面主导的宗教，宗教信仰成为西方国家公众面对物欲横流的现实生活缓解社会、个人压力的精神寄托，成为公众日常工作和生活的一部分。

3.重视对权力的制衡、监督

对权力本质的认识在西方一些学者那里有着精辟的总结和描述。孟德斯鸠指出："一切有权力的人都容易滥用权力，这是万古不变的一条经验，有权力的人们使用权力一直到遇有界限的地方才休止。"[②]1887年4月3日，英国的阿克顿将军写的一封信中留下了"权力易于腐败，绝对的权力导致绝对的腐败"。

西方自古希腊开始就非常注重将国家权力加以分散，同时也非常注意权力与权力之间的牵制与约束，这也成为西方廉洁文化思想的一个较为重要的思想基础。在西方人眼里，廉洁文化教育实践的核心或根本问

---

① 刘明波：《廉政思想与理论——中外名家论廉政与反腐败》，人民出版社，1994年版，第221—222页。

② ［法］孟德斯鸠：《论法的精神》，商务印书馆，1987年版，第154页。

题是利益问题，是关系人的切身利益的实际问题，而不是一些空洞的口号或虚设的组织机构。对权力进行约束和控制，减少权力行使人本身的胡作非为、私欲膨胀、无法无天，使权力在正常的轨道上运行，发挥其服务社会维护国家和人民利益的作用，可以大大降低反腐败的难度和成本，使广大的公职人员减少铤而走险、误入歧途、堕落成千古罪人的可能性，这本身便是最好的廉洁文化教育效果。西方社会重视对权力的社会监督。美国《独立宣言》中明确指出了人民监督政府的主张："任何政府形式一旦变得有害于权利，人民就有权改变或废除而另设新政府，把新政府的基础放在他们认为最能促进自己的安全或幸福的原则之上，并按照符合这一目的的形式组织新政府的权力。"也就是说，权力不仅受到来自政治体制内设的权力的监督和制衡，同时，还必须接受来自社会公众的监督，这是西方廉洁文化思想的重要内容之一。契约论思想家们更是把权力来源解释为人民的授予。

4.崇尚规则与制度的思想

纵观西方自古希腊以来两千多年的文明史，对规则和制度的重视成为其廉洁文化教育实践的一个重要法宝和思想基础。从广义上讲，法律条文或法典属于制度和规则层面的内容，在这一方面，西方法治建设相当完备，从而保证了廉洁文化教育实践的有法可依、有章可循。比如，美国1787年联邦宪法规定："总统、副总统及合众国政府之文官，受叛国罪、贿赂罪或其他重罪轻罪之弹劾与定谳时，应受免职处分。"在美国历史上，总统的弹劾程序曾启动过三次，即约翰逊案、尼克松案和克林顿案。这无疑给每一位公职人员头上悬了一把达摩克利斯之剑，对于廉洁文化教育实践起到了非常重要的推动和强化作用。比如，对于公务员本身的廉政情况考核，美国设有公务员风纪署，法国设有惩戒委员会，奥地利有纪律委员会，澳大利亚有国家罪案调查局，加拿大有国家骑警反贪处等。这些机构的设立既是对公务员廉政行为的监督与考核，也是对廉洁文化的一种弘扬和促进。再如，西方国家把新闻媒体称为"第四权力"，重视社会舆论在监督政府中的重要作用。

崇尚规则与制度的思想与崇尚理性与法律的思想是一脉相承的，"没有规矩不能成方圆"在西方文明与政治实践中得到了有效的贯彻。早在数千年前亚里士多德就提出了"任期制、特权论和制度防腐"等初步思想。"美国学者博伦斯和施曼特在合著的《美国政治腐败——权力、金钱、美女》一书中，提出政府腐败的根源是社会制度的不完善。以科斯为代表的一批经济学家所形成的新制度经济学派认为制度比人品更重要，社会制度决定人们的行为。只要制度上有漏洞，腐败必然会发生。"①这充分表明了开展廉洁文化教育实践必须在制度建设上下功夫。

（二）马克思主义经典作家的廉洁文化教育思想

1.马克思、恩格斯道德教育思想

在马克思、恩格斯的论著中有非常深刻的关于道德教育的论述，体现了丰富的道德教育意蕴。马克思和恩格斯对道德教育实施主体、实施客体进行了界定，认为无产阶级的群众或政党组织、无产阶级的理论家和活动家以及无产阶级群众和个人是道德教育的实施主体。无产阶级群众及先进分子，小资产阶级、农民等被统治阶级在内的广大人民群众，以及儿童和少年是道德教育客体。道德教育目的是实现人的自由全面发展。廉洁文化教育作为一种思想道德教育形式，其本质是一种价值观的

---

① 张利生：《廉政文化建设要论》，中国方正出版社，2008年版，第85页。

教育和普及。马克思、恩格斯道德教育思想对新时期开展廉洁文化教育提供了重要的理论支撑。特别是马克思、恩格斯廉洁政府等思想，蕴含着丰富的廉洁文化思想，是新时代廉洁文化教育实践的根本遵循。

2.列宁的廉洁文化教育思想

列宁是无产阶级革命家，建立世界上第一个社会主义国家，其马克思主义理论和实践对今天社会主义革命建设具有重要的借鉴和启示意义。他指出，无产阶级夺取政权后，执政党必须坚持从严治党，包括严格入党条件，纯洁党的队伍，发扬党内民主，加强群众监督，严格党的纪律，加强制度建设，防止党员以权谋私、腐化变质。同时国家政权机关必须进行改革，同官僚主义做坚决的斗争，消除腐败分子，加强政治制度和法治建设，加强工农民主监督，并提出了开展廉洁文化教育、防止公职人员腐败的具体措施，如以民主方式反对腐败、以制度建设防治腐败、注重干部队伍的建设、重视对人民群众的价值关怀等。列宁认为廉洁政府、廉洁社会应该通过教育学习、制度约束、群众监督、文化建设、建立廉洁政府来实现。上述思想对于开展今天的廉洁文化教育实践工作具有重要的理论价值和实践意义。

二、西方国家廉洁文化教育实践及启示

（一）欧洲国家廉洁文化教育实践

欧洲的30多个国家的历史文化普遍滋养了国民严肃认真、认真服从、公私分明、不感情用事的文化传统和道德品质。整体来看，欧洲的廉洁文化胜于腐败文化，其中，芬兰、丹麦、瑞典等北欧国家在透明国际每年度的清廉指数排名中位居前列。下面以芬兰和瑞典为例分析。

1.芬兰

芬兰政府公职人员滥用职权、贪污腐化现象极少发生。其受贿案例已连续十多年在全球排名最少。根据有关数据统计，1985年至1992年间，芬兰只有25起贿赂案。①可以说廉洁已经融入其民族文化之中，升华为一种民族的品格。

首先，公民有良好的文化素养。芬兰人形成了特有的民族性格：坚忍不拔、崇尚自尊、自律。芬兰至今仍保持着纯真古朴的良好社会风气，比如，路不拾遗，被丢失的东西会被发现的人放在明显之处等待失主自己来寻认。再如，芬兰人讲究诚信，在口头上达成的君子协议如同正式签订的合同一样有效。而良好的教育环境使得芬兰公民普遍具有浓厚的法律意识，对青年人进行了基本法律知识和观念的训练和教育，具备完备的法律知识和遵纪守法的观念更是公职人员被录用的必要条件。文化的熏陶和持续教育使清正廉洁融入了芬兰人的日常生活、工作和思维，成为当代芬兰文化的重要组成部分。

其次，重视全民廉洁文化教育。廉洁文化教育是一场全民参与的教育，是每个公民自幼就开始的一种基本教育。廉洁文化教育在芬兰产生了非常明显的成效。芬兰人认为"贪污受贿、侵吞公共财产就如同偷盗一样，被人普遍视为卑鄙肮脏的罪行"，因为人们已经习惯于通过脚踏实地劳动和耕耘去创造财富。

第三，建立并执行严格的廉洁法规制度。芬兰长期以来建立起一套惩治腐败犯罪的法律法规。宪法、刑法、民法、行政管理法到伦理道德

---

① 朱军：《芬兰的廉政文化》，《检察风云》，2005年第5期。

中关于腐败犯罪的规定明确明晰。在量刑上，一般腐败和腐败犯罪没有区分，也没有对行贿和受贿进行区分的起算金额，接受少量的财物在芬兰也是腐败犯罪。公务员一旦被指控受贿，罪名成立将被立即免职。在对待公务人员的腐败犯罪上，没有任何"刑不上大夫"的特殊规定，更没有一般腐败行为可以不受法律追究而只受纪律处分和行政处分的规定。比如，芬兰专门制定了《公务刑法》，对公职人员渎职、贪污、诈骗等的惩戒从严的准则，该法律得到了社会公众和公职人员的普遍认可和遵从。该部法律还专门规定了"有损政府形象罪"，对不管出于什么原因，公职人员频繁出入酒店、高档消费场所有损公职人员形象的行为定罪，以提升社会公众对国家公职人员的信任度、提升政府的正面形象。法律赋予公众监督权，任何公民能自由检举、揭发违法官员。透明和公开是芬兰政府工作的一个重要原则，公共部门信息都要对新闻界和公众开放，依靠公众监督有效防止政府部门腐败。

2.瑞典

瑞典也是世界最清廉的国家之一，其反腐败取得了较好成效，主要经验有：

首先，重视公民文化素养培育。在瑞典，每个人都害怕自己有污点记录，否则便很难在瑞典社会乃至欧洲立足。瑞典从儿童时期就开始社会诚信方面的教育。比如坐公共汽车或乘地铁逃票等将影响一个人3到5年的诚信记录，偷逃税等将影响10年，这些规定一定意义上营造了预防腐败的良好社会环境。

其次，建立预防腐败的廉政法规制度。在预防腐败、限制权力滥用的制度建设上瑞典走在世界大多数国家的前面。比如：瑞典是世界上第一个执行政务公开、财产申报与公开制度的国家。世界上第一份财产公示是1766年在瑞典公布的。社会公众关注政府的廉洁程度，讲求诚信，痛恨腐败行为。比如，瑞典政府前副首相莫娜·萨林因为用权力为个人谋利，在新闻媒体曝光后，这一行为激起轩然大波，为广大瑞典公众所鄙弃，其本人被迫辞职，断送了政治前途。

最后，打造全民监督的社会环境。正是基于制度、文化环境的共同作用，在瑞典形成了对腐败的"全民监督"社会环境，政府部门、社会组织鼓励企业部门采取自治方式，从而禁绝各种贪污腐败行为。"设在斯德哥尔摩的反贿赂事务所，就是由市商会、商人协会和工业协会联合建立的，其职责是监督、检举政府机关、公务人员及商人的不良行为，维护商业往来中的平等自由竞争原则，反对商业贿赂。"[①]又如，"由报业主、记者出资建立新闻监督专员办事处，专门监督新闻单位的报道工作，维护新闻道德和报道的真实性。如因报道失实损害了公民的名义和权益，公民可以向新闻监察专员投诉，如属实，监察专员可以代其向新闻单位申诉，或要求公开道歉，或要求给予经济补偿"。

（二）转轨国家廉洁文化教育的实践

转轨国家主要指由计划经济体制转向市场经济体制的国家，如俄罗斯、罗马尼亚等。正如亨廷顿总结的"社会转型期往往是腐败多发期"。应当说这些转轨国家面临着发展本国经济和治理腐败的双重压力，虽然他们在惩治和预防腐败的制度建设、反腐败机构的完善、加强国民廉洁文化教育和培训等方面做了不少工作，取得了一些成效，依然存在着不

---

① 《关于国外防治商业贿赂的研究报告》，国家发展和改革委员会网站，2016年12月7日。

足。其中，俄罗斯廉洁文化教育实践中有许多值得总结和借鉴的经验，下面以俄罗斯为例分析转轨国家的廉洁文化教育的实践。

一是宗教文化的影响。俄罗斯文化具有东西方文化交融、共生的特点，这与其特殊的地理位置、多民族的人口构成和宗教信仰密切相关。它横跨欧亚两大洲，极易使其受到来自东方和西方两个文化体系的影响和熏陶。作为国教的东正教思想渗透于俄罗斯政治、经济、文化乃至家庭和个人生活的各方面，成为俄罗斯民族精神的内核。东正教所倡导的博爱、宽恕和忍耐，造就了俄罗斯人的温顺善良、感恩、不以暴抗暴的品格特点。东正教宣扬的苦行主义，使俄罗斯人具有了自我牺牲和集体主义精神，坚持国家利益至上。东正教主张的普济众生和救世精神造就了俄罗斯民族的历史使命感和救世主义理念。在长期与外来文化的渗透、融合、斗争过程中，俄罗斯民族文化精神具有了双面性的特征：国家至上和无政府主义、个人主义、个人意识和集体主义并存，民族主义和普济主义并存等。这些文化内核决定了俄罗斯民族精神的两面性，同时可以解释俄罗斯人留给世人的一切困惑和震惊之举。

二是廉洁文化教育的实践及启示。

自苏联解体至今，俄罗斯一直在努力完善各项反腐败法律制度和反腐败机构。2008年，俄罗斯新的领导层提出反腐败斗争必须成为一项国家工程，誓言要把腐败分子清除出政权机构，敦促议会通过《反腐败法》。同时，制定《国家反腐败计划》和《国家反腐败战略》，将反腐败上升为国家战略，通过顶层设计系统地规划反腐败工作的法律基础、组织基础、预防机制、惩处机制和国际合作制度，这标志着俄罗斯由运动式反腐转入制度性反腐，以综合性和法治化的措施治理腐败。根据新的反腐败战略，俄罗斯大规模出台或修订与反腐败有关的法律，包括《联邦政府法》《刑法典》《警察法》《检察院法》等，国家杜马为此还专门成立了反腐败立法保障临时委员会。"2009年，总检察院和司法部对80多万部法律法规重新进行审议和评估，发现和修补4.8万个可能滋生腐败的漏洞。"①俄罗斯的反腐败机构主要有联邦总统监察总署、联邦总统反腐败委员会、联邦监察局、联邦财政监察局，这些机构由于存在职能交叉、多头管理，在反腐败的斗争中并没有取得预期效果，腐败文化仍然没有得到有效遏制。俄罗斯廉洁文化教育实践证明了历史和文化的沉淀对于反腐败和廉洁文化教育实践具有重要的思想根基的作用。廉洁文化教育工作要取得成效，一方面要有相应的限制权力和控制权力滥用的制度加以预防和惩治，同时更应从塑造国民整体文明素质和价值理念入手，营造良好社会环境，形成引导社会主流的廉洁价值观念。

（三）美国廉洁文化教育实践

作为西方发达民主国家之一，美国在透明国际清廉指数排名中属于比较清廉的国家。但是，研究和追寻其建国200多年的发展史，美国并没有因为其实施所谓的西方民主制度而生来就廉洁，也曾经有过腐败非常严重的时期。"比如，18世纪20年代后期到1883年间，在这一时期，强大的私人利益集团能够轻而易举地收买政府官员，是美国腐败比较严重的一个阶段。美国南北战争之后，出钱购买联邦政府中官职的现象非常普遍。但公众对这些腐败现象表现得并不是特别反对，反而对政府雇员和官员的贪腐现象听之任之，甚至加以认同，公众舆论也不存在对腐败政

---

① 《俄罗斯：铁腕治腐"老"总统打出新"组合拳"》，《中国纪检监察报》，2013年9月3日。

府的反对。"①比如，20世纪20年代初的哈定政府被认为是美国腐败最为严重的时期。当时的警察受贿严重，严重压制了公民权利。

美国廉洁文化教育的历史实践经验和成效主要有：

首先，建立完善的廉政法规制度。从经历了贪腐盛行时期，到逐步建立起比较严密的制度对腐败制约，在这一过程中，美国政府主要通过采取一系列改革运动，有效遏制了比较严重的腐败问题。美国的法律中对反腐败有着比较完善的惩治和预防的制度，其反腐败的法规主要有《对外贿赂行为法》《监察长法》《政府道德法》《文官制度法》《众议院议员和雇员道德准则》《海外贿赂行为法》《预算和会计法》《有组织的勒索、贿赂法》《政府道德法》《检举人保护法》《信息自由法》《独立检察官法》等，美国还设立了专门的反腐败机构，主要有检察机构、监察机构、政府道德署、国会调查机构、审计机构等。严密的法规制度和有效的监督机构，为遏制腐败行为的肆虐和营造清廉的社会风气提供了坚实保障。

其次，提升公民文化素养。除了强大的法律约束和不断的政府改革外，美国重视培育提升公民文化素养，利用道德和舆论的约束形成了一股强大的反对腐败的社会力量。"美国逐步形成具有实用主义特色的新生文化，虽然从欧洲移植，却又完全不同于欧洲本土文化。有着不同文化背景和社会经历的人们在来到美国后，脱离传统价值观理念、伦理道德和生活习惯的拘束，融合沉淀为自由放任、个人主义、实用主义、物质主义独具特色的美国文化基因，共同创建了美国自由、公正、宽松的

---

① 周琪：《美国历史上的腐败与反腐败》，《美国研究》，2004年第3期。

社会环境。"[1]在宗教方面，受新教伦理的影响，当代美国人认为，一切组织的预防和治理腐败的措施最终取决于个人的道德品质。美国政府注重对清正廉洁的道德高尚人物歌颂，在全社会形成了非常浓厚的廉洁从政、遵法守纪的文化氛围和社会环境，廉洁文化理念成为社会共识。

对比美国反腐败机制的成功之处，廉洁文化建设经验方面有以下几点值得借鉴："一是建立的联邦政府的道德标准是反腐败的主要措施。政府在建立道德规章的同时，还设立了监督执行道德规章的机构，其主要关注的是事先预防，而不是事后惩罚。二是对腐败的控制不仅依赖于道德规章而且依赖于法律。"政府道德法"最后被扩大到也适用于立法部门和司法部门。"[2]

（四）亚洲国家廉洁文化教育实践

亚洲国家在廉洁文化教育实践和成效方面主要以日本和新加坡为典型，正是基于相近的文化背景，这两个国家在文化积淀、公民素养、廉政文化教育实践和制度建设等方面的经验对我们具有更多的借鉴意义。

1.日本

在日本，历史形成的传统文化和公民道德素养对于抵制腐败文化、加强对腐败行为的监督起到了重要的作用，其廉洁文化教育的实践和经验体现在以下方面：

一是传统历史价值观的影响。由古代日本武士阶级和商人阶级构建

---

① 胡孚琛：《全球化浪潮下的民族文化——再论21世纪的新道学文化战略》，《东方论坛》，2005年第4期。
② 周琪：《美国人怎样防腐败：注重事先预防 防"利益冲突"》，中国新闻网，2006年5月19日。

的以克己奉公精神为核心的价值观和武士道精神，一直影响着现代日本人的主流价值观，形成了现代日本人勤奋、节俭和理性的品格。如今，日本人"团体的纽带如此牢固，以至于每个成员都对彼此的行为抱有一种集体责任感。对团体的忠诚和自觉自愿服从其要求是日本社会的重要特点。团体义务感已渗入日本人的灵魂"。[①]

日本以其独有的方式继承和发扬了儒教文化的修身齐家治国平天下的内涵，形成了一种独特的"耻感文化"，他们崇尚精神和意志，贬低物质享受，追求人之完美。根据武士道精神，一个人可以为了名誉牺牲财产、家庭甚至自己的生命。他们追求清净无尘的生活环境，在精神上耻感心理也源自这种喜爱洁净的生活习惯。他们认为，这种知耻和对污秽的厌恶，对塑造纯洁心灵和高尚道德起着非常重要的作用。耻感文化由于来自世人的评判，因此必须通过雪耻来洗清自己名誉的污点，其中自杀被视为洗刷污名并赢得身后好评的一种方式，这些是剖腹自杀的武士道精神和做法的来源。传统社会的价值观和思维习惯在日本的政治文化中仍然占有非常重要的一席之地。因此，独特的文化背景使得日本不可能实行西方民族国家的议会制。"除了日本以外，世界上有哪个国会600名议员当中，议员的儿子竟然占去150名？"[②]这种基于继承传统的日本政治文化，必然导致日本社会转型的不彻底，致使社会文化环境未有较大改观，其腐败根源也难以消除。

二是全民道德教育的推行。19世纪80年代，日本开始在全体国民中开展"民权、民智和民德"教育。民德教育主要是对民众进行公共道

---

① 李文:《东亚国家廉政文化建设比较研究》,《浙江社会科学》, 2006年第3期。

② 刘春:《权力的陷阱与制约——西方国家政治腐败透视》,中共中央党校出版社, 1998年版,第168页。

德和日常伦理的教育，并把民德教育作为根本教育，用儒学思想教育民众，以塑造日本人的"魂性"。经过明治维新，日本社会公众的传统信仰、习惯和价值理念皆已崩溃，而新的道德标准和理想信念还没有建立，在日本处于严重精神迷茫和信仰饥荒时期，进行新道德宣传和教育尤为重要。

日本明治维新后的民德教育重点更在于全体国民，而不只局限在"士"阶层，而且从儿童开始，即让道德观深入其脑髓。在明治天皇时期，全国各大中、小学被强制实行"儒教主义"的道德教育，使当时日本的国民道德教育的普及逐渐走向制度化与规范化。[①]这些内容构成了日本道德文化教育的重要组成部分。

三是重视公职人员的思想道德教育。日本许多大学、行政学院以及公务员培训机构普遍开展公职人员的道德准则、法律意识、个人修养教育，以培养公职人员荣誉感和责任感。"这些教育内容包括：公民社会道德品质教育，如公正、忠诚、礼貌、服从法律和秩序、人道等；公务人员道德品质教育，如为全民服务的意识、公职精神和工作态度、集体意识、理性意识等。"[②]

2.新加坡

20世纪50年代中期至今，新加坡大力推进廉政文化教育，成效显著，具体做法有有以下四点：

第一是，共同文化价值观的培养。长期殖民统治使英国文化在新加坡人价值理念上留下了深深的烙印，改革过程中西方文化的引进对其

---

① 陈伯海：《东亚文化与文化东亚》，《上海社会科学院学术季刊》，1997年第1期。
② 何爱云：《新时期廉政教育研究》，中共中央党校博士论文，2012年。

产生了深刻影响，以华人为主的人员构成使其又深受儒家传统文化的影响。总之，多元文化因素影响着新加坡人的观念意识、风俗习惯和社会意识形态。在此基础上，新加坡提出了发展各个种族和各种信仰的新加坡人都赞同并赖以生存的国家意识和共同价值观。新加坡创造性地阐述和发扬儒家道德价值观，从20世纪80年代开始，推行以中国儒家传统文化为中心内容的"文化再生"运动。1991年1月15日，国会批准了《共同价值观白皮书》，将新加坡的共同价值观概括为"国家至上、社会为先，家庭为根、社会为本，关怀扶持、尊重个人，协商共识、避免冲突，种族和谐、宗教宽容"等五项内容。"如何才能让共同价值观持久地深入人心、变成所有人的核心价值和行动指南，新加坡政府采用了精英引领、制度保障、宣传教育、建构家庭伦理等方式，在全社会构建了践行共同价值观的立体网络，有效保障了共同价值观在全社会的贯彻、落实。1993年，新加坡政府又制定了'家庭价值观'，主要包括亲爱关怀、互敬互重、孝敬尊长、忠诚承诺、和谐沟通等内容。"①

其次，抓好全民廉政教育。新加坡在全社会进行精神文明建设，包括开展"礼貌运动""推广华语活动""敬老运动"等。专门针对公职人员的廉洁文化教育更是独具匠心。新加坡政府规定，政府公务员要言谈和气、举止文雅、朴实、谦逊、大方、热情诚恳，与同事团结、互助、友爱，甚至还规定发式和服饰必须整洁、得体。政府重视对公务员的教育和培训，尤其对公务员道德品质和为人态度的培养，专门设置培训中心和公务员学院负责对公务员的培训和教育，新入职公务员必须接受任前培训，在职公务员必须接受轮训，还要对培训效果进行跟踪考察和评估。

---

① 辛小丽：《核心价值观是跨越中等收入陷阱的前提条件——关于新加坡培育和践行共同价值观的再借鉴与思考》，《宁波经济》，2021年第12期。

　　第三，重视传统文化教育的"心治"作用。新加坡公职人员奉行儒家价值观念、全心全意为国家和社会工作。"这些从'心治'入手的廉洁文化教育实践，使新加坡初步形成了一种以遵纪守法为荣、以贪赃枉法为耻的社会氛围，公职人员贪污受贿被看成社会公敌。"①廉洁的文化环境，成为新加坡最宝贵的资产。1986年11月，因受贿在接受调查时自杀身亡的新加坡国家发展部部长郑章远在遗书中忏悔说："作为一个东方的正人君子，我觉得自己应该对所犯的错误付出最高的惩罚代价。"可以看出，其本人因为自己受贿行为而产生的强烈的羞耻感，甚至因为这种自责和忏悔而选择了自杀结束自己的生命。对于郑章远事件，李光耀评价："我们已经建立起舆论的氛围：人们把担任公职却贪污受贿的人看成社会公敌，所以郑章远宁可结束生命，也不愿面对耻辱，遭到社会的唾弃。"②

　　第四，建立严密的惩防腐败体系。迄今为止，新加坡发布的法律制度主要包括《财产申报法》《公务员纪律条例》《公务员指导手册》《防止贪污法》《公务员法》《没收非法所得法》等。还建立了严密的监督体系，包括总统和国会的监督、公共服务委员会的监督、政府机关内部的监督、审计署的监督、反贪污调查局的监督。在实践层面，政府为保障市政府高级官员和公务员抵御贪污受贿的诱惑，吸引更多的社会精英人才进入公务员队伍，采取了"高薪养廉"的政策。"1989年上调后的新加坡公务员工资达到了世界各国的最高数额。除此以外，新加坡还给他们比较优厚的其他福利待遇，特别是还建立了完整的中央公积金制度。根据规定职工每个月工资的20%扣缴公积金，公务员每月扣缴18%，单位

---

① 季正矩、陈德元主编：《他山之石：海外反腐肃贪要览》，北京出版社，1994年版，第177页。

② 李文：《东亚国家廉政文化建设比较研究》，《浙江社会科学》，2006年第3期。

再加入22%共40%存入公积金，这份公积金属于个人所有，但不得随意提取。一个公务员工作时间越长，公积金就越多。据统计，一个高级公务员（厅局级）到55岁退休时，如果在职时廉洁奉公，没有贪污受贿等违法行为，可以领到相当于人民币400万元至500万元的公积金，但是如果出现轻微违法和贪污受贿行为，便会被全部没收，一般人是绝不敢冒这种丢掉职位和巨额公积金的风险来贪腐的。因此，公积金制度是新加坡以严养廉的强大经济后盾。"①

（五）西方国家廉政文化教育的主要启示

其一，西方国家普遍建立了严密的反腐败法律体系。西方国家有崇尚法治的传统，重视对公权力的制约监督，通过法治的利器来治理腐败，是西方社会廉洁的重要举措之一。严格执行法律，按法律制度办事，崇尚理性，拒绝人情、血缘因素对社会程序的影响，是西方社会的另一个显著特征。重视政府信息公开工作，把政府涉及公众的一切信息公之于众，置于公众的监督之下，从而有效避免因公众不知情、信息滞后而发生的腐败现象。重视新闻媒体等监督机制的建立，给社会公众、媒体最大的知情权。

其二，西方国家重视加强公民廉洁文化素质培育。分层次、分人群进行施教。把廉洁文化教育与公民教育、道德教育、学校教育、公务员教育培训、宗教等相结合。结合国家和地区历史文化传统进行廉洁文化的挖掘整理，并在现实生活中进行宣传推广。

其三，西方国家廉洁社会环境的形成是历史的动态发展过程。从

---

① 中央纪委外事局、监察部外事局编：《外国监督制度与实践——纪检监察机关国外考察报告专辑》，中国方正出版社，1995年版，第34页。

历史发展的角度来看，西方国家并不是从一开始就是非常廉洁的，除个别国家外，大多数国家都经历过非常严重的贪腐时期。但是经过系统治理，加强廉洁教育、规范法律法规的执行等措施，能够较好地适应社会发展阶段。我国现在所处的历史阶段，由于社会转型、体制转轨等方面造成的贪腐现象、权力寻租的情形屡禁不止，但这并非我国特有的现象。现阶段如何遏制腐败，主要是从反腐败体制机制、廉洁社会文化氛围、舆论环境上与清廉的社会发展阶段的要求相适应，主要通过文化的方式来陶冶人的情操、净化社会风气，用法律手段去治理腐败中存在的问题，从而在根源上调整我们治理腐败的路径，走出一条中国特色的反腐败治理之路。

其四，廉洁文化教育要遵循科学、合理的原则。西方国家基于人的"性恶论"的意识，对公共权力、人性的不信任，必然要求对其从法律体制上进行治理。要客观地去对待教育对象，不能违背人性的基本规律，作为掌握公权力的公职人员，要在理性精神的指引下，主持基本的公道，秉公办事，而不是人情大于法，靠一己之私行事。

廉洁文化教育重要的是遵循共同的规则和法律，因为只有法律和规则能够持久，而人性有其固有的弱点，法律和规则可以最大限度地规避人固有的弱点，使人向善、从善。法律本质上是建立在教训基础上的深思熟虑的结果和高度概括的理性体现，标识了人的行为规范和做事范围，任何出格行为都应受到法律的惩罚，且容易操作。坚持法律和理性原则，可以降低廉洁文化教育的成本，注重用法律说话，也可以让所有人心服口服，为建立一个有秩序的社会环境打下坚实基础，为建立廉洁文化社会环境提供法治保障。

第三节 中国廉洁文化教育坚持德法并举

一、中国古代廉洁文化教育思想述要

（一）古代廉洁文化教育的思想文化基础

中国古代廉洁文化教育思想是传统文化的重要内容和组成部分，其创建和发展必然离不开博大精深的中国文化，特别是儒家、法家、道家、墨家等思想更成为其产生的重要思想基础和理论内核。诸子百家合纵连横、纵论治国之道，著书立说，影响深远，其思想中关于政治治理内容大多涉及廉洁的内容，成为今天中国廉洁文化教育思想的源头活水。

1.儒家以德治国思想

儒家倡导礼治，主张仁政，提出"修身、齐家、治国、平天下"的理念，反对贪欲，崇尚清廉，批判贪腐。其关于德治思想的阐发和发展，为后世廉洁文化教育实践提供了重要的思想文化基础。德治思想早在夏周时期就已经萌芽，经过儒家的发扬光大成为统治者治国理政的法宝。"六经"作为儒家经典教材，蕴含丰富的廉洁文化思想。《尚书》中有"廉隅"之德，《周礼》中有"六廉"之说，《礼记》中有"廉以立志"之论。孔子思想的核心主张是以德治国，以礼乐教化民众，使统治者树立自己的权威和道德感召力，教育人们自我规范、自我约束。

孔子主张"君子忧道不忧贫"，"生于忧患死于安乐"。①关于能够

---

① 《论语·卫灵公篇》，中华书局，2016年版。

从政的基本条件，孔子认为要做到"君子惠而不费，劳而不怨，欲而不贪，泰而不骄，威而不猛"。[①]这五条标准被孔子视为从政者最基本的道德品质。孔子从治理国家的高度对从政道德进行了界定和强调，在《为政》篇，孔子强调："为政以德，譬若北辰，居其所而众星拱之。""道之以政，齐之以刑，民免而无耻；道之以德，齐之以礼，有耻且格。"[②]儒家从政治的高度要求统治者必须遵循以德治国，要求统治者结束暴政，实现天下太平的德治社会，认为统治者只有施行德治，人民才会信服、拥护，才会自觉地知耻，而不去做危害国家的坏事。董仲舒更把德治思想作为统治者的基本治国理政的标准。他认为德治是天下唯一的"大治之道"："圣人天地动四时化者，非有他也，其见义大故能动，动故能化，化故能大行。化大刑故法不犯，法不犯故刑不用，刑不用则尧舜之功德，此大治之道也。"[③]孟子思想主张"不妄取"，他说："可以取，可以勿取，取则伤廉。"[④]孟子还主张惩贪，对贪官"国人皆曰可杀，然后察之，见可杀焉，然后杀之"[⑤]。荀子思想主张"厚德音以先之，明礼仪以道之，致忠信以爱之，赏贤使能以次之"[⑥]。荀子还主张对贪官加以惩处，做到"正法以治官"[⑦]，使"百吏畏法循绳"[⑧]。

纵观德治思想的发展过程，其反对暴政追求理想社会的思想，以及对官德的重视和描述，对丰富新时期廉洁文化教育的思想内涵和理论根

---

① 《论语·尧曰》，中华书局，2016年版。
② 《论语·为政》，中华书局，2016年版。
③ 《春秋繁露·身之养重于义》，中华书局，2012年版。
④ 《孟子·离娄上》，中华书局，2015年版。
⑤ 《孟子·梁惠王下》，中华书局，2015年版。
⑥ 《荀子·王霸》，中华书局，2015年版。
⑦ 《荀子·富国》，中华书局，2015年版。
⑧ 《荀子·王霸》，中华书局，2015年版。

基、开展廉洁文化教育实践有一定积极意义。

2.道家寡欲清廉思想

道家崇尚自然，倡导恬淡寡欲、清静无为、适可而止等思想，对后世遏制腐败贪欲有着深远意义。道家思想的创始人老子在《道德经》中重点论述了道家清心寡欲的思想内涵。如"五色令人目盲，五音令人耳聋，五味令人口爽，驰骋畋猎令人心发狂，难得之货令人行妨""持而盈之不如其已；金玉满堂莫之能守；富贵而骄，自遗其咎。功遂身退，天之道"，告诫世人不要有太多的贪欲，否则灾祸必将降临其身，对物质的追求不能没有止境，特别是不义之财，否则将功成身败，这是自然规律。相反，人如果能够知足则会常乐，所谓"祸莫大于不知足，咎莫大于欲得"[①]。道家推崇一切从简，大到治国理政，小到修身养性，只有"简"才能做到"清"，只有"清"才能做到不贪。所以，为官之道重在从简，做到"不侈于后世，不靡于万物，不晖于数度，以绳墨自矫，而备世之急"[②]，即要求官员做到不损人利己、不坑害百姓等最基本的从政之道，否则就是"非廉"。以"自然、无为"为核心的道家思想，在倡导统治者顺应民心、轻徭薄赋、抑奢崇俭、廉洁宽容等方面可谓功不可没，也是构建新时期廉洁文化教育思想体系的重要依据和参照。

3.法家依法惩贪思想

法家认为统治者应该廉洁自持，不可贪贿淫逸，强调严明赏罚，防微杜渐，逐步实现移风易俗、美化社会风尚；强调刑罚和"法、术、

---

① 《道德经》，中华书局，2021年版。

② 《庄子·杂篇·天下》，中华书局，2015年版。

势",主张"依法治国"的法治原则、"刑无等级"的适用原则、"重刑"原则,运用严刑酷法和权术来保证官吏的清廉。法家将法作为治国理政的标尺,认为有了法,就可以把人的行为统一于一个标准之下。"法者,天下之程式也,万世之仪表也。吏者,民之所悬命也。故明主之治也,当于法者赏之,违于法者诛之。故以法诛罪,则民就死而不怨;以法量功,则民受赏而无德也;此以法举错之功也。""民以法与吏相距,下以法与上从事,故诈伪之人不得欺其主,嫉妒之人不得用其贼心,谄谀之人不得施其巧,千里之外不敢擅为非。"①即要求君臣上下都遵从法律,如此方为大治。

法家还对如何修养廉耻进行了深刻剖析:"凡牧民者,欲民之有廉也。欲民之有廉,则小廉不可不修也。小廉不修于国,而求百姓之行大廉,不可得也。凡牧民者,欲民之有耻也。欲民之有耻,则小耻不可不修也。小耻不饰于国,而求百姓之行大耻,不可得也。凡牧民者,欲民之修小礼、行小义、饰小廉、谨小耻、禁微邪,此厉民之道也,民之修小礼、行小义、饰小廉、谨小耻、禁微邪,治之本也。"②这些关于树廉明耻的思想,客观上对中国历史上的吏治清明和廉洁从政起到了建设性的作用。尤其在政治文化中,将"廉"作为治国"四维"之一,即管子说的"国有四维……一曰礼,二曰义,三曰廉,四曰耻,礼不逾节,义不自进,廉不蔽恶,耻不从枉"。"礼义廉耻,国之四维,四维不张,国乃灭亡。"③法家把廉耻上升为国家兴衰的高度,提升了中国廉洁文化思想的深度。

---

① 《管子·明法解》,中华书局,2019年版。

② 《管子·五辅》,中华书局,2019年版。

③ 《管子·牧民》,中华书局,2019年版。

4.墨家节用治贪思想

"墨翟贵廉"[①]是后人对墨子的评价。墨子认为君子之道有廉、义、爱、哀"四行"，即君子应该具有以上四种品行。贪官污吏"厚敛于百姓，暴夺民衣食之财"[②]，必须对其进行严厉整顿达到政治清廉目的。他指出："吏不治则乱。"[③]比如，在如何整顿吏治方面，墨子提出了三个措施：一是严把选人关，注意选拔贤才；二是倡导"节用治贪"，主张"节用"及"俭节则昌、淫逸则亡"的思想，有力地抨击了君主和贵族的奢侈浪费，对于今天物质日益丰富，但自然资源日渐匮乏的社会更加具有现实意义。《墨子·辞过》中提出了"是以其民俭而易治，其君用财节而易赡也"的节用观点："其民淫僻而难治，其君奢侈而难谏也。夫以奢侈之君御淫僻之民，欲果无乱，不可得也。"[④]墨子甚至对统治者在衣食住行等方面提出了节用的标准。这些崇尚节俭的思想和具体建议，不仅揭示了节俭则国兴、奢侈则国衰的道理，同时也为官员提出了具体节俭的标准和做法，对于当前廉政制度设计和廉政文化教育的开展，都具有重要的借鉴意义。三是以法治贪。墨家不仅提出通过严格要求官员自身从俭、从政从俭来治贪，还提出以法治贪。墨子说："天下从事者，不可以无法仪。无法仪而其事能成者，无有也。"[⑤]他认为法治的根本在于赏罚分明，即"善人赏而暴人罚，则国必治"[⑥]。

---

①　《吕氏春秋·不二》，中华书局，2022年版。

②　《墨子·辞过》，中华书局，2015年版。

③　《墨子·非儒下》，中华书局，2015年版。

④　《墨子（卷一）》，中华书局，2015年版。

⑤　《墨子·法仪》，中华书局，2015年版。

⑥　《墨子·尚同》，中华书局，2015年版。

5.蒙学教化思想

"蒙学，也叫蒙馆。中国旧时对儿童进行启蒙教育的学校。教育内容主要是识字、写字和伦理道德教育。宋代以后教材一般为《三字经》《百家姓》《千字文》《蒙求》《四书》等。没有固定年限。采用个别教学，注重背诵、练习。"[①]早在西周时期，就已经有了关于蒙学教育的读本。《汉书·艺文志》载：周宣王太史作《史籀》，成为中国历史上记载最早的蒙学课本。蒙学教育在封建社会得到很大发展，在宋明之后兴盛，许多蒙学教育经典教材不断涌现，如《三字经》《百家姓》《朱子家训》《幼学琼林》《弟子规》《增广贤文》《菜根谭》《围炉夜话》等。这些教材集百家之精华，引经据典，朗朗上口，易懂好记，被许多家庭选为幼儿启蒙教育和道德教育的读本。

蒙学在我国传统社会的家庭教育中占有非常重要的位置，蒙学教材中蕴含着道德教化以及丰富的廉洁文化思想，对一个人如何待人处世乃至一生成长都影响深远。如《千字文》中有"节义廉退，颠沛匪亏"的劝言，告诫小孩要从小养成良好品德。《幼学琼林》中有"越王石""合浦还珠""崔烈买官"等典故歌颂廉人廉事、贬斥贪人贪事，发人深省。《弟子规》中："物虽小，勿私藏，苟私藏，亲心伤。""见人善，即思齐，纵去远，以渐跻；见人恶，即内省，有则改，无加警。"《增广贤文》中："知足常足，终身不辱。知止常止，终身不耻。""宁向直中取，不可曲中求。""善事可作，恶事莫为。为善最乐，为恶难逃。""贪他一斗米，失却半年粮；争他一脚豚，反失一肘羊。""官有正条，民有私约。"《菜根谭》中："居官有二语曰：'惟公则生明，惟廉则生威。'

---

① 《辞海》，上海辞书出版社，2022年版。

居家有二语：'惟恕则平情，惟俭则足用。'"《围炉夜话》中："心能辨是非，处事方能决断。人不忘廉耻，立身自不卑污。"蒙学读本，用简洁明了、朗朗上口的语言，易学易记易懂，告诫儿童廉洁是一种善的品性，是光荣的事情；而贪腐则是一种恶劣的品性，是可耻的事情，传递正能量，弘扬真善美。蒙学读本为中国封建社会的道德教化起到了积极作用。反观我国目前的学前教育中，充斥着具体知识的传授，但少有如古代蒙学教材中关于品德的教育内容。加强学前教育过程中的与廉洁文化教育相关的思想品德教育，应该说是夯实我国廉洁文化教育整体成效的第一步，应引起各级部门的高度重视。习近平总书记非常重视发挥传统文化在培养廉洁思想、陶冶情操中的积极作用。他指出："各级领导干部闲暇时间也应该读读《弟子规》等传统文化经典书籍，虽然《弟子规》只有寥寥1080个字，本是童蒙养正宝典，但这本看似不显眼的小书，实际上里面蕴含着做人做事做学问的大智慧。"[①]

（二）古代廉洁文化教育的制度文化基础

制度文化是在制度发展过程中逐步形成、积累的经验与理念，是形成制度惯例的深层次背景之一。随着中国古代廉洁文化思想的发扬光大，相关的廉政制度文化也逐渐形成和发展起来。具体体现在监察制度、官吏选拔制度、任官回避制度等制度的完善之中。

1.监察制度

西周时期，中国的监察制度就产生了，在秦汉以后逐步得到发展完

---

① 《领导干部不妨读读〈弟子规〉》，《北京日报》，2009年7月20日。

善。长达2000多年的封建专制统治，中国已形成了严密的监察制度体系和深厚的制度文化。秦朝时，为巩固皇权，设了丞相、太尉和御史大夫"三公"，"三公"之下设有"九卿"，使得皇权在政治、军事和监察权力上彼此分立，相互制衡。汉代，设置十三州刺史监察地方官员，设置御史台监察丞相，设置司隶校尉监察京师直属官吏，这种设置体现了廉洁文化教育所依托的制度文化已经初步形成。隋唐时期这种监察制度走向成熟，至明清更加完备。中国古代监察制度的发展演变，表明了历代统治者对整饬吏治的廉洁制度的精心设计，一定程度上维护了封建专制统治，客观上为廉洁文化教育开展提供了制度文化参照。

2.选官用廉制度

秦汉时期，逐步建立了以察举、考试为主体的选官制度。察举是汉代选拔官吏的一种主要方法。察举制主要是依靠中央的三公九卿、郡守、列侯以及地方上的高级官员，从平民或低级官吏当中按照一定的标准选拔在道德、品行、才能方面符合当时统治阶级需要的人才入朝为官。按规定，他们必须品德高尚、学识才干出众。作为完整选士制度的"察举制"，是在西汉时期开始确立的。

察举的科目包括"孝廉""察廉"等内容，后来又把"孝廉"引入岁举，主要考察官员的道德品行。察举中引入孝廉等内容说明了中国古代社会对人的精神培养、道德教化内容的重视。察举制为汉王朝选拔了一大批德才兼备的人才，有效充实和加强了中央和地方的封建统治机构，对当时社会政治、经济、文化的发展起了一定的推动作用。

3.任官回避制度

东汉时期选任地方官员，为防止结党营私，规定凡婚姻之家及幽冀两州人士，不得交互为官，称"三互法"，这是任官回避制度的雏形。唐宋时期，这种制度得到了进一步的发展。到明清时期，任官回避制度更加完善。比如，明朝制定遵循"南人官北、北人官南"的惯例，而清朝有"在荐举中'避乡'，科举中'避亲'，任官中'避籍'，在职官，寄籍五百里内不得任职方面"等规定。这些制度在限制和防止官员利用亲戚关系拉帮结派、官官相护等弊端方面起到了有效的作用，为治国理政营造了良好的社会环境，至今这些制度在选人官吏方面仍具有一定的实际效用，成为今天廉洁制度文化的重要组成部分之一。

4.考核促廉制度

通过建立官吏考核制度，以促使居官者为政清廉，是中国传统廉洁制度文化的重要内容之一。中国古代统治者逐步形成了一套严格的自上而下的官吏考核奖惩制度。考核的标准主要集中在政绩和廉德两个方面，从而达到鼓励百官勤政廉政、弘扬官场廉洁奉公之正气目的。

古代官吏考核制度最早始于舜帝时期。《尚书·舜典》有"三载考绩""黜陟幽明"的记载，即对所任官吏三年考核一次，依据其品德的考核情况决定升降。据西周时期《周礼》载："以听官府之六计，弊群吏之治，一曰廉善，二曰廉能，三曰廉敬，四曰廉正，五曰廉法，六曰廉辩。"[①]这"六计"都包含"廉"的要求，体现了为官以廉为先的原则。对此，宋代苏轼的评价是："事有六者，本归一焉。各以廉而为首，盖尚德以求全。""六事廉为本，先圣之贵廉也如此。"[②]明代的王文禄在其《廉矩·试廉精别章》中，清代的魏象枢在《寒松堂集》中，都对周代以

---

① 《周礼·天官冢宰·小宰》，中华书局，2014年版。

② 《苏轼文集》，中华书局，2016年版。

"六计"考核管理，以廉为先进行了高度评价。秦代对官吏以"五善五失"为主要标准进行考核，"五善"指"忠、廉、慎、善、谦"等五种品质，并将为官是否清廉作为区分"良吏"与"恶吏"的标准。《睡虎地秦墓竹简·语书》中说："凡良吏明法律令，事无不能也……恶吏不明法律令，不知事，不廉洁，无以佐上。"在唐代，唐太宗制定了"四善二十七最"标准对官吏进行考核。其中四善是本，主要考核官吏的清廉正直。据《唐六典》载："凡考课之法有四善：一曰德义有闻，二曰清慎明著，三曰公平可称，四曰恪尽匪懈。"①四善为本的考核标准，把"廉德"在内的道德品行放在首位，使得唐太宗时期的官僚机构保持了相对的清廉。之后，宋代的《守令四善四最》和金代的《四善十七最》，都沿用了唐代的做法，将官吏是否具有廉洁的品德，作为其升降去留的重要根据。明代的官吏考核体系中，对"廉德"非常重视。由吏部尚书负责对官吏进行"考满"和"考察"。"考满"是在官员本身任期内进行，每任满三年举行一次，依据《诸司职掌》，给予被考核者"称职""平常""不称职"几个等级评定。"考察"针对全国的官员进行，分为"京察"和"大计"两种。"京察"是对京官的考核，每六年一次；"大计"是对地方官吏的考察，每三年举行一次。有的地方官员的考察为一年考察一次，如仓场库官。在所有的考察中，官吏如有不廉现象，均被列为不称职。明代除了对官员进行以上定期考核外，中央还派巡按御史随时考察官吏，考察的重要标准是为官是否清廉，以"旌廉能，黜贪酷，摧奸暴，佑良善，宽仁爱人，考务德化"②。古代对官吏采取的以廉德为重要考核标准的考核制度有效激励和约束了官吏的从政行为，在一定程度上也促使官

---

① 《唐六典（卷二）》，中华书局，2014年版。
② 《明太祖实录（卷二五七）》，中华书局，2016年版。

吏廉洁从政、以贪为耻的良好社会风气的形成。

5.俸禄养廉制度

在古代统治者看来，为官者不廉，除了守身不正、自律不严之外，也有俸禄不足的原因。只有解决居官者的生活之忧，才有可能促使其一心向廉，即"衣食既足，廉耻乃知"[①]。中国古代的官俸制度始于西周，据《文献通考·职官考》记载："周班禄爵之制。"据《日知录》载："昔者武王克殷，庶士倍禄。"而明确将俸禄纳入养廉制度则始于汉代。西汉时期，汉惠帝曾颁布诏书说："吏所以治民也，能尽其治则民赖之，故重其禄，所以为民也。"[②]汉宣帝时，大臣张敞、萧望之建议实行俸禄养廉制度，指出："夫仓廪实而知礼节，衣食足而知荣辱。今小吏俸禄不足，常有忧父母妻子之心，虽欲洁身为廉，其势不能，请以什率增天下吏禄。"[③]汉宣帝采纳了俸禄养廉建议，并提高了官员的俸禄标准。东汉、北魏、唐宋元也都延续了这种俸禄养廉制度。但是到了清初，官员俸禄降至最薄，下层官吏甚至有"糊口无资"的窘困状况，致使一些官吏为生活所迫不得不贪。至雍正时期，开始推行"耗羡归公"和"养廉银"制度，即把各州县官吏向农民多征收的赋税收归国有，同时把这笔钱给各级官员发放"养廉银"，补贴其生活和办公费用的不足。乾隆年间延续了这一做法，并进一步扩大"养廉银"的范围。

总之，古代实行的俸禄养廉制度对于解除官吏后顾之忧、鼓励官吏为政清廉、防止贪污腐败起到了一定的积极作用。

---

① 《日知录集释·棒绿》，中华书局，2020年版。

② 《汉书·惠帝记》，中华书局，2007年版。

③ 《文献通考·绿秩》，中华书局，2011年版。

（三）古代清官文化与廉洁社会环境营造

1."清官"文化

封建社会的历代统治者都重视"清官"形象与官吏中道德榜样的树立，力图通过"见贤思齐"引导官场和社会形成崇尚清廉的社会风气，这成为我国传统廉洁文化教育思想中非常亮丽内容，也是做好新时期廉政文化教育的重要借鉴。新时期涌现的大量"清官廉吏"感人事迹以及所表现出来的人格力量，对广大百姓的感召力更为直接，也更容易让人接受。

我国历来就有清官文化与贪渎文化相抗衡的事例和传统，这一方面得益于传统文化的培育，另一方面也得益于统治者的大力宣传和鼓励，同时也得益于百姓的拥戴和传颂。提拔重用"清官廉吏"，是中国古代统治者引导官吏廉洁从政的重要举措，进而形成一种"以循良为楷模"[①]的社会风尚和"清官"文化。在统治者和思想家、史学家的挖掘、整理、宣传等措施的推动下，催生了无数个清官廉吏的代表性人物，如春秋战国时期的孙叔敖、子产、公仪休、石奢、李离等，西汉时期历任七郡太守、终身不言货产财物的李广，不置产业、死时家无余财的太子舍人郑当以及以严格执法、为官廉洁著称的东海太守尹翁归、颍川太守黄霸、渤海郡守朱邑，东汉时期的孔奋、宣秉、王良，隋朝时期的梁彦光，唐代的宰相庐怀慎，北宋时期的宰相范质。特别是被称为中国历代清官中最具影响力的包拯，他一生为官清廉、刚正不阿、克己奉公的清官形象，在民间广为流传，被后人尊称为"包公""包青天"，是中国古代清官文化的典型代表。明代涌现出了陶安、郑士元、方克勤、海瑞、赵邦清等清官形

---

① 《清世宗实录（卷九一）》，中华书局，2009年版。

象，著名的海瑞罢官被民间广为传颂，海瑞也被誉为"南包公"，深受百姓拥戴。朱元璋时期除了提拔重用这些清官廉吏，还将其事迹列入《彰善榜》和《圣政记》之中。清代时期的清官主要以陈瑸、于成龙、张伯行等为代表。清官廉吏的精神遗产对中国廉洁文化教育的践行和培养产生了重要的导向作用，维护了社会稳定，其刚正不阿、清廉自律的形象，直至今天都影响深远。

2.廉洁社会环境营造

古代社会形成的尚廉惩贪社会心理和由此形成的社会文化，主要得益于三方面力量的推进：[①]一是思想家对廉洁思想的创新和宣传。先秦的思想家们著书立说对清廉思想进行了大量阐述；汉代起，儒家思想成为官方意识形态，以儒家为代表的廉洁思想文化成为中国古代社会道德教化的重要内容、制度设计的重要支柱，助推形成全社会崇尚廉洁的新风正气。二是统治者的重视和参与。综观中国历代王朝，凡是各朝建立之初或是发展鼎盛之时，帝王明君都非常重视廉洁文化教育和廉政制度创建，把廉洁视为维系统治的重要依托。这些统治者除了大力宣传廉洁文化思想，同时创建了一系列行之有效的法律法规促使廉洁文化思想制度的设立执行，这就大大增强了廉洁的社会氛围，使得廉洁文化教育成效不断发展完善。如明太祖朱元璋曾亲自参与整饬吏治相关制度的制定，不但对官吏起到了警戒和惩治作用，也进一步推动了整个社会廉洁风气的形成。三是社会舆论监督推动。在崇尚道德教化的中国传统社会中，群众的观念和社会舆论监督的导向不仅受清官廉吏高尚品德及实际行动的影响，同时也对现任从政官员的廉洁行为起到了一定的督促作用。社

---

① 罗任权主编：《新时期廉政文化建设研究》，中国社会科学出版社，2010年版，第170页。

会舆论监督不仅给清官们带来了尊重和褒奖，同时也为贪官带来了鞭笞和谴责。人民群众普遍痛恨贪官酷吏，这种强大的群众反抗力量，为廉洁文化教育实践建立了广阔的群众基础和社会文化环境。

总之，对"清官"的塑造和宣传所形成的"清官"文化，构筑了古代廉洁文化的崇廉耻贪、尚廉惩贪的价值导向和社会舆论氛围，共同构成了中国传统廉洁文化教育思想的重要组成部分。

（四）中国古代廉洁文化教育实践及启示

古代廉洁文化教育思想基础和实践经验是中国政治治理千百年来发展的重要体现之一，是传统政治文明的重要组成部分，不仅对于传统社会廉洁文化教育和廉政建设做出了应有的贡献，而且对于新时代廉洁文化教育实践创新具有非常重要的启示和借鉴价值。另一方面，我国的传统廉洁文化思想可谓内容丰富，相对应的廉政制度也相当完善，但是依旧无法使统治者摆脱王朝败亡的历史周期率，分析和总结其原因和教训，是我们新时期开展廉洁文化教育实践的重要课题。文化需要传承，历史不容忘记，面对先辈们为我们留下的丰富廉洁文化教育经验和借鉴，我们应该不断批判吸收、传承创新、总结提升，为当前廉洁文化教育工作的顺利开展提供方向指引和经验借鉴。

1.专制统治是古代社会朝代更迭的根本原因

针对"历史周期率"的回答，毛泽东指出只有民主才是跳出这一周期率的不二法门，只有民主才能使社会主义制度长盛不衰。而在封建专制统治模式下，是没有民主而言的，所谓的民本思想也只是王权统治的衍生物，是明君贤臣们亲民思想的体现，即在君权统治基础之上，为了维护统治而对子民的一种爱惜，并不存在平等意义上对人民权利的尊重，更称不上"主权在民"的民主思想。可以说，中国家国一体威权统治传统下，没有民主思想得以存在的土壤。即便近代有人提出了主权在民思想，如黄宗羲主张"君臣共治、地方分治及学校议政"，梁启超、严复等人提出了"君主立宪"思想，但是并没有在实践中产生太大影响。总体上来说，家族或者皇权凌驾于国家公权力之上的统治模式，使得人民的权力始终处于被压制和被忽视的地位，并没有在全社会形成一股强大的民主力量来对抗因公权力而更为强大的个人或家族力量，更没有在全社会形成"主权在民"的价值理念来对抗"父母官""青天大老爷"等君权至上的价值理念。

在一个没有民主的王朝中、在举国上下一切皆属于皇权的专制社会、在皇帝为了满足贪欲与大臣分食贪污受贿所得的官场陋习中，再好的制度设计、文化氛围，都无法抵制这种体制所带来的穷途末路。最典型的例子便是乾隆皇帝。他在晚年时，非常喜欢地方官员上贡的珍宝，尽管明明知道这些都是地方官员搜刮民财的成果，而且也非常清楚在当时官场中普遍存在的陋规。但在他看来，大臣们在地方捞钱其实"捞"的都是皇家的钱财，那为什么我不能从大臣捞的财物中拿回本该属于自己的东西呢？这时他很自然地把官僚体系放在对立的一面，并希望通过与贪官共分既得利益这块大蛋糕来平衡一下中央与地方的利益天平。但是他没有想到的是，他想分得一块蛋糕的做法并没有减少贪官们的贪腐所得，却引发了更大规模的贪腐。官僚制度的一个突出的特征便是顶层信息的放大作用，皇帝贪一万两，到了总督大人那里可能便会变成向下勒索十万两，到更基层的官员那里，可能就是搜刮民财上百万两，在乾隆眼里或许只是从大臣贪污所得那里拿了一小块，而产生的实际影响和效果则会是造成官僚体系对民间的洗劫性的搜刮，皇帝与官僚体系分赃则成为官僚体系贪污的一个重大的理由。发展到后来，竟然出现了"议罪银"，即官员犯法了，只要交点钱就可以免于处罚。地方官是何等聪明，很快就悟出这是皇帝在国家正常的收支之外，给自己开了一个积蓄小金库的口子。当时记载河南巡抚毕远看到要征"议罪银"，就给皇帝上了一个奏折，因为没有搜到违法的官员自罚三万两银子，令皇上很高兴，各地官员也纷纷效仿，甚至有一官员上奏折称自己因把香灰弄到奏折上，感觉是对皇上的大不敬，愿自罚白银三万两，乾隆竟然认为此事太小，罚一万两即可。他没想到在自己参与共分官僚体系搜刮的不义之财的同时，他已经成为举国贪腐的共谋者。在这样的大背景之下，在没有社会力量参与的情况下，再好的制度、再好的教化都无法改变官场上下之间的这种默契。

2.廉洁文化教育的片面性导致其效果不佳

在人治而不是法治的政治文化环境下，政策和制度的执行带有很大的随意性、片面性和不连贯性，这也决定了廉洁文化教育制度和政策的朝令夕改。这既是我国古代廉洁文化教育治本地位无法发挥作用的原因，也是新时期廉洁文化教育实践必须吸取的教训。由此我们应该充分认识保持廉洁文化教育实践的长期性、稳定性，更应认识到廉洁文化教育是一个具有综合因素的系统工程，必须合理推进，长期坚持。比如，明太祖朱元璋利用重典治贪对各级官员形成的强大震慑作用，以及由此形成的良好廉洁文化氛围并没有得到延续和贯彻，明朝之后的几代皇帝并没有将朱元璋的这些做法发扬光大。虽然万历皇帝起用清官海瑞，也试图在整饬吏治上下功夫，并在海瑞的建议下采纳明太祖的一些做法，但是到了后来他却专心修道，不问国事，最终使反腐举措流于形式、无法落实，明王朝重蹈覆辙也就在所难免了。

3.廉洁文化教育实践需要人民的支持参与

古代廉洁文化教育实践包含了丰富的以民为本的思想，许多明君贤臣也将民本思想视为为政之道，但是我国历代封建统治者并没有真正明白国家能够长治久安的道理，他们始终没有改变自己凌驾于群众之上的统治者地位。注重民生、勤政为民只是一种名义上的口号，不能真正落到实处，更不会是封建社会治国理政的执政本质。忽视群众的利益，横征暴敛，任意增加人民的负担，导致怨声载道，这才是专制王朝的本来面目。尽管他们在探讨廉洁价值目标中做出了种种努力，但由于他们的廉洁价值追求是以君为本而不是以民为本，在廉洁文化教育对象上只针对政府官员和文人学士，对广大群众多采取"愚民政策"，不可能实现全民的廉洁文化教育，不可能让广大的人民群众成为自己命运的主宰，因而无法获得广大百姓的支持，最终逃脱不了朝代更迭、人亡政息的命运。这是由统治阶级的历史局限性所决定的。而在我国社会主义制度下，以人民群众的利益为出发点和归宿是中国共产党的根本宗旨，实施全民的廉洁文化教育成为可能。总结古代廉洁文化教育实践的局限性，营造良好的抵制腐败文化的社会环境，健全严厉管用的法规制度，充分发动人民群众的监督和参与，使其成为廉洁文化教育实践的重要力量，这才是新时期廉洁文化教育实践的真正出路、根治腐败的重要途径。

二、中国共产党廉洁文化教育实践探索

廉洁文化是马克思主义政治文化、思想文化的内容之一。中国共产党作为马克思主义政党，无论在革命战争年代还是新中国成立后成为执政党，始终把发展廉洁文化教育作为党员干部自身拒腐防变、廉洁自律

的重要途径。在继承古代廉洁文化教育优秀成果，吸收借鉴西方廉洁文化教育有益经验的基础上，中国共产党结合当今时代特征和肩负的历史使命，创造性地开展了廉洁文化教育各项创建工作。总结中国共产党廉洁文化教育历史经验，探索和追寻党的廉洁文化教育发展的实践历程，对做好今天我国廉洁文化教育工作具有重要的借鉴和启示意义。

（一）毛泽东廉洁文化教育实践

中国共产党建党之初非常重视惩治贪腐，开展廉政教育宣传、普及。民主革命时期，为惩处贪污腐败，1926年8月4日，中共中央召开扩大会议通过《关于坚决清洗贪污腐化分子的通告》，是中共党史上第一个反腐文件。《通告》全文近500字，深刻分析了贪腐给党的事业带来的严重危害，阐述了党与贪腐斗争的立场和方针，行文使用"坚决、迅速、不容情、立即执行、是为至要"等一系列严厉措辞，表明党中央坚定的反腐决心，为震慑腐败分子止恶收手、保持党的队伍纯洁、推动革命事业发展起到了至关重要的作用。

1929年12月，古田会议的决议提出注重从思想上建党、治理与纠正党内错误思想的任务。

中华苏维埃共和国临时中央政府成立之初，设立了中央工农检察人民委员部，下设控告局，负责对公共权力运行检查和监督，对贪污浪费等犯罪行为提起公诉，接受群众对苏维埃缺点和错误的控告事件。中华苏维埃政府机关报《红色中华》报还专设"突击队""铁棍""铁锤""铁帚""可耻的黑板"等专栏，刊登揭露苏维埃的各种贪污腐化、违法乱纪现象。从第五十六期起还专门开辟"检举运动专号"，以推动反贪污浪费运动。1932年瑞金县叶坪村苏维埃政府干部谢步升因贪污、偷窃等罪行被查处。案件审理面临一定阻力。对此，毛泽东力主严惩，认识到腐败不清除，苏维埃旗帜就打不下去，共产党就会失去威望和民心！最终，谢步升被依法判处死刑，打响了中央苏区反腐倡廉的第一枪。

在反对腐败实践中，中央苏维埃政府通过马克思共产主义学校、苏维埃大学等形式，对党员干部进行马列主义理论教育和党性教育，纠正各种非无产阶级思想，保持廉洁奉公、艰苦奋斗、密切联系群众的党性修养和优良作风，提高了广大干部抗腐拒变的能力。毛泽东等中央领导同志率先垂范，在吃住等方面不享受特殊待遇，与普通干部同甘共苦，为苏区反腐倡廉树立了榜样。"毛泽东与中央政府副主席项英等一起多次征询司法机关领导人、工作人员及工农群众的意见和建议，对惩治贪污浪费行为的标准进行了细致的调查论证。特别是在死刑的量刑上，毛泽东等人也是极为谨慎。"①

1933年12月15日，中华苏维埃政府中央执行委员会发布了第26号训令——《关于惩治贪污浪费行为》，其中对犯有贪污及浪费行为的苏维埃机关、国营企业及公共团体的工作人员制定了明确的惩治标准："凡工作人员贪污公款在500元以上者处以死刑；500元以下者视具体金额分别判处不同年限监禁或劳改。"这个训令是中国共产党成立以来颁布的第一部完整的以反贪污反浪费为主要内容的法律文献，是中共党史上廉政建设和反腐败斗争的里程碑。训令对犯有贪污及浪费行为的苏维埃机关、国营企业及公共团体的工作人员制定了明确的惩治标准。作为党的第一部关于反对贪污浪费的法令，使党的反腐败斗争从此有法可依、有章可循。

党和苏维埃政府始终重视廉洁文化教育，促进了各级苏维埃政府工作人员廉洁风气的养成，同国民党政府的贪腐盛行形成了鲜明对照，提高了党和苏维埃政府在群众中的威望。

---

① 《党史上第一部反腐法令》，《学习时报》，2023年8月11日。

陕甘宁边区政府时期，在党的高级干部会议上，毛泽东提出："我们就是要实行精兵简政。这一次精兵简政，必须是严格的、彻底的、普遍的，而不是敷衍的、不痛不痒的、局部的。在这次精兵简政中，必须达到精简、统一、效能、节约和反对官僚主义五项目的。"为了惩治贪污腐败分子，陕甘宁边区政府颁布了《惩治贪污暂行条例》，明确规定贪污1000元以上者处死刑，贪污300元以下者处3至5年有期徒刑等。1943年，边区政府公布了《各级政府干部奖惩暂行条例》，对贪赃枉法、腐化堕落者视其情节轻重给予查办、提起公诉、撤职留任、记过、警告等不同处分。为清除腐败现象，纯洁干部队伍，1942至1943年，边区开展了审干运动和反对新贪官污吏和新劣绅的斗争。1942至1945年的延安整风运动，是一次普遍的马克思主义教育和廉洁教育运动。其间，1944年郭沫若撰写的《甲申三百年祭》发表在《新华日报》上，该文章以马列主义的科学态度分析李自成带领农民军推翻明朝的原因、经验及教训。文章发表后受到党中央和毛主席的重视，毛主席多次指出共产党人要总结李自成失败的教训，并将其作为延安整风时期的文件之一。

解放战争时期，毛泽东带领共产党人和人民军队运筹帷幄、决胜千里，一举推翻了蒋家王朝统治，建立新中国。新中国成立在即，毛泽东深刻反思了中国革命建国走过的路，从战略全局和国家兴亡、党的执政地位的高度，提出了一系列廉洁教育思想和举措，比如，把进京执政比喻为"赶考"，并表示"赶考"一定能及格，为人民交出一份满意的答卷；借鉴李自成农民起义失败教训，教育全党，"绝不当李自成"，不能像李自成"打江山十八年，坐江山十八天"。1949年3月在河北平山县西柏坡召开的中国共产党七届二中全会上，毛泽东要求全党在胜利面前要保持清醒头脑，在夺取全国政权后要经受住执政的考验，提出"务必使同志们继续地保持谦虚、谨慎、不骄、不躁的作风，务必使同志们继续保持艰苦奋斗的作风"，即坚持"两个务必"、"警惕糖衣炮弹"侵蚀等廉洁从政思想。这一时期，中国共产党人在全党和全体党员干部中进行广泛、持久、深入人心的以史为鉴、戒骄戒躁、艰苦奋斗、廉洁奉公、防止腐败的廉洁文化教育。这些廉洁思想、举措为迎接新中国的诞生、防止胜利之师因腐败而失去政权产生了重要作用。

新中国成立后，以毛泽东同志为核心的第一代中央领导集体，始终坚持加强思想建设，坚持教育与惩处相结合，重视用完善法治建设来保证党风廉政建设和反腐败斗争的开展，把全心全意为人民服务作为反腐败斗争的最终目标，努力把中国共产党建设成没有"贪污腐化、行贿受贿、以权谋私、任人唯亲、官官相护"的无产阶级政党。一方面抓制度建设，另一方面抓专项整治。《关于处理贪污、浪费及克服官僚主义错误的若干规定》《惩治贪污条例》等制度的颁布和施行，彰显了党中央依法惩贪的决心。同时，毛泽东等党和国家领导人身体力行，率先垂范，做廉洁从政的示范。新中国成立后，中国共产党继续加强对广大党员干部的思想政治教育，培养党员干部的廉洁自律意识。1951年11月起，先后开展了"三反""五反"运动，旨在通过一系列的思想教育运动，提高党员干部的思想政治觉悟，改进领导作风和工作作风，密切党同人民群众的血肉联系。同时，通过严厉惩处腐败分子，党组织清除了不合格党员，教育和挽救了犯错误党员，提高了党员的理论水平和思想觉悟。这一时期，不仅查处了一大批违法违纪党员干部，也使全体党员干部受到了深刻反省和教育，对防止资产阶级思想腐蚀起到了重要作用。同时，坚持党的宗旨性质，勇于自我革新，严肃处决了一些地位高、功劳大的腐败分子，为新中国的政治社会稳定奠定了基础。

刘青山、张子善案件是"三反"运动后揭露出来的新中国第一贪腐大案。毛主席督促案件处理，在党内外引起强烈反响。刘、张二人系新中国成立前老党员，曾在天津地区任党和政府的主要领导职务。在革命战争年代，他们曾被捕入狱，面对严刑逼供，坚贞不屈；但在和平时期，他们却居功自傲，贪图享乐，堕落为人民的罪人。他们不顾党纪国法，不顾国防建设、人民疾苦，贪污克扣国家救灾粮、治河民工工资、银行贷款等国家财产，数额巨大。他们还同私商勾结，用公款倒卖大批钢材，中饱私囊，使国家蒙受很大的经济损失。1951年12月，中共河北省委做出决议开除刘青山、张子善的党籍，将处理意见上报中央，提议"将刘青山、张子善二贪污犯处以死刑（或缓期二年执行）"。12月29日，中共中央书记处召开扩大会议，经过慎重考虑，并征求党外人士意见，经最高人民法院核准，对刘青山、张子善判处死刑，立即执行。公审大会召开前，有人提出是否可以向毛主席说，不要枪毙，给他们一个改过的机会。意见反映到毛主席那里，毛泽东说："正因为他们两个的地位高、功劳大、影响大，所以才要下决心处决他们。只有处决他们，才可能挽救二十个、两百个、两千个、两万个犯有各种不同程度错误的干部。"①

这一案件的处理，教育警示了党内干部，敲响了警惕"糖衣炮弹"攻击的警钟，从而挽救了成百上千、上万名领导干部。通过党内批评和自我批评，不少党政机关改进了工作作风，清除了党员干部中存在的特殊化倾向。这些运动起到了用马克思主义、毛泽东思想教育党员和干部，使他们进一步树立公仆意识和全心全意为人民服务思想的作用。但过度用群众运动来消除腐败，不利于廉政制度的建设，对廉洁文化教育的效果也会起到一定的负面影响，特别是对制度文化建设产生了巨大冲击。

以毛泽东同志为核心的第一代中央领导集体认为，共产党员要恪守

---

① 《中国共产党的九十年》（社会主义革命和建设时期），中共党史出版社，党建读物出版社，2016年版，第408—409页。

廉洁奉公原则，做廉洁，不用私人、多做工作、少取报酬的模范。这要求共产党员要做民众的朋友，而不是做民众的上司，要做诲人不倦的教师，而不是做官僚主义的政客。要时时处处以个人利益服从于民族的和人民群众的利益为第一位，做到大公无私，积极努力，克己奉公，埋头苦干，反对自私自利、消极怠工、贪污腐化、风头主义等思想和作风。在具体实施路径上，毛泽东提出了走精兵简政之路的措施。1956年，在《论十大关系》中，毛泽东结合社会发展的阶段性特征，再次就精简机构、反对官僚主义做出重申，认为这是执政党与政府必须勇敢面对的艰巨任务。毛泽东把开展批评和自我批评、艰苦奋斗精神视为共产党人提高自己免疫能力的法宝。艰苦奋斗是中华民族的优秀传统，是共产党人的政治本色，是共产党赢得群众拥护的制胜法宝。无论在艰苦的战争年代、新中国成立初期还是现代化建设的新时期，在不同的历史时期，共产党人都率先垂范，坚持发扬艰苦朴素的优良传统。例如，中国工农红军长征途中过草地的时候，因供给不足，曾有50多天没有饭吃，依靠吃树皮、草根度日，依靠坚定的理想信念而不掉队，把革命进行到底，宁死不屈，创造了人类生存的奇迹，这些只有真正的共产党人能做到。正是历经千难万苦而不辞，使中国共产党赢得了广大群众的拥护与支持，依靠人民的支持和矢志不渝的革命精神赢得了中国革命的最终胜利，建立新中国，这是中国革命史上的大事变。毛泽东提出"全心全意为人民服务"的口号，体现了中国共产党人"立党为公，执政为民"的博大胸怀和政治气魄。无产阶级政党的宗旨和性质决定了共产党人必须为人民服务。毛泽东等为代表的共产党人，身体力行，率先垂范。

（二）邓小平廉洁文化教育实践

1978年，经历改革开放、市场经济大潮的洗礼，中国日益走向世界舞台，各项事业焕发出勃勃生机。但西方各种社会思潮也不可避免地涌入中国，在西方文化和价值理念的冲击下，国内一些人逐步丧失理想信念，迷失了方向，拜金主义、享乐主义在一些党员干部中盛行，我国的廉洁文化教育实践面临巨大挑战。以邓小平同志为核心的党的第二代中央领导集体高度重视廉洁文化教育开展，特别是执政党的党风建设问题。为了克服当时出现的干部特殊化问题，中共中央相继出台了《关于高级干部生活待遇的若干规定》（1979年）、《关于党内政治生活的若干准则》（1980年）等规定，严格禁止各类在政治上、生活上搞特殊的行为。1980年，邓小平指出：面对形形色色的特权现象，要肃清封建主义残余的影响，批评资产阶级损人利己、唯利是图思想和其他腐化思想。1983年，党的十二大指出：针对一些党员和党的组织思想上、作风上、组织上不纯问题，决定开展整党，在五年内实现党风的根本好转。1983年10月，中共十二届二中全会确定从1983年冬季开始，用三年时间分期分批地对党的作风和党的组织进行一次全面整顿。会上，邓小平做了题为《党在组织战线和思想战线上的迫切任务》的讲话，指出要防止整党走过场，思想战线主要是理论战线和文艺战线不能搞精神污染。他强调，加强党对思想战线的领导、克服软弱涣散的状态，已经成为全党的一个迫切任务。陈云着重讲了清理"三种人"和执政党不能以权谋私等问题。1983年10月，中共十二届二中全会通过《中共中央关于整党的决定》，强调了整党的必要性和紧迫性，规定了这次整党的任务是："统一思想、整顿作风，加强纪律、纯洁组织。步骤是：从中央到基层组织，自上而下，分期分批地整顿；每个单位党组织的整顿也要自上而下，先领导班子、领导干部，后党员群众。基本方法是：在认真学习文件和提高认识的基础上，开展批评和自我批评，分清是非，纠正错误，纯洁组织。"①强调整党的突出重点是增强党性，纠正不正之风，促进改革和政治经济形势的健康发展。

邓小平吸取运动反腐经验教训的基础上提出了制度反腐思想，指出："领导制度、组织制度问题更带有根本性、全局性、稳定性和长期性。"②邓小平对廉洁文化教育的制度建设非常重视，认为反腐倡廉建设应该两手抓，一手抓教育，一手抓法律。这一时期，一系列有利于促进反腐倡廉建设的党内法规制度陆续出台。1982年修订的《中国共产党章程》，对党必须在宪法和法律的范围内活动进行了明确规定，为开展党内反腐倡廉建设提供了法规制度保证。

邓小平指出：在党的建设中，制度建设更是带有根本性、全局性、稳定性、长期性的特点。反腐倡廉要注重制度创新，强调建章立制，以制度管人，反复强调要通过理论创新和制度创新来解决经济发展中出现的腐败问题。在南方谈话中，邓小平指出："在整个改革开放的过程中都要反对腐败。对于干部和共产党员来说，廉政建设要作为大事来抓。还是要靠法制，搞法制靠得住些。"③提出教育与法律双管齐下的思想，主张综合治理，指出解决贪污腐化和滥用权力办法主要通过两个手段来解决：一个是教育，一个是法律。加强法制重要的是要进行教育，根本问题是教育人。

---

① 《中共中央关于整党的决定》，人民出版社，1983年版。

② 《党和国家领导制度的改革》，《邓小平文选》第2卷，人民出版社，1994年版，第333页。

③ 《在武昌、深圳、珠海、上海等地的谈话要点》，《邓小平文选》第3卷，人民出版社，1993年版，第379页。

邓小平针总结党在社会主义时期经验教训时指出：在新时期的党风廉政建设实践中，要接受过去的教训，不能搞运动。强调通过端正党风带好社会风气思想。1985年，邓小平指出："当前的精神文明建设，首先要着眼于党风和社会风气的根本好转。端正党风，是端正社会风气的关键。"①党风问题深刻影响着社会风气。领导干部特别是高级干部的行为对党风廉政建设具有重要的导向、示范和辐射作用。

邓小平主张用政治体制改革的方法铲除腐败滋生蔓延的土壤，坚持反腐败斗争必须服从服务于经济建设这个中心，强调要通过法治建设来保障和推进反腐败工作，才能为依法治国提供理论支撑。这些思想对我国新时期廉洁教育法规制度建设具有重要的开创性、指导性意义。

（三）十四大以来廉洁文化教育实践

改革开放以来我国廉洁文化教育思想主要以反腐倡廉相关举措的形式反映出来。十四大以后，党中央结合新的反腐倡廉形势，继承和发展了毛泽东、邓小平关于廉洁文化教育思想。党的十五大报告强调：坚持标本兼治，教育是基础，法制是保证，监督是关键。党委统一领导，党政齐抓共管，纪委组织协调，部门各负其责，依靠群众支持参与，坚决遏制腐败现象。党的十五大确立了反腐败要坚持抓好"领导干部廉洁自律、查处违法违纪案件、纠正不正之风"的三项工作格局；强调要从"四个方面"抓起，即教育是基础，法制是保证，监督是关键，通过深化改革不断铲除腐败现象滋生蔓延的土壤。"反腐败斗争在加大治标力度的同时，逐步加大了治本力度，初步探索出一条适合我国现阶段基本国情的

---

① 《在中国共产党全国代表会议上的讲话》，《邓小平文选》第3卷，人民出版社，1993年版，第144页。

有效开展反腐倡廉的路子。"①这一时期，我国制定了一系列加强反腐败和廉政建设的法律法规，以不断完善反腐败制度体系。1990年3月中共中央通过《关于加强党同人民群众联系的决定》。1991年，江泽民指出要建立健全一套拒腐防变的制度。1993年7月，他强调从机制和管理制度上防止和消除腐败现象的滋生。同年8月，江泽民提出了"标本兼治、综合治理"的方针，这一方针蕴含着预防腐败的思想。

1998年，在县级以上党政领导班子、领导干部中开展的以"讲学习、讲政治、讲正气"为主要内容的党性党风教育，有效扭转了当时在党员干部中普遍存在的忽视理论学习、理想信念动摇、政治敏锐性和鉴别能力缺乏及以官僚主义、形式主义盛行的局面。2000年12月，中纪委十五届五次全会提出："反腐倡廉，既要治标，更要治本。标本兼治，教育是基础，法制是保证，监督是关键，通过深化改革，不断铲除腐败现象滋生蔓延的土壤。坚持教育、法制、监督相结合，坚持预防和惩治相结合。对绝大多数党员和干部主要立足于教育、着眼于防范，对极少数腐败分子必须严厉惩处。"②党的十五大提出"坚持标本兼治，教育是基础，法制是保证，监督是关键"。党的十六大强调"标本兼治、综合治理"。党的十六届四中全会提出反腐倡廉要坚持"标本兼治、综合治理、惩防并举、注重预防"的方针，抓紧建立健全与社会主义市场经济相适应的教育、制度、监督并重的惩治和预防腐败体系，把预防腐败摆到更加重要的位置。党的十七大把反腐倡廉建设纳入党的建设总体布局，强调更加注重治本、更加注重预防、更加注重制度建设。

2012年，十七届中央纪委七次全会指出："当前党风廉政建设和反腐

① 《依靠群众支持参与，坚决遏制腐败现象》，中国共产党新闻网，2015年6月5日。
② 《十五届中央纪委五次全会公报》，中央纪委国家监委网站，2013年8月28日。

败斗争呈现出成效明显和问题突出并存，防治力度加大和腐败现象易发多发并存，群众对反腐败期望值不断提升和腐败现象短期内难以根治并存的总体态势，反腐败斗争形势依然严峻、任务依然艰巨。"全会做出"三个并存、两个依然"的新概括，体现了党中央对党风廉政建设和反腐败斗争总体态势的科学认识，进一步增强了中国共产党人提高拒腐防变能力的责任感和紧迫感。

2012年11月，党的十八大报告指出：反对腐败，建设廉洁政治，是党一贯坚持的鲜明政治立场，是人民关注的重点政治问题。要坚持中国特色反腐倡廉道路，坚持标本兼治、综合治理、惩防并举、注重预防的方针，全面推进惩治和预防腐败体系建设。

这一时期，反腐倡廉工作取得了重大进展，尤其是国内廉政制度建设取得了丰硕成果，我国先后制定和颁布了《中国共产党党员领导干部廉洁从政若干准则（试行）》《中国共产党纪律检查机构案件检查工作条例》《中国共产党纪律处分条例》《中华人民共和国行政监察法》《行政监察条例》《关于实行党风廉政建设责任制的规定》等。这些法律、法规的出台和实施，充分发挥了法制在廉政建设中的保障作用，使腐败现象多发易发的态势逐步减弱。"制定的《廉政准则》达217条，与早期制度相比，廉政规则更深入、细致。这一时期，法治建设的另一个重要方面是加强政府部门的法制工作和建立健全政府部门的监察系统，把廉政建设作为开展行政监察工作的重点之一，形成政府部门的法制机构和内部制约的自行监察体系。"[①]

廉洁文化教育相关的制度措施先后颁布。2005年1月，中共中央颁布

---

① 夏赞忠主编：《中国廉政法律制度研究》，中国方正出版社，2007年版。

了《建立健全教育、制度、监督并重的惩治和预防腐败体系实施纲要》指出，要大力加强廉政文化建设，积极推动廉政文化进机关、社区、家庭、学校、企业和农村。这是第一次在党的文献中使用"廉政文化"概念，提出要把廉政文化建设作为建设社会主义先进文化的重要内容。2009年，中央纪委、中宣部等六部委联合发布了《关于加强廉政文化建设的意见》，指导和推动了这一时期全国的廉洁文化建设。各种廉洁文化教育创建活动深入开展，有效调动了全体社会成员参与廉洁文化建设的自觉性和积极性。廉洁文化教育在各地、各部门结合实践，创造性地扎实开展，在全社会营造了"以廉为荣、以贪为耻"的浓厚氛围，为党风廉政建设和反腐败斗争的深入开展营造了良好的社会舆论氛围。

重视加强反腐败国际合作。《联合国反腐败公约》于2003年通过，2005年生效，截至2009年7月6日，已有140个国家签署。中央纪委和国家监委已与80多个国家和地区的反腐败机构开展了友好交往，与68个国家和地区签署了106项各类司法协助条约。"而据2010年公布的《中国的反腐败和廉政建设》白皮书，作为打击腐败的主要部门，最高人民检察院先后与80多个国家和地区的相关机构签署了检察合作协议；公安部与44个国家和地区的相关机构建立了65条24小时联络热线，同59个国家和地区的内政警察部门签署了213份合作文件。"①

重拳反腐取得明显成效。这一时期处置了一批身居高位的贪污腐败分子，在全社会产生了巨大的震慑作用，以党风廉政建设的实际成效取信于民。腐败案件在各个领域全面上升的趋势有所改变。纠风工作深入开展，解决了一些群众反映强烈的热点难点问题，党风、政风和社会风气得

---

① 《G20峰会中国决心：反腐零容忍》，中国日报网，2015年11月23日。

到进一步好转。据中央纪委《党风廉政建设》报道："国家统计局的民意调查结果显示，2003年至2010年，中国公众对反腐败和廉政建设成效的满意度平稳上升，从51.9%提高到70.6%；公众认为消极腐败现象得到不同程度遏制的比例，从68.1%上升到83.8%。国际社会也给予积极评价。"[①]

（四）十八大以来廉洁文化教育实践

党的十八大以来，以习近平同志为核心的党中央继承和发扬党的反腐倡廉理论，结合古今中外廉政建设的经验，与时俱进，提出"把权力关进制度的笼子"，坚持"老虎""苍蝇"一起打、"打铁还须自身硬"、对各类腐败现象"零容忍"等反腐倡廉思想，取得了显著成效，赢得党心民心，社会风气为之一振。2012年11月，习近平指出："反对腐败，建设廉洁政治，保持党的肌体健康，始终是我们党一贯坚持的鲜明政治立场。党风廉政建设，是广大干部群众始终关注的重大政治问题。近年来，一些国家因长期积累的矛盾导致民怨载道、社会动荡、政权垮台，其中贪污腐败就是一个很重要的原因。大量事实告诉我们，腐败问题越演越烈，最终必然会亡党亡国！我们要警醒啊！"[②]党的十八大以来，党中央重拳反腐惩治贪腐，对一切违反党纪国法的行为，都严惩不贷，决不能手软，成效明显。

2012年12月，中共中央政治局出台关于改进工作作风、密切联系群众的中央八项规定。从中央层面对铺张浪费、形式主义等进行了从严规定，要求各级党政领导带头执行，一级做给一级看，以党风政风带动社会风气的持续好转。

[①] 周国才:《一腐必败——告诉你腐败与反腐败的86个真相》，中国方正出版社，2014年版，第216页。

[②] 《十八大以来重要文献选编》（上），中央文献出版社，2014年版，第81页。

2013年4月19日，习近平总书记在主持中共中央政治局就我国历史上的反腐倡廉进行第五次集体学习时强调："积极借鉴我国历史上优秀廉政文化，不断提高党的领导水平、提高拒腐防变和抵御风险能力。""要大力加强反腐倡廉教育和廉政文化建设，坚持依法治国和以德治国相结合。思想纯洁是马克思主义政党保持纯洁性的根本，道德高尚是领导干部做到清正廉洁的基础。我们要教育引导广大党员、干部坚定理想信念、坚守共产党人精神家园，不断夯实党员干部廉洁从政的思想道德基础，筑牢拒腐防变的思想道德防线。"①

这一时期，坚定不移地开展纠治"四风"和党的群众路线教育实践活动。2013年6月18日，党的群众路线教育实践活动工作会议上，习近平指出："马克思主义执政党最大的危险就是脱离群众。""开展党的群众路线教育实践活动，是实现党的十八大确定的奋斗目标的必然要求；是保持党的先进性和纯洁性、巩固党的执政基础和执政地位的必然要求；是解决群众反映强烈的突出问题的必然要求。""面对世情、国情、党情的深刻变化，精神懈怠危险、能力不足危险、脱离群众危险、消极腐败危险更加尖锐地摆在全党面前，党内脱离群众现象大量存在，一些问题还相当严重，集中表现在形式主义、官僚主义、享乐主义和奢靡之风这'四风'上。""我们一定要牢记'奢靡之始，危亡之渐'的古训，对作风之弊、行为之垢来一次大排查、大检修、大扫除，切实解决人民群众反映强烈的突出问题。"②党的十八大以来，国内反腐倡廉工作成效明

---

① 《运用历史智慧推进反腐倡廉建设》，《习近平谈治国理政》第1卷，外文出版社，2014年版，第390—392页。

② 《群众路线是党的生命线和根本工作路线》，《习近平谈治国理政》第1卷，外文出版社，2014年版，第365—371页。

显。"据统计，截至2013年12月31日，全国共查处违反八项规定精神问题24521起，处理党员干部30420人，其中，给予党纪政纪处分7692人。中央纪委直接查办、督办、转办违反八项规定精神问题共252件。"①这一系列反腐败举措，有力促进了廉洁文化教育的深入开展。2013年11月，国家统计局在国内选取21个省市开展的一项民意调查显示："87.3%的调查者认为不正之风和腐败问题较以往有了好转。整个社会风气为之一新，赢得了群众对反腐败的信心和对党的支持。"②正是这一系列廉洁教育、正风肃纪、铁腕反腐、整顿吏治，达到党内自我提升、净化的目的，促进了党风政风的持续好转。

党的十八大以来，一系列反腐倡廉的举措，从严治吏，重典治理，抓作风，抓小抓微，2012年至2015年11月，就有130余名高级领导干部因涉嫌严重违纪、违法被调查，被调查的党员干部总人数超过万人，这些反腐败实际成效赢得了党心、民心，取得了初步成效。这一时期，中央纪委分析了新时期反腐败斗争面临的严峻形势，明确了今后一个时期的反腐倡廉总目标，确立了"标本兼治，综合治理，治标为主，为治本赢得时间"的战略部署。以习近平同志为核心的党中央紧密结合、准确判断当前经济社会发展形势，提出了腐败现象依然高发、多发，以"重典治乱、壮士断腕"的决心和勇气，整治吏治，才能赢得党心、民心，否则有亡党亡国的危险。中央提出的中国特色反腐败道路的核心内涵就是把党风廉政建设和反腐败斗争作为全面从严治党的重要内容，从全面从严治党的高度，布局和谋划党风廉政建设和反腐败斗争。强化党内监督，把纪律挺在前面；尊崇党章，严格执行准则和条例；深化标本兼治，创新体制

---

① 《细数中共反腐年度"成绩单"：从严治吏取信于民》，中国共产党新闻网，2014年1月13日。
② 《统计局：87.3%群众认为不正之风和腐败问题好转》，央视网，2014年1月3日。

机制。统筹兼顾，分步实施，构建不敢腐、不能腐、不想腐的体制机制。提出了"作风建设永远在路上"的号召，极大地提振了社会公众对中央反腐败的信心和信任。

从理论层面来看，"治标"主要是从"重典治吏"对腐败分子进行惩治，达到震慑和治理腐败的目的；而廉洁文化教育、道德建设、传统文化教育、精神文明建设、社会主义核心价值观教育、作风建设是治理和铲除党内和政府腐败的"治本之策"，只有澄清了社会风气，才能从根本上铲除腐败问题存在的环境和土壤，营造风清气正的社会氛围。

（五）中国特色廉洁文化教育经验总结

历经百年洗礼的中国共产党，经历了波澜壮阔的中国革命和建设，取得了经济社会全方位的成就发展，成为世界上长期执政的第一大党，使我国成为世界第二大经济体，正阔步前进迈向中华民族伟大复兴的征程上。党的建设方面形成了中国特色的社会主义反腐倡廉理论体系，积累了丰富的廉政文化教育实践经验，系统总结经验，发挥其资政育人的重要作用，对今天我们开展廉洁文化教育大有裨益。

一是加强党风党纪建设，执行铁的纪律，发挥领导干部廉洁自律表率作用，要重视精神力量的发挥。党在100多年艰苦卓绝的伟大历程中，形成了以伟大建党精神为源头的中国共产党精神谱系：井冈山精神、长征精神、延安精神、大庆精神、雷锋精神、焦裕禄精神等。这些强大的精神力量一直鼓舞着中国共产党和中国人民，使党清正廉明的优良传统不断发扬光大，造就了高素质的干部党员队伍，各个时期都涌现出一批批引领时代潮流的模范人物，成为中华民族的脊梁。同时，重视党风与政风的关系问题。党风深刻地影响着社会风气，邓小平曾尖锐地指出：如果社会风气坏了，经济搞成功又有什么意义？发展下去会形成贪污、盗窃、贿赂横行的世界。习近平则告诫党员领导干部要警醒起来，并与全党同志共勉，要自觉抵制不良风气的诱惑，反"四风"，正人先正己，争当廉洁从政的典范，才能开创风清气正的良好政治局面。

二是开展廉洁文化教育创建活动，营造廉洁文化的浓厚社会氛围。群众喜闻乐见、丰富多彩、参与性强的廉洁文化创建活动，推进了廉洁文化"六进"工作，在社会上营造了廉荣贪耻的廉洁文化氛围，净化了社会环境。发挥大宣教格局作用，拓展廉政文化教育平台。按照建设社会主义先进文化的总体步骤和要求，注重发挥全体社会成员在廉洁文化建设中的积极性、主动性，不断拓宽廉洁文化教育的社会覆盖面，通过各种形式的创建活动，让廉洁文化的理念扎根社会各个领域、群体，充分发挥廉洁教育的整体效能。弘扬主旋律，提升正能量，树立廉荣贪耻的社会风尚，营造健康向上的社会舆论氛围。廉洁文化创建活动必须符合社会发展要求，反映时代主旋律。要把唱响时代主旋律，巩固壮大积极向上的主流意识形态作为社会主义廉政文化建设的重大责任和要求。只有弘扬主旋律，在社会上弘扬正气，社会主义荣辱观才能成为社会成员的自觉实践，廉洁价值理念才能成为文化自觉。

三是坚持教育为主，培养廉洁价值理念。党和政府坚持教育为主，预防为先，坚持不懈地开展形式多样的廉洁文化教育活动，培育廉洁价值理念，树立良好社会风尚。党的十八大以来，以习近平同志为核心的党中央认真落实、带头践行中央八项规定精神，要求各级政府和公职人员坚决反对"形式主义、官僚主义、享乐主义和奢靡之风"的"四风"，从精简公务经费、抵制形式主义、反对铺张浪费，培养良好的社会风气做起，赢得广大社会公众的坚定支持和参与。

四是标本兼治，综合治理，以治标为主，为治本赢得时间。党的十八大以来，中央从长治久安、执政稳定的高度，分析了当前反腐败斗争面临的严峻形势，开展了一系列反对贪腐的惩治贪污、作风治理的举措，并逐步明确了今后一个时期的反腐肃贪总目标，即"标本兼治，综合治理，治标为主，为治本赢得时间"的反腐倡廉战略部署，为廉洁文化教育的扎实开展提供了良好的政治环境。

通过古今中外廉洁理论内涵和脉络的梳理、中国共产党反腐倡廉重大举措和理论研究成果的综述，我们可以看到，尽管廉洁文化教育取得了较好成就，但其与社会发展阶段的要求还有差距，自身作用的发挥还不充分。尤其是廉洁文化教育理论研究中系统的、理性的、体现中国特色的廉洁文化教育体系的理论还很匮乏，我国的廉洁文化教育实践缺少有效的理论支撑，导致目前廉洁文化教育的大量工作还停留于号召式、语录式宣传和经验性描述、借鉴性套用，与我国社会发展对廉洁文化教育的实际需要不相符。当前各项廉洁文化教育实践工作政治性较浓，背离文化教育的本质属性，在很大程度上制约了廉洁文化教育的科学发展，制约了廉洁文化教育对预防和惩治腐败功能的有效发挥。

第二章 廉政文化的"廉动力"作用探析

当前，我国社会经济生活中不同程度地存在着价值理念错乱、信用危机、道德失范等现象。比如：在社会领域表现为"笑贫不笑娼"等严重影响着正常的社会环境的价值观念；在政治领域表现为，社会政治生态环境发生了严重背离，部分官员的贪腐成为常态，致使社会主义的主流价值观被严重扭曲。在经济领域，商家诚信缺失，"毒牛奶""黑心棉""地沟油"等报道不绝于耳，尤其是食品安全问题成为全民之殇。一旦上述现象蔚然成风，必然导致腐败文化盛行，廉洁文化受损。国内外政治治理的实践表明，要跳出"其兴也勃焉，其亡也忽焉"历史周期率，其举措有二：一是要加强法治，强化法律对公权力的制约监督，管住"任性"的公权力，避免公权力的行使者广大公职人员由公仆蜕变为用手中权力与民争利的专权者。二是要重视德治，发挥先进文化对良好社会思想道德形成的重要导向作用，以廉洁文化教育为引领，在个体层面形成廉洁价值观，群体层面形成廉洁社会环境，从而抵制腐败价值观侵蚀，促成和筑牢崇廉耻贪的群体价值观，实现个体价值与社会价值观的良性互动，引领社会正能量。有鉴于此，必须正本清源，重塑新时代廉洁文化教育相关的公正、民主、法治、责任和效能最大化等价值理念。做到不仅要破还要立，要在破除腐朽落后价值观的基础上，吸取古今中外有益经验，构建符合社会主义市场经济良性发展的现代价值体系。

为此，发挥廉洁文化教育对腐败的抵制和育人的强大作用，激浊扬清、提升道德水准、传递正能量、形成崇廉尚廉的社会价值观，净化社会风气、营造和谐政治生态，才是当前根治腐败的治本之举。

本章中，将对廉洁文化教育的作用机理进行科学分析，探究廉洁文化教育对腐败行为、心理制约的内在逻辑关系，如何发挥廉洁文化对个体和群体价值观的塑造和引领作用？在公民道德教育体系中承担着怎样的角色，发挥着怎样的作用及如何发挥作用？与廉洁价值观念和廉洁社会环境的形成塑造相结合，让公正、自由、民主、和谐、爱国、诚信、敬业等现代社会理念深入人心，才是新时代国内廉洁文化教育实践取得成功的必由之路。

第一节　人的思想行为源于价值观

人作为一种生物意义上的存在，生来就有各种各样的需求以及欲望。西方学者马斯洛提出了人类需求层次论，他把人从低级的生理需求到高级的自我价值实现划分为五个需求层次：即生理、安全、社交、尊重和自我实现的需要。五种需求是最基本的、与生俱来的，构成不同的等级或水平，并成为激励和指引个体行为的力量。他认为正是这些需求支配着人类形形色色的行为。人类由低到高各层次的需求则受一定价值观的引导和调节，如果追求自我价值的实现，则为了实现这一价值观人们会舍弃一些其他的需求。以坚定的价值观为目的，才能形成持久的行为规范，包括法律规范和道德规范，这些都是人类社会特有的理性选择的结果。根据对廉洁文化教育及有关概念的辨析，我们得出文化的实质就是一种精神价值，是在适应、利用、改造自然而逐步实现自身价值观念的人类社会实践过程中不断养成的，而文化的养成在于主导价值观的塑造与培育过程。因此廉洁文化教育实践的本质便在于廉洁价值观的培育与养成，要厘清廉洁文化教育的作用机理，必须首先解析价值观如何发挥作用的运行机理。即价值观与人的需求和动机之间的关系是什么？价值观是如何影响和控制个体和群体行为的？这些问题是研究廉洁文化教育本质及运行规律的一条逻辑主线。

一、价值观与道德行为的关系

价值观的存在依赖于人的基本需求的推动，不同需要基础上的价值观是不同的。人的基本需求既包括个体需求也包括群体需求，因此个人需要与群体需要的不同也决定了个人价值观和群体价值观的不同。只有在群体范围之内才有一个道德价值的判断与选择问题，所谓道德的行为往往是那些对别人有利、让别人舒服的行为，单个个体与他人无关的行为选择没有道德不道德之分。因此价值观与道德之间的逻辑关系是：道德行为源于个体的价值观，受其影响与支配，但是道德价值观更与群体价值观紧密相连。由于个体的需要不完全等同于群体的需要，所以道德价值观不能代替所有价值观。价值观的指向倾向于个人层面，而道德的指向倾向于社会层面。

（一）道德行为受价值观的支配

道德行为与价值观的关系：一是道德行为基础上形成的各种道德情感和情操，制约着对价值观念接受还是拒绝的态度。二是道德行为基于价值观念。价值观的形成在逻辑上先于道德观的形成。只有以价值观念为根据，才会形成来自个体内心的正确与错误之分。价值观是主体道德价值观的选择工具和过滤器，决定着主体将接受何种道德价值观的影响。道德行为的根源在于价值观，道德行为受价值观的影响和支配。因此，价值观教育应以个体为出发点，最终整合形成群体价值观。

（二）道德价值处于核心地位

社会价值体系由个人的价值观念汇聚而成，价值体系被大多数人接受就演变为一种社会意识形态。道德价值体系是价值观的重要组成部分。道德作为人类精神文化的核心，在所有的文化价值形态中，道德价值观念处于核心地位，对民俗社会和个人的日常生活有广泛的渗透力和影响力，其他任何文化价值取向多以道德价值为基本参照系。因此价值观教育就是道德教育，一定道德价值体系一旦形成就会成为个体遵循的准则，成为下一代人先在的、观念性的东西。价值并不等同于道德价值，道德价值观只是价值观的一个组成部分，因为在道德价值判断以外还有别的价值判断。

道德行为促使人的多种能力和价值得以发展，可以充分体现人的自我价值，道德一旦成为人们公认的观念，便成为实现个体价值的工具，促进了人的社会化，从而固化某种价值观。道德行为是价值观的具体实践，是固化价值观的现实抓手。只有把价值观转换成品德时才体现出真正的品德高尚的行为，才是价值观的具体体现。

二、价值观对个体行为的作用

（一）价值观对个体行为的调适作用

价值观不等同于人性本能动机。通常，我们某一行为的动机是权宜之计，而不是受价值观的驱使。但价值观对人们行为的作用机理则有所不同，例如，把身体健康看成一种价值观，会压制对抽烟喝酒的需求；把尊重他人作为自己的价值观，你会选择自我控制，而不会把自己的压力转移给别人；把诚信作为自己的价值观，你会选择招致批评也不会破坏自己的诚信。价值观既是个人行为的动力，同时也是一种行为规范。价值观影响下的生活远比本能需求动机支配下的生活更具有人生意义，可以让一个人充满热情、承诺和毅力来做事。

价值观作为对什么是好的、是应该的总看法，构成人性心理结构的核心因素之一，推动并指引一个人采取决定和行动的原则、标准，成为统帅人的动机和行为模式的稳定心理倾向系统。价值观不仅决定着人的自我认识，还可以影响和决定一个人的生活目标、价值信仰。价值观对于群体行为也具有重要的作用，是影响组织成员态度和动机的基础，可以对每个成员在加入一个组织之前的思维模式进行影响和改造。可以说不同的国家、组织、个人都具有自己的不同的价值观，三者之间的逻辑关系是，个人价值观服从于组织价值观，组织价值观服从于国家价值观。

价值观与个人、群体的需要紧密相关，有什么样的需要就会形成什么样的价值观。动物界和自然界主要围绕本能等生理需求支配下的动机展开各类行为，由此形成既定的秩序和规范，这些仅是自然界自由选择的结果，例如蚁群形成的严格的分工和配合以及秩序，这些秩序都是在本能和遗传基础上形成的行为秩序，而不是蚁群理性的选择，在它们那里工蚁就是为蚁王和整个蚁群服务的，它们没有"王侯将相，宁有种乎？"的反思，更没有什么价值观支配下的高尚动机。而人类社会则不同，人类的需求不仅包括动物本能需求，还包括理性需求，但是这些需求都只是为了满足个体需求而不是为了更为高级的目的。其中财富、权力或名誉等理性需求虽然是人类特有的，但只不过是人类社会的发展赋予了其与动物界更宽广领域的追求，例如财富不仅指动物界追求的可支配的食物，还可以是金钱等抽象的物质代表。但本质上，"人为财死"和"鸟为食亡"的追求是一致的，都是基于自身需求基础上的本能追求，都属于心理、生理层面的追求。正是基于不同价值观的追求而具有的不同的内在价值，是不能从我们身上拿走的精神层面的灵感和意义的源泉。

价值观作为对人的活动的取向和判断标准，时常会指导我们采取哪种生活方式，影响我们做出行动，深入一个人的自我意识里，具有理性的判断标准。

价值观对个人行为的作用机理主要体现为个体对价值观的理性分析和判断，以及最后做出的理性选择，在一定固化的价值观指导下，采取具体的行为。价值观对个体行为的作用最终体现为对个体行为的指导，与我们的思想意识和日常生活紧密相连。

价值观对个体行为的调节作用表现在：一方面价值观可以支配和制约人们行为的动机，另一方面，价值观反映人们的认知和需求状况。价值观的不同，会决定一个人行为方式的不同，对于同一个人来讲，选择不同的价值观，将会直接改变他的行为方式，这种改变将是发自内心的、自觉选择的转变。如果一个人把外在约束作为激励自己行为的动力和选择行为模式的标准，那么他就会失去对自己的真实判断而无所适从。例如，一个人如果把赢得上司肯定作为追求的价值，他会因为得不到领导肯定而失去行为的动力。但是如果他把外在约束转换为内在因素，探寻自己深层次的价值观，寻找到真正能够给自己动力的价值观，如把优秀和承诺作为自己的行为标准和规范，用这些价值观规范自己的行为，那么就会在工作中更加投入，这种价值观的转变使一个人的行为由被动转为自觉，同时也赋予了他强大的动力。显然，为了完成任务和取悦上司是不良的价值导向，对社会和其他人来说就是无用的甚至是有害的价值观。不好的价值观要么与我们无关，没有指导作用，要么对我们的行为判断产生不良影响甚至误导。

（二）价值观的本质是对人生命意义的追问

个体自身具有独特性和唯一性，这两个特点将个体生存同创造性的工作、人性之爱联系起来。如果认为自己具有无可取代的价值，一个人就会意识到自己活着的动力和应负的责任，明了自己生命的意义，自然会坦然面对前方的任何挑战而不会轻易放弃自己的生命。选择充满意义的生活方式会全面提升一个人的幸福指数和满意度。比如，在当今社会，随着生产力的进步，物质文化生活的日益丰富，人们的各种物质需求可以很容易得到满足，但是仍会感觉不开心，其本质在于物质充裕、精神塌陷。比如个别虽然物质财富、名誉、社会地位都拥有的所谓"明星"，通过自尽来结束自己宝贵生命的现象，就不难理解了。幸福的生活通常可以让人们感到生活的安逸、身体的健康，能够买到自己需要的东西。如果不能将个体的价值追求从对个体幸福和欲望的满足中解脱出来，那么他们只会想着如何得到而不是如何付出，永远无法逃离心理学关于低层次的需求范围，达到自我的超越和个体价值观的升华。只有当把自己的价值追求与追求生命的意义相联系时，才可以从追求自我欲望和需求满足的层面升华至更高层次的社会需求。可以说，单纯追求个人的幸福并不能将人从动物中区分出来。人的价值就在于其对生命意义的追求。

正如佛罗里达大学社会心理学家罗伊·包麦斯特在《意志的力量：重新发现人类的力量》一书中指出：生命的意义不仅超越自我，更会超越时空，幸福只是一种存在于此时此刻的情感，并随时间的消逝而消失。追求幸福，并不是生命的全部意义，人生而为人，其独特性不在于对各种需要的满足，更在于一生对生命意义的追寻。人的本质在于人的社会性升华为对生命意义的追寻和利他的追求，这样才可以使人类文明不断延续，人类社会不断进步。

三、道德价值观对群体行为的作用

道德价值观念是一种社会层面的价值观，是在某种功利性或道义性的追求基础上对人们（个人、组织）本身的存在、行为和行为结果进行评价的基本观点。不同的社会群体，会形成该群体共同认同的群体价值观念，这些价值观念会对该群体人们的行为方式产生重要的影响，进而影响每个个体的行为模式。比如，企业价值观决定着职工行为的取向，关系企业的生死存亡。再如，不同地区从政人员会形成较为趋同的从政价值观念，从而形成该群体的从政环境，可以说风清气正的从政环境，是培育个体廉洁价值观的重要依托，良好从政环境对于该群体的整体从政行为也具有重要的引领和约束作用。

分析政治生态对群体从政行为的影响与道德价值观对群体行为的影响，发现二者作用原理具有一致性。一方面，个体廉洁价值观的养成离不开群体廉洁价值观的影响和引领。廉洁文化教育的有效实施也需要一个良好的外部环境，这一外部环境既包括良好的廉政制度环境，也包括良好的从政环境和政治生态，还应该包括良好的社会舆论环境。外部环境的营造实质上便是对群体廉洁价值观的培育，进而起到对个体廉洁价值观的引领和培育作用。从政环境对社会风气的优劣起着决定性作用。比如，在一些地方和单位，正派能干的干部不能被重用，而某些背依权势、阿谀奉承之辈和不学无术、说谎邀功之人却大行其道。面对这些干部"逆淘汰"现象，有些人习以为常，有些人乐在其中，败坏了从政环境，也带坏了世风民风。在一些领导干部中，封建社会"封妻荫子""一人得道、鸡犬升天"等特权思想仍有不小市场，利用职权乱办事，以各种名目侵占公共利益，视制度、规则为摆设，搞"上有政策、下有对策"。各种形形色色的关系网越织越密，方方面面的"潜规则"越用越灵，在这样的政治生态下，廉洁文化价值观的正能量被削弱甚至无法引导群体的主流价值观，廉洁文化群体价值观自然无法实现对个体廉洁价值观的塑造和培育。

第二节 廉洁文化教育与个体廉洁价值观的养成

个体价值观的养成离不开个体需求和动机的教育和引导，同样，个体廉洁价值观也离不开与其相关联的个体需求和动机的教育和引导。这一过程中，个体需求和动机将会受到两种截然不同价值观文化的影响。一是腐败文化，一是廉洁文化。前者以各类腐败落后价值观为核心，后者与各类廉洁先进价值观相连。正是在这两种文化和价值观的牵引之下，个体需求和动机受到正反两方面的影响和冲击，最终固化为一个人所特有的价值观念，其中可能既有与腐败相连的价值观，也有与廉洁相连的价值观，成为一个矛盾的个体，当条件成熟时，两种价值观在较量中会一显高下，最后决定了一个人的最终选择和具体行动。有的人可能会选择贪腐行为，而有的人则会选择清廉自重。

一、廉洁文化教育对腐败治理的作用分析

（一）腐败主体权力"异化"的动态分析

从心理学的角度来把握腐败行为产生的根源和特征，这不仅有利于人们更加真实、客观地分析和认清各类腐败行为和现象的本质，而且有利于制定切实有效的措施来加以防范和治理。个体的心理动机是在一定的环境中产生的，营造良好的社会环境，对于腐败心理动机的形成和发

展必然会起到一定的疏导和约束作用，而廉洁文化教育在这一过程中能够发挥出有力的作用。

腐败行为产生是一个动态发展过程。首先腐败个体因不同欲望和需求产生腐败心理，在腐败心理的作用下形成腐败的动机，此时，如果条件和环境成熟，便可能促使腐败主体采取一系列的腐败行动。这些腐败行为可能是由单个个体实施，也可能是由多个个体或者集团实施。根据马斯洛的人类需求层次理论，人类需求分为五个层次并由低到高依次排列：生理、安全、社交、尊重、自我实现。为什么人类的腐败会如此久治不愈成为世界性顽疾，这与人性的无限贪欲和需求有着必然的联系。人类的需求在由低到高的发展过程中，存在着无尽的欲望，直到人类想象可以到达的边界为止。正是这些无尽的需求和欲望最终导致了各类腐败现象此起彼伏，推动了每一个腐败行为从产生到最后实施的动态过程。

首先，需求异化导致腐败。

人的需求与动物的本能需求有着共同的交集，如吃喝等各种生理需求，同时又与动物的需求有着本质的区别和共有的领域。动物的需求多是由基于生存和生殖需要的本能需求所构成的，而人类需求则在各种本能需求之外，又多出了诸多具有能动性的需求，有物质的也有精神的，正是由于自身能动性和思想意识的存在，人类在不断地开拓着自己各种需求的内容、种类和边界，从而创造了人类独有的需求世界，这一过程充斥着诸多异化的需求。而动物因为缺乏人类的能动性和想象力，只会吃了睡，直到食欲再起。人类基于无止境的想象力所产生的无止境的欲望，导致了人类需求的变异与异化，甚至为了满足某种需求而不惜否定自身的存在，置生命于不顾。"人为财死，鸟为食亡"等便是对人类需求异化的精辟总结。异化了的需求，一旦遇到先进技术条件和丰富的物质条件，必然会得到极大的膨胀，尤其当这种无止境的需求与具有强大控制力的公权力相联手时，腐败主体将会极度膨胀自己想象空间，将异化了的需求转换为腐败行为的原动力，通过腐败行为来满足其异化的需求。

马克思曾深刻指出这种异化的需求本质：金钱明明是人类创造的，但是金钱又异化为支配人的力量，人反过来沦为金钱的奴隶。正是在异化需求的支配下，腐败主体沦为个人欲望的奴隶，利用一切条件，甚至不惜铤而走险，满足自身的欲望，一步步走向腐败犯罪的深渊。

其次，需求动机不当导致腐败。行为科学认为人的需求有物质的、心理的、情欲的、精神的多个层面，在需求基础上可以引发不同的动机或者冲动，这些动机或冲动是启动某一行为的动力，决定着人们行为的方向。例如，当人们因为饥渴产生对水和食物的需要时，有机体会产生口干、胃部不适等生理反应，同时还会产生焦躁不安等心理暗示，出现紧张和渴望得到水和食物的情绪。这种渴望和紧张的情绪最终会转换成得到水和食物的动力，当得到食物和水之后，需求得到满足，之前在生理、心理和情绪上的不良暗示也随之消失，表现为一种需求满足后的心闲气定，那是一种生理和心理的愉悦，是一种身心的舒适感。[①]

在需求异化基础上产生的需求动机也存在异化的趋势，异化的需求动机如同魔鬼一样，具有强大的驱动力，驱使着个体寻找一切可以利用的手段来满足其自身的需求。一旦这种异化了的需求动机遇到适当的环境和时机为其提供强有力的实现和满足自身膨胀了的需求的条件时，便会变本加厉、面目狰狞，成为腐败行为的内在驱动力。对许多贪污受贿金额多达数十亿人民币的腐败犯罪分子而言，金钱对他们来说只是一个

---

① 张华：《腐败犯罪控制机制研究》，中国长安出版社，2013年版，第78页。

数字符号，此时这种对物质和金钱的异化追求会演变成一种畸形的精神需求。例如，有的腐败分子虽然贪污受贿巨额赃款，却舍不得花一分，有的将数钱当作最大的人生享受。对于那些权倾一方的高官，其需求的层次也会水涨船高。因受贿罪被判处有期徒刑15年的原彭州市委书记陈某在详细描述其身处权力巅峰时的感受时说："久而久之，那种唯我独尊、自以为是的美好感觉就像鸦片一样让我上瘾，让我满足。"①

第三，公权力异化导致腐败。人的需求动机的异化是导致公权力异化的主观因素。公权力本质上是为了满足公众利益而设置的，为公共利益服务的工具和手段，公权力的异化则是对公共利益的剥夺和忽视，进而成为权力执行者压迫和奴役权力所有者（真正的权力主体）的手段和工具，最终造成公权力与其来源、价值目标的背离，具体表现为公权力价值目标及主体和执行者的异化。公权力价值目标的异化表现为公权力日益成为少数人或小集团谋取私利的工具。公权力主体的异化表现为，来源于人民的公权力逐渐成为执行公权力的机关和工作人员反对社会大多数人及其利益的武器，而人民作为公权力的真正主体，此时则异化为被剥夺的权力客体。公权力执行者的异化表现为，一方面公权力执行者成为公权力的奴隶，在不断错位的权力欲中扭曲了自我；另一方面公权力执行者由原来的权力的形式主体异化为真正的主体，由人民的公仆异化为奴役群众的"主人"。

（二）内外兼修，抑制腐败动机

一是自我提升。作为助推腐败行为的内在因素和主观原因，腐败

---

① 郝宁：《原彭州市委书记：唯我独尊的感觉像鸦片一样让我满足》，《检察日报》，2011年6月14日。

心理动机的影响因素有很多。其中，起决定作用的有腐败主体自身固有的内生动机和后天习得的动机，正是这些动机构成了腐败动机的初始因素。根据腐败发生发展规律和腐败心理动机的发展模式，在事前、事中和事后对腐败主体实施有针对性的廉政教育，发挥廉洁文化教育在塑造健康人性和培育良好社会环境中的重要作用，控制和预防腐败，促使腐败主体自我提升、自我净化、自我约束，必然会对反腐倡廉建设起到事半功倍的功效。

腐败主体因为手中的公权力而显得非常强大，而作为弱势的群众个体，在与腐败主体进行对抗的过程中则显得势单力薄。侵害群众利益的腐败行径，特别是一些野蛮侵犯公民权益的种种恶行让人闻之拍案。马克思把法律誉为"人民权利的圣经"。离开了这一圣经，那些借公权力和国家利益为名的"霸权""王权"就会为害一方，恣意践踏公民权利。纵观中外文明史，那些滥施个人淫威、百姓被一小撮人荼毒却又无法申诉的现象时有发生。腐败主体和作为他们工具的涉黑集团，都是极少数直接和间接滥用公权力的腐败主体，他们一旦不再掌控公权力，也就成为名副其实的"纸老虎"。其腐败心理动机的形成发展过程也与其他腐败分子具有同样的规律，既可以加强监督和控制，也可以通过教育加以改造，实现自我提升。

二是，外力监督。重点发挥法律的强制性、刚性约束的作用，对违法者严惩不贷，"零容忍"，形成震慑作用，严格执行法律，维护法律尊严和权威，不搞"刑不上大夫"，确保法律面前人人平等，"织密制度的笼子"，"管住任性的权力"。发挥社会公众、舆论媒体的监督功能，让公权力运行在阳光下，通过"软制度"和"硬约束"的有机整合，完善反腐败惩防体系，预防和控制腐败发生，使人人向善，促使风清气正的社会风气的形成。

（三）廉洁文化对遏制腐败行为的积极作用

文化总是通过教育习得的。与一般的知识性教育相比，廉洁文化教育更倾向于"德育"的范畴，注重人的思想品德的塑造，廉洁过程应当是一种行为习惯的养成教育。廉洁文化教育除了具备一般思想政治教育的鲜明党性、阶级性、时代性等特点，它还具有道德性、历史继承性和社会公认性。廉洁文化教育实施可以使廉洁价值观内化为人格的修养，稳定而长期地对人的思想和行为发生作用。廉洁文化教育的重点在于灌输廉洁知识、培养廉洁信念，并使之转化为实实在在的廉洁行为，实现"知、信、行"三者的统一。而要做到这一点，必须对不同对象进行因材施教，同时跟踪腐败行为的各个阶段，进行有针对性的教育，如此才能真正在关键时刻发挥廉洁文化教育的作用。鉴于腐败现象和行为的动态性，其发生、发展直至受到惩处的是一个动态的过程，因此，廉洁文化教育对腐败的遏制需要通过在不同阶段发挥相应作用来实现。

第一，腐败动机形成初始阶段。腐败动机形成之初，对潜在的腐败主体影响最大的主要在于该主体自身需求的异化程度。而对需求异化影响最大的因素更在于主观因素，包括培育正当还是非正当需求的道德水平、文化水平等内在因素，也包括民风世情、舆论环境、整体国民素质和文化环境等等外在因素。廉洁文化教育与影响腐败心理动机的客观制度因素之间的关系实际是"软约束"与"硬制度"、道德与法律的关系，目的是实现文化反腐与制度反腐的有机结合，彻底根除腐败。这一阶段可以延伸至腐败主体成长之初的教育，也可以扩展至每一位公民的终身教育。幼儿教育、青少年教育、社会教育以及专门针对领导干部和公职人员的党性教育，在具有共性的同时，又各自具有不同的特点，成为廉洁文化教育的重要依托。一方面，需求的形成需要一个漫长的过程，就如同每个人口味的形成阶段主要在儿童时代一样，其个人的各类需求的萌芽也多产生于儿童时代甚至幼儿时代。另一方面，在婴幼儿阶段的教育是每个人的初始教育，而现在的孩子很有可能成为未来的领导干部，自幼儿始开展全民廉政文化教育，是对腐败主体腐败动机形成之前阶段教育的关键，从而使廉洁文化教育如空气一样渗透于每个人的整个成长过程，充斥于整个社会环境之中。教育文化学的濡化原理认为：在部分有意识和部分无意识的学习过程中，所取得的效果则最佳，也就是在一个人没有成为领导干部和腐败主体之前，在半有意识、半无意识中接受廉洁文化教育，效果更佳。在这一过程中，教育主体将社会群体的价值规范和思想观念有意识地传递给领导干部或年轻一代，使其掌握所属群体的信仰和价值，诸如廉洁奉公、公正公平、正直诚信等观念，形成原始的信仰，进而形成正确的价值观。这一阶段的教育更加符合教育的"润物细无声"的特点和规律，在潜移默化之中，通过培养正确的人生观、价值观，来规范每个人的需求范围，从而避免需求的异化。因此，在廉洁文化教育实践中，根据不同群体的特点和腐败现象发展的动态过程原理，分层开展廉洁文化教育的效果会更有效。比如，实施廉洁文化教育"六进"工程，在学校学生中普及廉洁文化知识，促进廉洁知识进教材、进课堂、进头脑等系列举措，就是一项扎实有效的廉洁教育实践。

第二，腐败行为实施阶段。这一阶段，重点以加强对公职人员的教育为主。根据涵化原理，不同文化背景的个人组成的群体，因持久地相互接触，便会相互适应、影响和借鉴，造成原有文化模式发生大规模的文化变迁。腐败行为实施阶段的行为主体，多是领导干部和影响领导干部行为的人，其源于不同的文化背景，在行使公权力的过程中，出现了滥用权力的苗头和实质性行动时，就需要对这一类人群进行廉洁文化教育强化。约谈、民主生活会、警示教育等各种形式的廉洁文化教育模式，可以对腐败主体实施全方位的影响，将清正廉洁、奉公守法等行政理念灌输到领导干部的思想和行为之中，并形成对主导其腐败行为的腐败文化理念的"围剿""蚕食"，让其在正面教育面前产生悔意，在强大的监督面前有所惧怕，从而起到对其腐败行为的阻碍作用，使其有所收敛，甚至终止正在实施的腐败行为。这一阶段的廉洁文化教育任务艰巨，因为根据一个人的动机驱动行为的过程和规律，一旦迈出腐败第一步，就发生质变，这一阶段如何及时发现，提醒当事人，让其回头成为遏制腐败滋生蔓延的关键环节。如何发现苗头性的问题，对这类对象及时开展廉洁教育，是拒腐防变的难点和重点，是廉洁教育需要创新和突破的领域。

第三，腐败行为受到惩治之后阶段。这一阶段，所谓的廉政文化教育对象和教育重点往往不再是触犯刑法的腐败犯罪当事人本身，因为对个人的严惩已经起到了最大的廉洁教育效果，是每一个腐败主体上的人生一大课。每个腐败犯罪分子的犯罪和受到严惩的现实，同时也是对全体社会成员，尤其是公职人员进行廉洁教育的重要素材，可以通过警示教育和现身说法，来对其他社会成员，包括没有腐败动机、存在腐败动机和正在实施腐败行为的腐败主体，起到一定的警醒作用。每一个案例都是一个鲜活的教材，对于一般腐败行为，廉洁文化教育更应该在其受到一定的处分、处罚之后及时跟进，打消其存在的侥幸心理、破罐子破摔心理、不服气心理等，起到挽救和弥补心灵创伤的作用。在廉洁文化教育中，采取设立廉洁教育基地、警示教育基地及观看廉政警示教育片，通过腐败分子现身说法等，有效打击贪腐分子的嚣张气焰、给贪腐分子敲响警钟，促使其悬崖勒马，改邪归正。

（四）廉洁价值观的"治心"作用

西方学者福利德里克在《美国公共服务中的问题》一书中指出，决定人的思想和行为除了需要有外部控制因素以外，还需要一种"心理因素"。其原因在于，人的行为动机、目的与行为取舍都要受到主体思想道德状况的直接影响和制约。廉洁文化教育对个体腐败动机的抑制作用，主要是通过精神层面的培养、树立良好的道德操守、培育廉洁价值观来实现的。就个体而言，道德控制目的在于使公职人员在内心上不想、不愿腐败。"物必自腐，而后虫生。"加强权力主体的道德建设，加强每个公职人员的道德修养，努力提升人格力量，是拒腐防变、遏制腐败的第一道防线。被社会公认的道德规范和价值观念是巨大的无形资产，维系着社会的正常运转，尽管有朝代更替，历经数千年而未曾改变。廉洁、公正、勤政、爱民、和谐、和平等思想意识是千百年来人们的共同梦想和追求，是构成社会核心价值观念和维持社会有序运行的基础。

道德约束的力量使社会趋向文明、进步、统一、和平。在这方面，西方国家有许多值得借鉴的经验。日本的"耻感文化"尽管有糟粕的成分，对日本民族社会的发展产生了重要影响，对日本廉洁文化制度、社会有序治理起到了积极作用。日本人对"耻"的敬畏超过对"罪"的畏惧，"耻感文化"制约着日本人的思维和行为，成为精神意义上的刑律。日本的道德判断和规范层面，都注重神圣而崇高的精神追求，对是非、善恶、美丑有明晰的判断和高度的自觉、自尊、自律。"耻感文化"成为引导日本社会生活的重要精神力量，一个人越是为了名誉牺牲其财产、家庭及自己的生命，就越被认为是道德高尚的人。在今天因为自身原因导致公司或国家名誉、利益受损而自杀的情形时有发生。贪污受贿、滥用职权谋取私利被认为是可耻的行为。

廉耻观念渗透于中华民族文化心理的最深层"知耻近乎勇"等这些经典语句成为植根于中国人内心深处的真实写照，起到法律制度无法替代的作用。这也说明了廉洁教育和道德教育的重要作用，不仅可以使社会成员形成善恶、是非、荣辱意识，而且使这些观念深入到内心，内化为指导个体行为的道德准则。事实上，抵御诱惑的最后防线不是执法如何严厉、制度如何完善，而是个人的道德底线。如果所有公职人员都能有良好的党性和高尚的道德，自觉抵制诱惑，拒腐防变，风清气正的社会将会到来。

腐败产生的原因是综合性的。从横向上来分析，主要包括心理的、生理的、文化的、体制和机制的等诸多原因，概括讲应该归结为主观和客观两方面的原因。从纵向上来分析，腐败产生的原因则更倾向于思想的惯性和制度的流弊，是一些根深蒂固的东西在作用。总而言之，治理腐败需要健全的体制和完善的制度等外部条件来规避权力的滥用，更需要每个人形成健康的心理、培养完整的人格、塑造高尚的道德品格和理想信念来进行内在的自我约束。显然，廉政文化教育的作用更体现在对个人内在因素的激发与鼓励、限制和约束。

个体在人格、道德水平、心理尊严等方面的共同作用形成了一个人相对稳定的重要心理特征。个体心理是在社会认知、心理需要、行为动机、态度、情绪感情、价值观和性格等多方面的主观认知基础上形成的个体差异性，而心理缺陷则往往会使个体在心理上出现偏差，表现为人格不健全、心理承受力差、缺乏自我对行为的控制能力和心理自我调节能力，而腐败者在心理上的变化则直接决定其腐败动机的产生和发展，最终导致腐败行为的发生，体制和制度等外在的客观约束也是通过对内在的心理因素发生作用而最终起到对腐败者的行为约束。正是因为腐败从心而生，因此，要认清腐败现象的客观发生规律，探索廉洁文化教育的作用机理，必须对腐败者个人的心理特征进行一个比较透彻的分析。

二、廉洁文化教育对公职人员需要动机的调节

需要动机是一种具有内驱力的心理现象，推动着各种行为选择和社会实践活动。人的需要动机可分为物质层面和精神层面两大类。其中物质层面的需要包括人们的衣食住行，是人类赖以生存的最基本需要。精神层面的需要是更高层次的需要，包括友谊、爱情、理解、尊重、理想、信念等。

（一）廉洁文化价值观要适应公职人员需求

20世纪50年代，社会心理学理论在马斯洛五层次理论上增加了求知的需要和求美的需要两个层次。他认为，生理的需要和安全的需要是低级的，其余属于高级需要。前者是外在的、物质上的满足，后者是内在的、心理上的满足。当一个层次的需要得到满足后，下一个层次的需要就会成为新的激励因素。虽然任何需要都不可能得到绝对充分的满足，但已经相对满足的需要就不再起激励作用。

人们的需求可以通过外在的因素进行调节。现实生活中，人们生活总会遇到各种需要的矛盾，这就必须加以调节。人之所以有平庸与伟大、高尚与卑微之分，很大程度上取决于能否调节自己的需求层次。

从一定程度上说，任何腐败行为都是生理、心理需要所引发的，能抵制住各种诱惑是对公职人员的最基本要求。当政府官员对超出其财力的生活方式和社会享受追求愈强烈，他们倾向于用违法行为来满足其奢望的动力则越强烈。我们通过对腐败分子主观动机分析发现：实施腐败行为的动机是在这种以物欲满足为特征的心理需要和外部不良环境刺激的双重作用下形成的。在这种心理需求的日益膨胀下，他们便萌生了腐

败犯罪的动机，遇到适宜的外界条件，就会产生具体的腐败行为。

需求理论一方面为预防腐败心理的发生提供了路线图，另一方面，需求理论中把需求层次看成固定的程序，一种机械上升的运动，忽视了人的主观能动性，存在着一定弊端。其实，人的需要层次是可以调节、提升、跨越的。美国哈佛大学教授梅奥认为：人作为社会人，他们不仅有经济上的需要，还有非经济性的社会需要。我们可以在公职人员物质需求基本得到满足后，进行精神需求的调节，开展思想道德教育和党性修养的提升，通过廉洁文化意识的教育，从而超越物质欲望的限制，跨越到高级的需求层次。尽管大多数人的需要层次是一个固定的系列，但也有例外。对于那些具有崇高理想、远大抱负的人而言，为了追求真理、实现理想，可以牺牲个人的一切，甚至自己的生命。

这其实就是对个体需求的一种升华，也就是对生命意义的一种追寻，属于理想信念层面的价值追求。例如，民主革命时期，许多仁人志士，为了共产主义的坚定信念，抛头颅、洒热血，义无反顾，才最终建立了新中国。正是因为这些人所思考的价值追求得到升华，他们把对个体需求的满足层面，提升至对生命意义的追求。在他们眼里，生命的意义更在于舍生取义。正如方志敏烈士在《可爱的中国》中表白："为着阶级和民族的解放，为着党的事业的成功，我毫不稀罕那华丽的大厦，却宁愿居住在卑陋潮湿的茅棚；不稀罕美味的西餐大菜，宁愿吞嚼刺口的苞粟和菜根；不稀罕舒服柔软的钢丝床，宁愿睡在猪栏狗窠似的住所！……一切难以忍受的生活，我都能忍受下去！这些都不能动摇我的决心，相反地，是更加磨炼我的意志！"正是在艰难困苦中磨砺的坚定信念，使千百万共产党人形成了崇高的需要动机，不计名利得失，不怕牺牲，最终赢得民主革命的伟大胜利。

1985年3月，在全国科技工作会议上，邓小平指出："为什么我们过去能在非常困难的情况下奋斗出来，战胜千难万险使革命胜利呢？就是因为有理想，有马克思主义信念，有共产主义信念。我们干的是社会主义事业，最终目标是实现共产主义。"[1]这昭示了中国共产党人的文化自信。廉洁文化作为一种先进文化，具有引领和导向作用，可以让人们在潜移默化中树立正确的理想信念，自觉地调节自己的需要。自我调节首先是防止一味追求个人的不切实际的物质需要。韩非子认为：祸难生于邪心，邪心犹于可欲。贪如火，不遏则燎原；欲如水，不遏则滔天。如果不在物质需要上把握一定的度，一味放纵自己的物欲，最终将会葬身于自己的欲壑。公职人员要把自己的需要建立在对共产主义远大理想的执着追求上，心中时刻牢记党和人民的需要，心忧天下，道德高尚，情系人民。

（二）理想信念教育与廉洁文化价值观

理想是人们的世界观、人生观和政治立场在奋斗目标上的集中体现。信念是理想的强化状态。从历史发展来看，中国共产党之所以有今天的成就，就在于坚持不懈地追求共产主义理想这一崇高目标。经过实践探索，我们认识到，在经济发展相对落后的国家，必须经过社会主义阶段，物质极大丰富基础上，才能实现共产主义的目标。在建设社会主义的过程中，开展了社会主义改造和改革开放，推行了社会主义市场经济转型，每一次改革都面临着各种挑战和考验，但我们党的性质、宗旨和崇高目标没有改变，尽管没有现成的经验可循，但我们始终矢志不渝，攻坚克难，才取得了今天社会主义现代化建设这样的巨大成就，用40多年走过了西方发达国家需要上百年走过的路。崇高的理想信念，是

---

[1] 《一靠理想二靠纪律才能团结起来》，《邓小平文选》第3卷，人民出版社，1993年版，第110页。

人生追求的远大目标和奋斗方向，是人们超越现实、超越自我、追求最高价值的自我意识，作为自己精神寄托的思想倾向，是人们对终极价值的追求，对精神境界、道德境界的提升的追求。广大公职人员只有树立远大的共产主义理想，才能明确前进的方向、目标，不懈地进行追求、奋斗。没有崇高的理想信念就会迷失方向或者走错路。理想信念出现偏差，对共产主义理想产生怀疑、动摇，就会导致政治上变质、道德上堕落、生活上腐化。有的贪腐分子理想信念塌陷，价值观扭曲，理想信念与党的宗旨完全背离，恬不知耻地总结说："理想理想，有利就想，前途前途，有钱就图。"实际上，正是因为党和政府的培养、人民的信任，他们才能有机会坐到这个位子上，但是他们没有珍惜这一荣誉和信任，以致走上了贪污腐败的道路。这些党员领导干部曾有过艰苦的奋斗史，曾政绩显赫，曾赢得广大百姓和组织的信任，但由于理想信念丧失、道德迷失、价值观扭曲，走上违法犯罪之路，站在了人民的审判席上，面临着法律的审判，这一切都根源于贪欲，源于对党的宗旨的背离。

当廉洁成为人们信念的时候，人们对各项廉洁从政制度法规深信不疑，成为一种处事的行为准则，一种可以信赖的人生哲理，能抵御住各种不良诱惑、拉拢腐蚀，而岿然不动。党的好干部焦裕禄、孔繁森、任长霞、牛玉儒等正是具有一心为公、人民的利益至上、为党的事业鞠躬尽瘁的理想信念。这是一种对党风廉政建设信念的无悔追求，他们一心为民，赢得了百姓赞誉，成为世人敬仰、学习、爱戴的领导干部楷模。

曾经显赫一时的河北省国税局原局长李真因贪腐被处以极刑，临刑前曾慨叹：生和死原本离得这么近，近得只有一线之隔，而架着这条线的就是信念。广西某市原市长李某在狱中写道："钱遮眼睛头发昏，官迷心窍人沉沦。只图留恋名和利，终究成为犯罪身。功名利禄如粪土，富贵荣华似浮云。"应该说,这是他们面临牢狱之灾、临刑前发出的真实感悟,但为时已晚,等待他们的将是严厉的惩处。理想信念对人的生活起着导向作用。没有理想信念指引,人生将失去方向。正确的理想信念可以促进人积极进取,取得成功,错误的理想信念做指导,必将使人误入歧途,甚至身败名裂。同时,理想信念对人的一生发展进步有巨大推动作用,是激励人们向着既定目标奋斗进取的动力,是生命的源泉。实践证明,树立了高尚理想信念的人,会经受住逆境的考验,会有顽强的斗志,在平凡的岗位上创造出非凡的业绩。没有或丧失理想信念,就会意志消沉、随波逐流,甚至走向歧途。

理想信念缺失是当前中国大多数公职人员腐败的主要精神原因。因此,新时代开展廉洁文化建设,在广大干部党员和社会中树立正确的理想信念,才能有效预防公职人员腐败心理动机的产生,提高腐败治理的效果。

(三)廉洁文化教育与公职人员心理调适

开展廉洁文化教育,可以在潜移默化中提高公职人员的思想觉悟和自我克制能力,强化道德良知感。良心是人最基本的道德律,是人内心深处的调控器。当行为保持正确方向时,它会给人以内在的激励和支持;当行为的方向违背职责与义务的要求时,它会以内在的羞耻和愤怒的心理方式加以制止和克服。南非行政学家罗伯特·科里特加德将道德因素作为腐败的成本,进行了合理推论:"假如我不贪污受贿,我得到的是工资收入和作为一个清廉人的道德满足;假如我贪污贿赂,我得到的是贿赂,但需要付出道德代价,还有可能被察觉判刑,如果那样,我还要自食其果;因此,如果贿赂减去道德代价,再减去被觉察的可能性与可能受的刑事处罚之和，大于工资收入与道德心理满足之和，那我将会贪污受贿。"①按照罗伯特的观点，公职人员如若选择以权谋私的行为，他必须改变道德准则，放弃职业操守，并且面对社会大众的舆论谴责以及事情败露后身败名裂的结局。作为任何有理性的腐败主体都会考虑腐败的"成本—收益"比，这个进行腐败成本计算的过程，是腐败主体进行自我道德调控的过程，从而增加了遏制腐败发生的自我因素。

通过以上分析可以得出：公职人员良心感强弱与遵守廉政道德规范呈现正相关关系。公职人员的良心感越强，遵守廉洁道德的自豪感、满足感越强烈，违背廉洁道德带来的内疚感、罪恶感越深重。由此，他的品德更高尚，更有益于社会和他人，从长远看，他自身也能从中受益更多。反之，良心感弱，违背道德所产生的内疚感、罪恶感越弱，使他自己的品德更卑微，他便可能有害于社会和他人，从长远看，他自身遭受的损害会更多。有实验研究分析表明：当腐败者违背自己的伦理道德时，在精神上和肉体上就会受到自体的攻击，最终导致生病，乃至死亡。这一研究结果充分说明：当腐败分子还心存道德良知时，搞腐败就会使他产生巨大的心理压力，精神备受煎熬，害怕真相被揭露，因自身的贪腐行为而受刑处。因此，公职人员的良心和道德感提升了，其从事腐败行为的心理精神压力就会增加，他会为了良心所安而自觉清廉。这一结论与我国隋末学者王通的名言"廉者常乐无求，贪者常忧不足"的论断有异曲同工之妙。

因此，在控制腐败现象发生时，注重对公职人员心理调适、矫正，会收到事半功倍的效果。社会心理学的研究表明：控制侵害行为的最有

---

① ［南非］罗伯特·克利特加德著，杨光斌等译：《控制腐败》，中央编译出版社，1998年版，第29页。

效的办法是养成自我抑制能力。不断提高公职人员的廉洁意识、廉政理念，加强道德伦理素养，是预防和自我抵制腐败行为发生的重要途径。由于腐败心理动机形成的时间跨度，为我们开展廉政文化建设、传播廉洁从政理念留下了空间。针对公职人员的欲求心理进行正确干预和引导，综合运用教育、监督、惩治等手段，把公职人员实施腐败行为的不良道德心理因素予以消减或排除，达到预防腐败动机形成的目的。

第三节　廉洁文化教育与群体廉洁价值观的培育

对于个体的人而言，高尚理想、信念的塑造，规范行为的价值观选择都离不开良好的社会环境。廉洁文化教育作为一种以廉洁价值观为核心的文化教育活动，不仅对个体廉洁价值观的人性塑造起着重要的指导引领作用，其对于抵制腐败文化、营造风清气正的良好社会风气，也具有重要的价值和作用。廉洁文化教育对群体廉政价值观的培育作用，正是通过对群体腐败文化的遏制来实现的，对腐败文化的围剿和清除是塑造群体廉政价值观的重要支撑。通过廉洁文化教育的推广，小至一个家庭，大到一个社区、国家，只有持续不断地培育和践行群体价值观，才能营造良好政治、经济、文化、社会环境。

一、廉洁文化教育对腐败文化的遏制

群体廉洁价值观的形成离不开具有一定稳定性的社会廉政氛围和环境，良好的社会文化环境、社会伦理道德，能够有效防治社会腐败心理的不利影响。新制度经济学认为，制度固然能强制性地使人们遵守规

则、受到约束，而文化则更能深远地影响人们的精神、行为方式。社会文化同样可以成为约束人们行为方式的一种规范。诺贝尔经济学奖得主、新制度经济学派的代表道格拉斯·诺思指出：意识形态或伦理道德是一种非正式的制度安排，它能起到降低正式制度的实施成本的作用。

从社会实践来看，一方面，可通过一系列廉政规则、制度、规范约束领导干部的行为，要求领导干部依照规章制度的要求和法律法规的规定履行手中的权力，维护公共权力的行使；另一方面，通过廉洁文化的教育宣传，对党政干部灌输廉洁的文化知识、观念和行为准则，提高党政干部从政的廉洁观念，提高自律能力，可以形成"以廉为荣、以贪为耻"的思想理念。因此，反腐败工作要重视全社会的文化心理建设。彻底根除公众的腐败心理，腐败才能得到有效遏制。从理想状态而言，如果在社会上消除了对腐败的无奈和认同心理，社会公众和公职人员成为拒腐防变的具体实施者，那么腐败便丧失了其存在的社会土壤。

从腐败预防来看，防止腐败现象发生，主要有两道防线：一是思想道德防线，二是法律法规、党纪政纪防线。因此，反腐倡廉在构筑防御腐败的思想道德防线时，离不开廉洁文化的价值作用。从文化功能上看，廉洁文化具有内在评价、导向、教育和规范作用。廉洁文化总是根据自己的价值标准和价值体系，对人们的行为、思想、观念进行评价，帮助人们区别是非美丑。廉洁文化作为一种意识形态，包含的精神理念、价值取向和道德标准，具有鲜明的思想道德导向性，引导人们认识腐败危害，向往廉洁正义。廉洁文化不仅对党员干部，而且对全体社会公众具有廉洁道德教育作用。

在反腐败教育中，廉洁文化为人们提供了古今中外文学、艺术、宗教、民俗等各种形式的文化样本，要求人们奉行廉荣贪耻的行为准则，做到自省、自励、慎独、慎微、慎欲。廉洁文化不仅是一种廉洁理念、一套思想体系，更是一种文化环境、文化价值判断标准、文化行为方式。廉洁文化还为反腐败教育提供了制度范本、制度意识、制度观念等资源，通过传授反腐败的知识，提高人们对反腐败的认知，让社会民众知悉腐败的危害，从而不参与腐败，做出抵制腐败的行为等。

二、群体廉洁价值观与腐败文化的遏制

腐败文化作为一种文化现象，显然属于社会对群体腐败现象的总结和概括，腐败文化的存在和发展，必然会对个体和群体的廉政价值观形成一种腐蚀、干扰。其对群体廉洁价值观的腐蚀更为明显，有时甚至成为对抗廉洁价值观的重要依据和心理防线，并逐步在社会上形成一种被大众认可的社会腐败文化心理。社会腐败文化心理的形成和蔓延会造成一种社会性恐慌，并进一步加深腐败程度。当前我国正处于社会转型期，市场经济逐步完善，法规制度不断健全，各种思想意识和价值观念涌动，对传统的价值观念形成了巨大冲击。在这种情况下，建立起符合社会发展、代表广大民众利益的价值观和廉洁文化，形成廉洁的社会文化心理，是遏制社会腐败文化心理的一种必然选择。如果腐败对社会的负面作用和影响逐渐形成一种社会意识和文化意识，并随着时间推移逐步渗透到社会成员的日常行为模式之中，或者说腐败出现流行化、普遍化和社会化趋势并获得文化上的认同，这种状况在文化上的表现可以称之为"腐败文化"。

（一）腐败文化的主要表现形式

当前社会和政治生活中腐败文化大致可以归纳为以下几种形式：

"威权文化"：封建家长制等影响在党内和社会生活中左右着人们的

思想观念，并形成了不少"潜规则"。一方面，有的单位和部门的"一把手"权力集中、位高权重；另一方面，人们把"一把手"的权力极端化，同级和下级说话、办事都要看一把手眼色行事。在日常工作中，班子成员拿"一把手"的指示来办事，无形中助长了"一把手"的权威，增加了决策风险和腐败风险。这种唯"一把手"的威权文化，与党的民主集中制原则截然对立。

"班子文化"：在"班子"议事会上，缺乏正常的争论和批评，多是庸俗的迁就；对不分管的工作发表看法，被认为是多管闲事、手伸长了。在这种"班子文化"的影响下，党性原则被抛在脑后，集体领导、分工负责的领导体制变成了个人决定、无人负责，领导班子的战斗力大大削弱。

"权钱交易文化"：市场经济条件下，等价交换原则在官场中畸形发展，致使一些公职人员奉行官与权、权与钱交易的价值观。"市场交易原则"曾经成为一些地方官场盛行"潜规则"，社会上流传"勤跑勤送，提拔重用；光跑不送，原地不动；不跑不送，降格使用"的说法，是不少公职人员对待权位扭曲心态的真实写照。如果不斩断权钱交易的链条，必然影响新入职的年轻公职人员的权力观、地位观、利益观，致使政治投机行为效益放大，严重影响了执政的基础稳定，损害政府的形象。

"面子文化"：一些地区和部门的领导干部，热衷于做表面文章，好大喜功，图虚名，偏好"政绩工程""形象工程"，虚张声势，为自己扬名积累政治资本。对中央政令规定搞"上有政策、下有对策"，作秀作假，阳奉阴违。"面子文化"盛行，使一些党员干部背离了党的实事求是的优良传统和作风，导致形式主义之风盛行。

"圈子文化"：腐败现象出现家族化、圈子化。尤其是当前的腐败现象呈现以"一个主要权力人物"为中心，按照"亲缘信任"的原则，形成圈与圈相套的系统化腐败圈子和链条。这种腐败既有"一人得道，鸡犬升天"的历史文化传统原因，也有滋生"家族化腐败"的现实土壤。主要表现为以一定血缘关系联结起来的"裙带圈子"，源源不断地将权力转化为利益，将公有财产转化为家族财产；以"交情"为联结纽带，通过相互扶持帮助，结成紧密的社会关系网，置党纪国法于不顾，实现利益互助互惠，为达成共同利益诉求而结成"特殊利益圈子"。权力与资本结合，形成"特殊利益集团"，乃至对政策制定、法律实施，社会利益分配等施加影响，维护自身既得利益。"关系圈"往往公权私用、私事公办，在一定程度上形成利益保护机制，一旦某成员"东窗事发"，圈子内各种关系就会调动起来，尽力将事情"摆平"搞定，致使某些地区、部门的政治生态遭到严重破坏。

"公关文化"：原本是亲朋好友间正常的社交礼仪，逐渐演变成拉关系、走后门的"公关"手段。目前，请客送礼成为一套成型的"礼仪规范"，成为一些公职人员利用权力进行利益互惠共享的方式。在相互馈赠、请托照应中，结成紧密的人情网。逢年过节、喜庆之日，下级向上级送礼是不可缺少的礼节，也是下级密切与领导关系的最佳时机。送礼出现"标准化"，礼物的内容反映出送礼者与收礼者之间的亲疏关系和真实意图。这类"送礼请客"的实质是公款私用、化公为私，社会危害性强。

"段子文化"：随着网络社会的到来，"段子"借助新媒体平台拓展了消极腐败文化的传播空间。"段子"的主要类型有：低级趣味的"荤段子"；消极悲观的"灰段子"——调侃腐败现象，表现出对腐败无奈的心态。政治色彩浓厚的"黑段子"——将消极腐败现象极端夸大，丑化党和政府，诋毁社会主义制度。此外在理论界和社会认识中还有一些人对腐败现象的危害认识不清，影响了腐败治理的顺利开展，如腐败可容忍论、腐败有理论、腐败风光论、同情腐败论等。

（二）腐败文化存在的原因分析

从精神文化层面来看，主要体现为理想信念和行政理念的扭曲。某些领导干部经受不住利益诱惑，置党纪国法于不顾，大肆索贿受贿，进行权钱交易，败坏了党风政风，恶化了社会风气。某些地方和部门热衷形式主义，"衙门"作风严重，影响正常行政职能的行使。一些地方和单位"行政权力部门化，部门权力利益化"倾向严重，这种部门利益化行为，正渐成一种风气，严重损害了党和政府的形象，降低了党和政府的公信力。

从经济物质层面来看，主要体现为市场经济的某些功能欠缺。目前，我国市场经济发展水平还处于初级阶段，一些体制机制还不完善，为腐败文化滋生蔓延提供了条件。一是市场利益最大化转变为唯利是图。二是市场竞争关系被扭曲。市场理念被严重曲解，那些深谙"关系学""公关术"者通过"暗箱操作"，往往劣胜优汰。三是在注重情感的交换关系中，出现重情轻法的情况。人际关系往往置于法律之上，善于变通或敢于触动法律的领导干部受到一部分人认同和追捧。

从政治生活层面来看，主要体现为权力在市场环境中容易受到等价交换原则的影响，最终导致权力交易发生。经济学"理性人假设"引入政治与行政领域后，基于追求利益最大化的权力交换有了"合理性"的理论色彩。虽然可以诉诸制度的有效监督，但市场经济交换原则会对权力主体的权力观念和权力意识产生影响，竞争、交换、求利的文化理念的负面影响，难免会渗透到权力主体的内心，容易腐蚀其思想和意志。如果权力观与政治原则不相适应，而是与交换原则相适应，就会形成腐败的文化诱因。另一方面，腐败得不到有效惩治，则会强化权力主体腐败的心理倾向，也会传导到社会并加剧权力崇拜心理。比如"羡腐心理"的文化基础是对腐败的文化认同,其现实性来源于公权力所带来的实际利益。"羡腐心理"完全以颠倒的价值观为前提,而这种价值观又以颠倒的权力观为根据。这种心理倾向一旦膨胀,对腐败会起到推波助澜的作用。

从社会生活层面来看,腐败文化主要体现为我国传统社会中熟人社会的礼仪文化对交往关系依然具有深远的影响。如果在人情交往中赋予了接近权力甚至借用权力的内涵,则突破了正常礼仪的界限,由习俗所支配的交往异变为权钱交易的一种表现形式,使公共权力偏离正常的运行轨道。在市场化趋利意识的引导下,为官者受追捧,表面上是人格崇拜,实质是背后的权力崇拜,如果不能保持清醒,被扭曲的社会评价误导了对自身的判断,则有掉进羡腐陷阱的危险。权力主体无所顾忌,而社会上不明真相人员对此持"羡慕"心态,就是这种文化心理机制产生的恶果。如果社会成员正常心理被腐败文化所笼罩,必然造成道德标准混乱、荣辱意识错位、是非观念颠倒,其将严重影响社会秩序和权力运行的规则,影响党风、政风、民风。因此,以廉洁文化的正能量,遏制腐败文化蔓延,消解腐败文化作用势在必行。

(三)培育群体廉洁价值观遏制腐败文化

要培育群体廉洁价值观,进而形成风清气正、崇廉耻贪的廉洁文化氛围,离不开对腐败文化的遏制和打压。社会公众对腐败的无奈、认同甚至羡慕的心理,是公职人员权力腐败的温床和土壤,是腐败成为社会肌体"顽症"的根源。从文化层面对腐败根源进行剖析,通过培育廉洁文化抗衡腐败文化,实现法治与文化结合,形成良好的法治文化环境,是世界发达国家惩治腐败的重要路径。

同时,社会腐败文化的矫治仅靠法律手段显然存在着缺陷,要采取廉政文化建设与法治手段相结合的途径，通过宣传、扩大廉洁意识和廉洁道德观念，才能根治腐败文化的侵蚀和危害。透明国际主席艾根认为"文明社会的参与，在反腐败斗争中的作用不可忽视，舆论能够以超越法律的形式进行约束。"国际刑警组织主席约恩·埃里克松认为："如果所制定的法律与公共道德不相符的话，仅靠制定法律是不可能消除贪污腐败的，要使法律和道德规范统一。文化作为一种社会无形制度，只有在有形制度与无形制度相适应、相一致的条件下，有形的制度才是实际有效的。"①

三、营造廉洁社会环境，培育群体廉洁价值观

当前，百年变局加速演进，改革持续深化，"东升西降"态势不可阻挡，西方国家对中国的封锁围堵不可避免。国人的价值观念和道德标准必然发生剧烈变化，呈现出多元化特点。新时代我们要以廉洁文化建设为契机，引导人们形成健康向上的生活追求，使人们在社会活动中逐渐培养以廉洁为价值取向的社会价值观，形成正确的价值判断，培育廉洁向上的理念，形成良好的廉洁社会环境。

形成良好的廉洁社会环境，要从两方面着手：一是发挥个体主观能动性，激发个体的廉洁意识、价值观念和行为方式，通过弘扬廉洁文化在全社会形成廉洁价值观，营造反腐倡廉的社会文化阵地。二是发挥全社会廉洁文化宣传合力，综合发挥社区、机关、单位、团体的文化传播的作用，对各种丑恶腐败现象进行抨击、围剿，形成与腐败不相容的社

---

① 张丹丹：《反腐败国际合作的中国参与机制研究》，《当代世界与社会主义》，2011年第5期。

会舆论环境。社会公众的积极参与，在社会上会形成崇廉、尚廉的良好氛围，展现廉洁群体价值观激浊扬清、惩恶扬善的正能量。

第四节　廉洁文化教育与"三不腐"的关系

一、古代严刑治吏失灵的原因及启示

中国封建社会"家天下"导致公权力私有，其孪生的腐败也形影相随，主要特征就横征暴敛、贪财纵欲，致使广大百姓民不聊生，直接危及封建统治者的统治基础。历代统治者为维护其统治，大都采取一系列措施严刑治吏，整肃朝政，虽然王朝初建时，可能会赢得短期的风清气正的良好从政环境，但从历史的发展来看，封建王朝统治后期都因官吏贪腐、封建体制的先天弊病造成朝代更迭。这些事实充分表明，封建社会下的反腐不能从根本上动摇腐败的根基——公权力的私有，最终都难逃贪腐误国、误民的结局。

（一）严刑治吏溯源

我国历代统治者大都重视采用严刑酷法惩治贪墨。研究发现，在我国第一个奴隶制国家夏朝，贪婪败坏官纪者便犯了"墨"罪，要处以死刑。春秋战国时期，法家的治国理政思想中强调刑罚和"法""术""势"，将"法"作为治国理政的根本。早期的法治思想，客观上对国家政治清明、廉洁从政起到了积极推动作用。到秦朝时，"通一钱，黥城旦罪"，意思是，行贿一个钱，都要被判处在脸上刺字，再罚去修城。秦朝还规定"贪污与盗同罪"。汉代文帝时期规定"如果上级官吏吃下级官吏一顿饭便会

受到免职处罚"。用刑轻缓的唐代，对贪贿犯罪处罚却极为严厉，规定"正七品官受财枉法达月俸禄收入总数一半以上的，处极刑"。宋代时，"用重典以绳奸匿"。①

（二）明朝严刑治吏的实践

明太祖朱元璋出身贫民，对贪官污吏等现象深恶痛绝，反贪决心大，力度也强，其执政时期被认为是封建历史上对官吏最严苛的时期之一，对当朝贪官污吏的整肃在历朝历代中达到了极致。洪武时期的反贪措施包括：颁布文书和诰谕，劝勉官吏；乱世用重典；对功臣宗亲贪贿严惩不贷；查办大案；鼓励民众举报和监督，允许百姓将贪官"绑缚赴京治罪"；大力表彰廉吏。明朝初年，朱元璋亲自为贪污数量定了严格的标准：凡官吏贪污：赃一贯以下者杖七十，每五贯加一等；八十贯处绞刑；六十两银子以上者，枭首示众，并处以剥皮实草之刑；当时在官府公座旁各悬一剥皮实草之袋，以警醒官员。"衙门左侧，皆设立一庙，用来祭祀土地神，同时也是剥皮的场所，百姓称其剥皮庙。明朝对贪官用刑之酷是历史上罕见的，并创造了'剥皮实草'这一极为恐怖残酷的刑罚手段。"②有一次，朱元璋外出巡视，发现一个县令贪污，便杀了这个县令，并将其皮剥下来，皮中填充稻草，挂在衙门前。在他看来如此可以使下一任县令只要抬起头来，看见他的前任由于腐败，而落得如此下场，便会触目惊心，不敢再胡作非为了。从洪武元年到洪武十九年，国内13个省从府到县的官员中，竟没有一个做到任期结束的，往往未及

---

① 李小红、张如安，《中国古代廉政思想简史》，中国方正出版社，2011年版。
② 《明洪武年间反贪风暴：朱元璋缺乏法治观念》，人民网，2014年12月29日。

终考便遭到罢黜和杀头。洪武四年甄别官吏，仅"空印案"和"郭桓贪污案"，连坐被冤杀者竟达七八万之众！朱元璋杀贪官竟杀到有些衙门无人办公的地步。就对贪官污吏痛恨之深刻、打击之严酷而言，朱元璋时期为历史之最。但即便如此，在当时的贪污腐败仍无法根治。朱元璋大惑不解地哀叹："我欲除贪赃官吏，奈何朝杀而暮犯！"之后随着明王朝的发展，到明朝后期，官场吏治腐败愈演愈烈，重蹈王朝更替、兴衰治乱的覆辙"前腐后继"，是封建社会腐朽政治体制的不治之症；朱元璋肃贪，一定意义上促进了明王朝的廉政建设，减少了百姓的沉重税赋，从历史长河来看，终究不能摆脱人治反腐路径而功亏一篑。历史事实非常值得反思，"以史明鉴，可以知兴衰"，从历史经验与教训中总结制度反腐的困境与出路，进而探寻澄清吏治的治本之策和根源所在是当前推进腐败治理过程中的重要参照。在反贪运动中，朱元璋往往独断专行，凭感情用事。作为一个封建帝王，朱元璋反贪运动的局限性实际上都与缺乏法治观念有关，只有遵循依法治国，加强制度建设，才能从根本上惩治贪污。

（三）古代严刑治吏制度实效的启示

对于古代重典治吏的主张和做法，以今天的眼光来看它并不是治理腐败的治本之策，甚至是失败的。原因在于，在封建社会里，重典治吏虽然在一定程度上、一定时期内对于改良吏治，安定社会起到过积极作用，但由于封建社会在本质上是人治社会、君本社会，法律只能沦为统治者用来维护其统治的一种工具，并不代表真正的民意，在社会上和官员的认识中只能是封建社会的忠君思想，法治自然成为摆设，贪腐的弊端不可能从根本上得到治理。因此，随着时间的推移，严刑治吏的威慑作用大打折扣，而且随着社会中既得利益阶层的增多，反对者或明或暗地予以抵制，最后的结局只好不了了之。因此，在中国的封建政体下，除了专制统治难以克服的弊端外，还与人治的社会环境、官僚体制的自我保护、利欲横流的世风败坏等诸多问题密切相关，严刑治吏失败也就在所难免了。探析其失败的缘由，主要有以下深层次的特点。

1. 权力主体的"君本性"决定其封建统治的实质

古代社会中出于"君本性、为私目的，而非出于民本性、为公的目的"，这必然决定了其严刑治吏的价值取向缺乏法理性基础，与公权力的运行规律相悖，因为皇权本身便是最大的政治腐败，要根除腐败必须首先向皇权统治开刀，这也注定了其严刑治吏的不彻底性。君本性必然决定了严刑治吏是为皇权之私而不是为人民之公的价值取向，这不仅注定了权力运行主体与广大百姓在根本利益上的背离和对立，也决定了权力运行主体的一切行为都是以皇帝的意志为出发点，以皇帝的喜好为中心。由于历史上的治权不是人民所委托，而是凭借武力攫权、独占的，王朝确立之初依赖的是武力攫取，在确立了统治权之后，这一统治权的承继与独占则依赖的是宗法世袭制度，并冠冕堂皇地把这一切解释为"君权神授"，即企图用一种神秘的力量来为此获得一种合理的解释和支持，用天的神秘意志解释其违背公权力运行规律的行为，而通过侵占人民根本利益来满足其皇族私利的罪恶行为。[1]为达到目的，借用"教化"让百姓树立为封建统治服务的腐朽思想，必然被历史发展大势所抛弃。

因此，在统治者眼里所谓的腐败之害，并非针对社会和民众之害，

---

[1] 吴晗、费孝通：《皇权与绅权》，观察社，1948年版，第39页。

而是针对自身利益和统治地位之害。正如明代薛瑄在其《从政录》中指出的：居官者应通过"正以处心""廉以律己"，来达到"忠以事君"的目的。朱元璋要求百官廉以律己，在执政中采取的严刑治吏，其根本目的都是为了服务于其自身的统治地位。综上，古代严刑治吏和廉洁文化教育本质是以君为本，而不是以民为本。

这种以君为本还体现为对严刑治吏和廉政文化教育效果的评价也是以君主的判断与评价为主，而不是以百姓的判断与评价为标准。因此在中国古代，一切的反腐倡廉实践如果离开了君主的推动，都是寸步难行的。以监察官制度为例，监察官的选拔具有严格的标准，首要的一条便是必须忠君，监察官只不过是皇权的附属品，一方面离开皇权的保护便无法行使职权，另一方面背离了皇权的意志必然会自取灭亡。其履行惩治调查贪腐监察工作的出发点并不是为了维护公权力的廉洁性和纯洁性，而是为了维护君主的利益和意志，历史有不少政治运动都是打着惩贪治贪的目的来达到为皇权清理门户的目的。这种背离公权力运行规律治理腐败的制度设计所具有的强烈的维护皇权为中心的目的性，决定了其严刑治吏因为出发点的偏离最终导致其结果的失败。古代严刑治吏的阶级局限，也从反面证明了我们今天以公有制为主体的社会条件下开展反腐倡廉工作的优势地位。正是因为一切为了公众的利益，我们开展的一切反腐败和廉洁文化教育实践才会更为彻底，也才会取得最后的胜利。习近平总书记在谈到当前反腐败工作时，反复强调：管住任性的权力，织密制度的笼子，反腐败不设禁区，没有所谓的"铁帽子王"，充分彰显了党和政府反腐败的坚强决心和以民为本的反腐败出发点。

2. 腐败治理参与主体的单一性

古代传统农耕社会中生产关系的对抗性，决定了统治者与百姓的根本利益上的对抗性，以及皇权统治为私的本性。基于统治者自身利益考虑的各项严刑治吏和廉政措施，必然缺乏群众的广泛参与和监督。反腐败参与的主体主要集中在统治政权及身为统治阶级的大小官吏范围之内，离开了社会力量的监督，离开了广大人民群众的参与，仅靠官僚体系对贪污腐败行为的自我清理，不可能达到治本的目的。这是贪渎文化充斥中国几千年文明史的根本症结所在，官僚体系的封闭性，决定了其无法实现自我改良式的惩腐倡廉举措。独裁专断的封建统治，致使广大民众无法参与到封建王朝治理腐败的重要举措之中。尽管各朝代制定施行的各类严刑酷法在一定程度上打击了贪官酷吏，但由于封建统治的基础没有改变，重蹈历史覆辙就在所难免。虽然有让百姓参与捉拿贪官酷吏的制度，但是由于民众的一切唯官唯上等封建官本位意识和畏惧心理，其作用在短期内有一定的效果，从整体来看，靠封建统治者自我革新、觉醒来反腐败，澄清吏治，在涉及其切身利益时，各种制度就形同虚设了。严刑酷法毕竟管住一时，管不了长久，其局限性不言而喻。同时，廉洁文化教育范围过窄，也不利于对腐败文化加以抵制和对抗。虽然明王朝也采取了预防措施，通过儒家思想来教育民众，通过亲廉吏加强对官吏的廉洁意识教育，但是由于自身的阶级局限性，忽视了群众的力量和群众廉洁文化的教育，缺乏全民参与的社会环境。对民众宣传的只能是剥削阶级思想的意识，即使采取一些廉洁思想教育，其做法只能收效甚微。

3. 严刑治吏的随意性

古代严刑治吏中频繁出现的"法外用刑""任意刑罚"均不受法律的约束，这在本质上是对法律和法治的一种否定，是对法治的践踏，是人治的体现。其实，反观历史上封建社会的更迭，可以看出，其法治执行的随意性不可避免，依靠皇权反腐，以统治者个人的需要为出发点，朝令夕改。缺乏制度化、规范化，制度执行的标准不严格统一，致使法规制度成为摆设和人治的工具。以明王朝为例，重典惩治贪腐官员，导致官府因大量官吏被查处而出现无人处理政务的情况。虽然短期内惩治贪腐收到极大震慑效果，但由于官员们大都得过且过，明哲保身，仅凭皇帝个人的意志来反腐败，虽然短期内起到一定效果，从长远来看，由于封建制度的自身弊端，也不可避免地重蹈政权倾覆的历史命运。

（四）严刑峻法的局限性

从明王朝以严刑峻法澄清吏治始，到因吏治腐败而衰亡的历史事实可以看出，封建社会各朝代的严刑峻法只是为了维护皇权的需要，不能从根源上消灭剥削制度的基础，不可能达到根治腐败的目的。要想整饬吏治，仅靠制度还远远不够，还要有制度发生作用的环境，从个人、社会两个层面推动，通过树立全民廉洁文化教育理念，营造全社会崇廉、尚廉的氛围，以此促进法律制度的实施，抵制腐败的侵袭；同时，通过道德力量的自我约束，监督官吏并使其自觉自省，达到预防和惩治腐败的作用。

二、廉洁文化教育与制度反腐关系辨析

惩贪与倡廉是历代统治者整饬吏治的两种刚柔兼具的利器。封建统治者中有识之士也认识到仅靠严刑峻法难以根治腐败，他们也主张法治与道德约束二者兼而用之。事实上，古代社会也不乏仁人志士对于廉政的诉求，提出了许多对当时社会有效治理腐败、开展传统廉洁文化教育的思路和举措。梳理古代严刑治吏留给我们的启示，深刻理解道德、制度、

文化等因素在我国治理腐败的过程所起到的重要作用，从历史实践中总结和探索传统廉洁文化教育实践和严刑治吏的经验教训尤为重要。

（一）制度反腐的优势和不足

明代严刑治吏暴露出的制度在治理腐败中的局限性，很值得今日我们反思制度反腐的困境和出路。可以说明代治理腐败的各项制度上不可谓不完善，包括思想的预防和惩治手段的残酷，但是为什么还会有那么多的官吏前赴后继去腐败呢？这虽然有当时时代的局限性和封建独裁统治的致命之处等原因，但是关于制度在治理腐败中所起的作用还是值得进一步追问的。制度在治理腐败中并不是万能的，更不是最根本的，这一点已经得到了一些学者的肯定，在寻找治理腐败的治本之策时，许多有识之士多把目光停留在思想和文化层面的对策，认为制度反腐只是治标之策，治本之策更在于廉洁文化的普及和对腐败文化的围剿。

制度可以用来遏制腐败，同样制度设计、执行等方面存在问题也是产生腐败的重要因素。制度反腐的困境主要体现为：在制度制定过程中存在的腐败、制度本身的滞后性所带来的腐败机会，以及制度执行过程中所产生的腐败。比如，制度设计安排滞后性、有限性，好的制度不落实或执行异化，制度操作性差等因素，使制度的功能难以发挥，为腐败现象的发生提供了条件和机会，由此可以得出制度反腐存在不可避免的弊端。制度自身存在的不足使得制度并不是万能的，也不可能尽善尽美，必须发挥文化的功能与作用，弥补制度的缺陷，建立与制度相呼应的"思想道德防线"。

当前，制度治理中存在的弊端表现为：

一是现有制度结构和制度安排存在缺陷。主要体现在：权力配置不合理导致权力过于集中；公共权力的界限划分不明确，规则边界不清；权力行使者活动空间、范围及自由裁量权弹性过大；制度设计不合理，权责规定不明晰。

二是制度内容的稳定性、有限性与人的发展需要的变化性、无限性矛盾。制度安排与人的需要不统一，导致制度真空或漏洞产生。比如，不应该规定的做出了规定，做出的规定不合理、滞后、不到位等为腐败发生提供了机会、留下了空间。尤其在体制转换期，现行制度安排和制度结构的缺陷为腐败行为实施创造了大量的机会和条件。

三是部分制度之间缺少协调。在社会转型期，我国现行制度结构中的双轨制长期存在。同时，各种有效制度之间缺乏相互支持、架构，缺少必要的统筹衔接，有的制度之间甚至存在严重冲突，成为腐败现象发生的温床和根源之一。

四是制度执行乏力，效用难以发挥。其一，制度执行者的认识与制度理念之间存在差异，制度规则不能体现其利益，制度虚设或执行扭曲就会出现；其二，某些制度过于笼统，缺乏实施细则，或制度设计不科学，操作性不强，导致制度流于形式，难以执行；其三，制度的实施机制缺失或效用不高，不具有决定的强制性，降低了违反制度的成本，滋生了滥用公共权力谋利的行为。制度执行问题，导致制度对公共权力刚性约束效能弱化。

上述制度的缺陷、漏洞，为腐败现象发生提供了条件和机会，在一定条件的作用下，就可能导致腐败的发生。而廉洁文化教育正可以弥补制度存在的不足，从人的内心加强廉洁道德教化，提升人的自律意识、遵纪守法意识，从而让人不想腐败，在社会上形成风清气正的廉洁风气，腐败现象的发生也随之减少。

（二）制度反腐与廉洁文化教育的辩证关系

1.文化与制度关系

一方面，文化本身包含着制度内容。从基本结构看，文化包括物质生产文化、制度行为文化和精神心理文化。制度行为文化包括两个方面：制度文化和行为文化。"制度文化是指人类依据一定的思想观念建立起来的国家根本制度，如经济制度、政治制度、法律制度等，还包括社会组织结构和工作部门及相应的规章制度、条例等。行为文化指在制度文化影响下长期形成的民族的、地域的风俗习惯、行为礼仪、交往方式和节庆典礼。"①它是一种社会的、集体的行为，不是个人的随心所欲。

另一方面，制度本身总是体现一定的文化内涵。制度在本质上是人们创造出来的、用来限制人们行为的游戏规则。制度体现着人们的基本价值观，它通过具体规章制度、法律、法规等形式来传达立法者的思想意识，本身具有文化的内涵。事实上，一切制度体现着人们特定的文化观念，是文化要素在制度上的体现。在现实生活中，要把握好制度与文化的相互关系，更好地利用制度强制性、稳定性、规范性、引导性的特点，发展优秀的、先进的文化，抵制腐朽的、落后的文化。

制度文化包括政治制度、经济制度、法律制度以及人与人之间的各种关系准则等。从制度层面而言，廉洁文化是关于廉洁从政的政治规范、法律规范、经济规范的集合。一方面，廉洁文化拓宽了制度文化的视野，丰富了廉洁制度文化的内涵；另一方面，制度文化引领廉洁文化方向，为廉洁文化的深入开展提供了源泉和动力。

---

① 罗崇敏：《中国边政学新论》，中央民族大学博士论文，2006年3月。

2.廉洁文化是制度建设的重要内容

一般认为，无论是已成的还是未成的廉洁文化，都至少应包含"事物""制度"和"心理"三个层面。"一是精神层，包括廉政的认知程度、廉政的思想素质、文化素质、生活观念、价值取向等。二是制度层，包括廉洁从政的法律法规、规章制度、行为习惯等。三是物质层，包括廉政教育场所、廉政文化景观、廉政主题等。"[①]廉政文化中的"制度"包括有利于人们正直做人和正确做事的政治体制、经济体制、法律制度、教育制度、家庭结构、社会结构、人际交往模式、道德规范、风俗习惯等。一切制度，不论是正式制度还是非正式制度，不论是有形的还是无形的，其要义都是规范人的选择和行为。当制度的规定不能在人们的选择和行为中起到应有作用时，它并不是真正意义上的文化。廉洁文化建设中制度建设的重点是形成本国本地区与制度联系在一起的人们良好的行为习惯。不仅形成人们乐于选择，并在可以预料的时间内成为人们习惯的"制度"体系，还要合理安排对"制度"的宣传、教育和学习，为好制度的长期存在寻找各种支持。

3.廉洁文化教育对腐败的治本作用

首先，廉洁文化营造廉洁法治环境。

法律制度的建设是一个系统工程，法律的完善是一个动态过程。社会的发展进步需要制度的完善才能更好地适应时代的进步。在社会转型时期，各方面的制度需要不断建立和完善，一些带有根本性的制度还处于不断探索阶段，建立现代行政制度，政企分开等政治、经济体制

---

① 秦馨:《新时期廉政文化建设论》，中国社会科学出版社，2011年版，第33—38页。

改革需要不断探索，新旧制度更替需要一个时间差。在新旧制度转型过程中，廉洁文化建设具有作为意识形态的属性，通过发挥净化社会环境的功能，营造健康向上的社会氛围，减少或避免腐败现象的发生，促进廉洁社会建设。另一方面，由于廉洁文化具有营造社会氛围、净化社会环境的重要作用，可以为制度的推广和执行提供社会舆论支持。实践证明，一项制度能否发挥最大效益，主要在于其设计目的是否符合时代、社会发展的需要，还在于法律制度能否顺利执行，也就是制度的执行力问题。廉洁文化教育的营造可以为法规制度建设实施提供环境方面的支持，从而推动了法规制度的贯彻执行，达到立法的预期目的。

廉洁法律除了具有惩戒作用，还突出地表现在具有防范腐败和告知功能。廉洁文化教育是惩防体系建设的重要组成部分，通过把廉洁文化教育与法律知识的宣传普及结合起来，可以在全社会树立起廉洁守法的意识，提高法律的执行效果，预防和阻止腐败现象的滋生蔓延。廉洁文化的教育功能与廉洁法律的惩处功能可以互为作用，共同促进社会廉洁风气的推进。

其次，廉洁文化维护制度伦理。

廉洁文化是从制度伦理维护、良好个体价值观的形成上产生引导和规范。目前，社会生活中出现的种种道德无序或失范现象，其基本原因都应该从制度本身存在的缺陷中寻找。法治是一项以人为起点，并以人的幸福为归宿的事业。法治社会首要的前提条件是要求法为良法。而法律天然的道德属性为我们对法律进行判断提供了道德依据。凡是优良的具有约束力的法律都应体现基本的道德精神、社会基本价值观，闪耀出正义、公平、自由、利益的神圣光芒。因此，要实现法治，首先要在立法过程中充分考虑道德因素和标准，以适当的形式将道德的基本精神纳入法律。法律制度本身蕴含着伦理追求和道德价值理想。法的创立只有契合社会伦理精神，才能保证良法得以产生；唯有良法，才能获得普遍遵从，这也是实现法治的核心基础。

第三，廉洁文化促进制度执行。

再严密的制度总会给行为主体留下一定的自由空间，这个空间既有可能成为权力主体发挥其德性、创造性的前提，也可能成为行为主体以权谋私、滥用职权的机会。制度只能对公职人员行为中具有普遍性、确定性的现象加以规定和约束，不可能对公职人员的一切行为进行规范。现实中还存在许多制度所监控不到的中间地带，需要公职人员的自律即道德约束，发挥廉洁文化的影响力。西方制度学者诺思说：即使在最发达的经济体中，正式规则也只是决定行为选择的总体约束的小部分，大部分行为规则是由习惯、伦理等非正式规则来约束的。他认为，"意识形态"能弥补制度永远不能完全克服的人类"搭便车"行为。比如，公职人员私车公用，以接待名义大吃大喝，以开会、考察名义公款旅游，利用职务消费大肆牟利和享乐。这些令人痛惜的腐败行为于理不合却并没有触犯法律，难以受到制裁；有些人利用过节、子女上大学等时机大肆收受人情礼金；还有的搞"期权腐败"。在社会生活中，这些方面制度的空子还有很多，也不可能尽善尽美，如果缺乏了良好的廉洁文化氛围、公职人员道德自律和社会道德约束，这样的腐败行为防不胜防。

目前，我们制定的许多廉洁方面惩处、预防的法规制度，起到了一定的实践效果，但不可能没有漏洞。制度的刚性特点、执行者的主观因素，这些都制约着廉政法律制度的执行。普遍存在的公职人员不遵从法律法规制约，将制度视为"电网"或绕道而行，逃避法律监管的现象屡见不鲜。法的实现是法律规范在人们行为中的具体落实。

廉洁文化为制度执行提供道德约束。大多数贪官并非不知法、不懂法，但他们却对法律条文中的道德蕴含予以漠视，对法律的约束不是积极对待，而是看作约束自己的紧箍咒。用河北省国税局原局长、因贪腐而被执行死刑的李某的话说："我觉得许多人缺乏遵守制度规定的意识。有一些官员出事，不是出在制度上，而是出在官员缺乏遵守制度的意识上。依我看，一个官员要是真想廉洁从政，一部宪法，一部党章就足够了。"这一认识固然有些偏激，但从其感慨中可知贪污犯罪是由于缺乏遵守制度的意识造成的，并非缺少制度的制约或制度本身问题造成的事实。

在许多情况下，大多数公职人员是由于的道德习惯而守法。健康的守法心态是廉洁道德要求在公职人员心理上的反映和积淀，其实质内容是对法律遵守的义务感和违反法律的耻辱心。也就是说，"法律可以利用其威慑力量迫使公职人员守法或对其违法行为进行惩罚，但无法保证每一个公职人员在任何时候都是守法者，只有道德良心上的知耻才是守法最深厚最持久的力量"①。因此，如果没有社会成员相应的道德素质和意识，道德自律缺位，法治就难以建立起来，而成为无源之水、空中楼阁。

一个国家无疑需要良好的制度设计和安排，但好的制度设计和安排还需要在制度的运行过程中加强对人的主观因素的道德伦理控制。腐败事件，都是与具体的腐败主体、具体的人联系在一起的，腐败主观因素作为腐败驱动力可能是任何完善的客观机制都不能阻止的。所以，公职人员的素质和道德状况是制度执行的决定性因素之一。

从个体层面来看，勤政为民、廉洁奉公的最终实现，需要公职人员认同制度中所蕴含的道德规范，实现自律与他律的统一。有学者指出"法不是只靠国家来维持的，没有使法成为作为法的主体的个人的法的

---

① 刘同君：《守法的伦理学分析》，南京师范大学博士论文，2005年6月。

秩序维持活动，这是不可能的"，"市民社会的法律秩序如果没有法律主体的个人的守法精神是不能维持的"。①反之，如果道德自律充分则不仅可以帮助公职人员自我防范，确保制度基本功能得到实现，而且可以帮助公职人员实现更高的道德境界，把法律制度的功能更完美地发挥出来。

事实上，社会上存在的一些消极因素及制度的漏洞，是诱发公职人员实施犯罪行动的外因，只有当个体心理发生扭曲，腐败动机才真正变为具体的腐败行为，腐败事实才真正发生。从这个角度来看，个体的主观因素、道德品质等精神的力量是决定着个体能否实施腐败行为的重要因素之一。

第四，廉洁文化对制度的弥补功能。

制度调控的基本作用之一是对违反制度的行为人予以处罚。只有依法依规严惩，"零容忍"，才能增强教育的说服力、制度的约束力和监督的威慑力。列宁在苏维埃政权建立后的制度建设中非常重视惩罚功能。他不但要求制定法律法规做到有法可依，而且主张对腐败行为的人必须严惩不贷，绝不姑息迁就。新加坡重视廉政法制的惩治和执行作用，对违反廉政法规的行为处罚严厉，"刑事处罚、纪律处罚、经济处罚"三管齐下，从而树立了法律的权威，营造了今天廉洁的社会氛围。但是，仅有这些硬约束还远远不够，还需要通过廉洁文化教育等软约束来实现主体自觉意识的树立，形成主动遵守制度，坚决抵制违反制度的思想意识和行为。

鉴于法律固有的功能及其作用范围局限，需要用道德文化的力量来约束规范人的行为。中国古代在治国理政中认识到，仅靠刑罚来维持社

---

① 刘同君：《守法的伦理学分析》，南京师范大学博士论文，2005年6月。

会秩序是不行的。董仲舒《春秋繁露》说："教，政之本也，狱，政之末也，其事异域，其用一也，不可不以相顺，故君子重之也。"[①]刑罚和道德教化两者相比而言，道德教化更为根本，因为它的最大作用就是使人们在内心深处建立起一道防止犯罪的道德防线。法的作用是事后惩处，德的作用是事前预防。在推进反腐倡廉建设中，要注意做到法律规章的"硬制度"与廉洁文化的"软约束"有机结合，才能相得益彰，发挥廉洁文化澄清吏治、法规制度惩恶扬善的最大功效。

三、廉洁文化教育在惩防体系中的作用

不敢腐、不能腐、不想腐即"三不腐"，廉洁文化教育在"三不腐"的形成中承担着预防与惩治腐败的双重重要作用，"三不腐"体系内在契合了惩防体系的要求。我国香港地区在反腐败实践中提出了"三管齐下"的反腐败战略框架——惩治、预防和教育，这一战略的实质正是基于对廉洁文化教育、法律惩治之间关系的现实回答。科学反腐战略就是建立在对三者合理组合以及三者之间紧密支撑的基础之上的，不能有所偏废。预防和教育战略可以统称为预防战略，当然在实际工作中把教育单独列出来是为了突出教育在反腐败中的重要功能。预防在反腐败中有两个基本功能：一是在制度层面上，消除腐败原因，减少腐败机会，使人不能腐败；二是在人的动机层面上，激励廉洁动机，弱化腐败动机，使人不想腐败。具体来说，治理腐败的预防策略能够有效消除腐败产生的思想、体制和机制根源。总之，廉洁文化教育对于治理腐败，起着重要的治本作用，随着反腐败斗争的深入，其治本地位会更加明确地显现

---

① 董仲舒：《春秋繁露》，中华书局，2011年版，第50页。

出来。

　　从理论上来说，根治腐败还要充分发挥道德评价的功能，发挥人内心道德价值尺度对个人言行的指导作用。真正达到"扪心自问""日三省吾身""反求诸己"。良心是个体的一种深刻的责任感和自我评价能力。许多时候，人们并不怕制度惩罚，而是害怕自我良心上的谴责。所以在法律惩罚的基础上还应该重视道德的谴责力量，通过人们在道德自新中获得重新做人的启示，实现对腐败的遏制。基于此，中国政府也提出了教育、监督、制度的"三位一体"反腐败策略，结合新时期时代特点和社会发展进程，逐步确定了"标本兼治、综合治理，治标为主，为治本赢得时间"的总策略。

第三章　新时代廉洁文化教育现状分析

进入21世纪，我国改革开放步入攻坚阶段，经济社会发展面临着来自国内外多方面的机遇和挑战。新常态下，继续推进经济社会政治文化等全方位改革发展，是中国共产党人面对的首要问题。党的十八大报告指出："当前，世情、国情、党情发生深刻变化，我们面临的发展机遇和风险挑战前所未有。"目前，国内反腐败形势依然严峻。坚定不移地推进反腐败斗争，坚持"惩防并举"的总策略，"标本兼治、综合治理，以治标为主，为治本赢得时间"成为当前反腐倡廉面临的首要任务，在反腐败的"惩防体系"中，党和政府进一步指明了当前反腐败斗争的总方针和策略。廉洁文化价值观践行以及廉政文化教育实践同样面临着来自国际、国内的各种挑战。客观分析评价廉洁文化教育在实践中取得的成效，准确把握新时期廉洁文化教育实践所面临的机遇和挑战，在深入剖析社会人文大环境对廉洁价值观作用规律的基础上，统筹处理和解决当前廉洁文化教育开展中存在的问题，才能为新时期廉洁文化教育开展提供科学的决策参考和行动"路线图"。

第一节 国内廉洁文化教育取得成效

在大力推进党风廉政建设的过程中，廉洁文化教育实践日益引起了社会各界的高度关注。尽管人们对廉洁文化的内涵、外延认识理解还不尽相同，但是以廉洁文化推动廉政建设并以此来拓宽腐败治理研究已经成为理论界的共识。系统梳理改革开放以来与廉洁文化教育实践相关的各方面工作取得成效，有鉴别地吸收借鉴国内外廉洁文化教育经验，知己知彼，才能更好地推动廉洁文化教育实践深入开展。

一、宏观层面：廉洁文化教育外部环境持续改善

（一）政治社会环境改善

中国特色的社会主义制度为全民廉洁文化教育的实现提供了政治保障和社会环境支持。当代廉洁文化教育与古代廉洁文化教育有着本质的不同，具体体现为所依托的政治制度不同。当前我国实行的是人民民主专政的政治制度，从根本上保证了全体公民参与廉洁文化教育实践的可能性，使目前开展的廉洁文化教育实践摆脱古代社会封建专制下的历史和阶级局限。人民民主专制政治体制实现了最广泛的人民民主，也只有在这一历史条件下才能肃清腐败文化的影响、遏制腐败行为的发生，使跳出"历史周期率"成为可能。党的十八大以来，腐败现象成为众矢之的，"反腐败不设禁区、没有所谓'铁帽子王'、管住任性的权力"，成为网络反腐热词。在法制逐渐完善的今天，在政治文明不断进步的新时期，各类腐败犯罪分子无论职务高低都将会受到法律的严惩，从根本上

扭转"刑不上大夫"的传统意识。

回顾中国共产党执政发展的历程，建设法治社会、建设政治文明，不应只是一句口号，更应该是一种现实需要。在总结历史经验教训的基础上，廉洁文化教育得以有效实施的政治社会环境得到明显改善。经过拨乱反正，遭受严重破坏的党的组织、制度和优良传统恢复起来，各级领导班子得到了整顿，各项事业走上正轨。党的十一届三中全会的召开，不仅制定确立了改革开放的方针政策，还认真讨论了与廉洁文化教育有关的党的建设和民主法治建设问题，进一步健全了党的民主集中制，健全了党内民主生活，反对个人集权，强调民主与法治，将立法工作列入全国人民代表大会及其常务委员会的重要议程，提出司法机关要保持应有的独立性，并在党中央领导成员中开展了批评和自我批评，强调党中央成员要在反腐倡廉中起表率作用，从而实现了党的思想路线、政治路线和组织路线的历史性转折，开创了党的反腐倡廉建设的新局面。

1980年8月，邓小平在《党和国家领导制度的改革》中提出了导致党内各种不正之风和腐败风气的根源在于制度上的弊端和形形色色的"特权"现象。他指出："当前，也还有一些干部，不把自己看作是人民的公仆，而把自己看作是人民的主人，搞特权，特殊化，引起群众的强烈不满，损害党的威信，如不坚决改正，势必使我们的干部队伍发生腐化，我们今天所反对的特权，就是政治上经济上在法律和制度之外的权利……克服特权现象，要解决思想问题，也要解决制度问题。公民在法律和制度面前人人平等，党员在党章和党纪面前人人平等。"[1]

党的十二大至党的十三届四中全会期间，党中央开展了三期以反腐

---

[1]　《党和国家领导制度的改革》，《邓小平文选》第2卷，人民出版社，1994年版，第332页。

败为中心内容的整党工作，通过了《中共中央关于整党的决定》《关于第一期整党单位的党委或党组织必须贯彻执行边整边改的方针的通知》《关于纠正新形势下出现的不正之风的通知》《关于农村整党工作部署的通知》等文件，对经济领域的各类腐败问题进行了清理。1986年1月，中央书记处召开中央机关干部大会，会议号召中央机关党员干部要做全国的表率：为了把我们伟大事业推向前进，中央机关担负着特殊重大的责任，起着枢纽的作用，这个枢纽运转得好不好，对于我们事业的兴衰成败关系重大，因此，中央机关的工作人员，一定要以自己高尚的精神面貌和优良工作作风做全国的表率。会议认为：我们端正党风、纠正不正之风、清除腐败现象的方针是一要坚决，二要持久。在中央机关的带头示范之下，全国掀起了狠刹不正之风的政治气氛。之后，中央下发了《关于坚决制止干部用公款旅游的通知》《关于严禁在社会经济活动中牟取非法利益的通知》《立即刹住用公款请客送礼、吃请受礼的歪风》《关于坚决查处共产党员索贿问题的决定》《关于国家行政人员贪污贿赂行政处分暂行规定》等文件，狠刹不正之风，取得了明显成效。

1989年，邓小平针对党内少数党员和基层组织政治上的问题和各种不正之风泛滥的现实，语重心长地告诫新的中央领导集体："党委会的同志要聚精会神抓党的建设，这个党该抓了，不抓不行了。"[1]同时指出："中国要出问题，还是出在共产党内部。"[2]中共中央相继出台了《关于加强党风廉政建设的通知》《关于加强党校工作的通知》《关于党内政治生活的若干准则》《关于县以上党和国家机关领导干部民主生

---

[1] 《第三代领导集体的当务之急》，《邓小平文选》第3卷，人民出版社，1993年版，第314页。

[2] 《在武昌、深圳、珠海、上海等地的谈话要点》，《邓小平文选》第3卷，人民出版社，1993年版，第380页。

活会的若干规定》等文件，对党的组织建设和作风建设改善起到了积极作用。

1992年，邓小平的"南方谈话"和党的十四大召开，标志着我国改革开放和现代化建设事业进入了一个新的发展阶段，由计划经济向市场经济体制转轨，社会主义市场经济体制初步确立但有待进一步完善，利益格局出现新的调整，人们的社会生活和价值观念发生深刻变化，在这种新形势下，国内的腐败问题呈现出高发、多发趋势，呈现"以职谋权"泛化、腐败现象向改革热点部门集中、犯罪金额巨大、团体犯罪增多、手段层出不穷、公款挪用、挥霍成风等特点。严峻的社会形势表明，"不惩治腐败，特别是党内的高层的腐败现象，确实有失败的危险"。①中央确立了反腐败斗争的重要任务：党政机关领导干部要带头廉洁自律，查办一批大案要案，狠刹几股群众反映强烈的不正之风。

进入21世纪，党和国家面临着重大历史转折关头，党中央从解决干部的世界观、人生观、价值观入手，决定开展以"讲学习、讲政治、讲正气"为主要内容的党性党风教育。在党中央领导下，先后召开"三讲"教育工作会议，成立了"三讲"教育领导机构。经过"三讲"教育活动，各级领导班子、领导干部在思想、政治、作风、纪律方面都有明显进步。

党中央在反腐倡廉建设和政治文明建设方面的实践，为我国进入新世纪、开拓新时期反腐倡廉工作打下了良好的基础，也为廉洁文化教育有效实施创造了良好的政治生态，2005年，以《建立健全教育、制度、监督并重的惩治和预防腐败体系实施纲要》的发布为标志，国内反腐败惩防体系正式形成。特别是党的十八大以来，国内政治领域实施一系列政

---

① 《第三代领导集体的当务之急》，《邓小平文选》第3卷，人民出版社，1993年版，第313页。

治新风和举措：纠治"四风"、落实中央八项规定精神、党的群众路线教育实践活动、海外追逃等，反腐败取得显著成效。这一时期，一系列反腐败法律法规的颁布实施，依法治国战略深入开展，重拳反腐，重典治吏，赢得了党心民心，政治文明和政治生态呈现新局面，为廉洁文化教育营造了大有可为的良好政治氛围。

（二）社会技术条件

改革开放以来，中国特色社会主义市场经济体系日益完善，市场经济取得了长足发展，我国跃身为世界第二大经济体，人民物质文化生活日益丰富，精神文明生活也日益改善，为廉洁文化教育有效实施提供了经济技术支撑和精神智力支持。一方面物质文明创造的经济基础和技术条件，为廉洁文化教育的实践提供了物质技术支撑，可以为廉洁文化教育实践提供更为丰富多彩的载体和内容，使一些在过去无法实现的活动在今天的物质和技术条件下能够顺利实施。例如，计算机网络、微信、手机等互联网通信技术的普及，使廉洁文化教育的实践方式手段日益多元化、立体化，新技术条件下拓宽了人们参与反腐倡廉宣传教育的渠道和途径、载体，每个公众不仅是受教育者，同时也是教育者，主体与客体的身份特征在网络环境下逐渐集于一身。廉洁文化教育相关制度建设的技术条件逐步成熟，深受社会关注的如公务员财产公开制度、收入申报制度、网络舆论监督制度等呼之欲出。另一方面，根据经济学规律，当人均GDP超过3500美元之后，人们的精神文明追求会呈上升趋势，人们会更加注重精神方面的消费。这一契机成为推动精神文化市场繁荣的重要力量，百花齐放的精神文化生活为廉洁文化教育活动的实践提供了丰富多彩的内容和形式。

廉洁文化作为一种文化现象，不仅需要在从政主体中形成广泛的共识，还必须赢得广大民众的积极回应。所谓廉洁文化教育参与主体，主要指倡导廉洁文化的实施者和参与者。只有在全社会形成廉洁光荣、腐败可耻的廉洁文化氛围，才能保证廉洁教育的顺利开展，同时这一氛围的形成也是衡量廉洁文化教育实现效果的重要标准。目前我国主流文化中的许多关于诚实守信、廉洁自律等价值观念被高度强调，但在法律或者道德上还没有真正转化为民众普遍接受和认可以及身体力行的普适性标准，还没有形成主流文化和大众文化之间在价值认同上的一致性，甚至存在一定的差异和不同。例如收礼办事等"潜规则"仍很盛行，关于遵纪守法、廉洁自律等对廉洁文化的价值认同感在全社会还没有形成，当务之急是增加人民群众在廉洁文化相关价值理念上的认同感，同时消除在行动与思想之间徘徊的心理，真正做到内心痛恨腐败与在行动上反对腐败相一致。

国内公众的民主意识和文明素质的提高，使得廉洁文化教育的开展更加顺畅，有更多的公众自觉自愿参加到各种教育活动之中。社会主义基本制度的确立使广大劳动人民成为国家的主人，再加上科技赋能等技术条件，都为群众广泛参与廉洁文化教育实践提供了现实可能性。日益高涨的群众觉醒意识、个体意识，为廉洁文化教育的实现提供了坚实的群众基础和社会环境。

（三）制度文化环境

改革开放以来，依法治国理念作为国家意志日益深入人心，党和政府高度重视制度建设，政治经济社会等各领域的法律制度得到了不断完善，为当代社会发展、廉洁文化教育实践提供了有力的法治保障和稳定的社会环境。

首先，完善人民代表大会制度为核心的民主政治制度。人民代表大会制度进一步完善，并在国家政治生活中发挥着越来越重要的作用。《人民代表法》颁布实施，选举方式采用直接选举与间接选举相结合的方式，直接选举人大代表的范围扩大至县级人大代表，并增加一线劳动者代表数量，增设农民工代表名额。全国人大常委会的职权进一步扩大，组织制度建设也进一步加强，全国人大增设了一些专门委员会。改革开放以来我国的立法民主进一步推进，各项法案的起草、制定都采取专家座谈会、论证会等形式，广泛听取专家学者建议，事关人民切身利益的重要法律拟定草案及时向社会征求意见。

不断完善和发展中国共产党领导的多党合作和政治协商制度，通过政治参与、社会整合、民主监督、维护稳定的方式，在国家政治和社会生活中发挥着重要作用。1993年，八届全国人大会议通过《宪法修正案》将这项制度载入宪法。各民主党派成员在各级人大代表、人大常委会委员及专门委员会中，均占有一定数量，参与法律法规的制定和修改，参与选举，提出议案和质询案，发挥了重要作用。

基层群众自治制度得到了进一步完善和发展。改革开放以来，各种形式的基层民主制度，包括"村民自治、城市居民自治，职工代表大会和企事业民主管理制度"等得到了很大发展。一系列制度的确立和完善，对于保障公民政治权利和个人权益发挥了重要的作用，同时在保证廉洁文化教育有效实施方面提供了基本的制度保障。

其次，中国特色社会主义法律体系基本形成。我国法律体系的建立经历了曲折发展的过程，1978年改革开放后，全国人大及其常委会立法工作逐步恢复和加强。宪法是党领导人民治国安邦的总章程，是所有立法活动的根本依据，也为我国立法工作全面推进奠定了根本基础。1997年9月，党的十五大明确提出，要加强立法工作，提高立法质量，到2010年形成中国特色社会主义法律体系。围绕实现这一目标，在党中央领导下，全国人民代表大会及其常务委员会有计划、有步骤、有重点，立、改、废、释并举，精心组织，积极主动开展立法工作；其他各立法主体积极跟进，不同层次立法齐头并进。到2010年底，"以宪法为核心，以宪法相关法、民法商法等多个法律部门的法律为主干，由法律、行政法规、地方性法规等多层次法律规范构成的中国特色社会主义法律体系如期形成，国家在经济、政治、文化、社会、生态文明建设的各个方面实现有法可依"①。这是我国社会主义民主法治建设发展史上的重要里程碑。中国特色社会主义法律体系形成，国家和社会生活各方面总体上实现了有法可依。

党的十八大以来，党中央从关系党和国家长治久安的战略高度定位法治、布局法治、厉行法治，将全面依法治国作为"四个全面"战略布局之一，开启了我国社会主义法治建设新征程。全国人民代表大会及其常务委员会深入贯彻全面依法治国新理念新思想新战略，加强重点领域立法，立法工作呈现出数量多、分量重、节奏快的特点。各领域一批重大立法相继出台。保障宪法实施的法律制度不断完善，设立国家宪法日，建立宪法宣誓制度，普遍赋予设区市地方立法权；国家安全法律制度体系基本确立，制定国家安全法、反间谍法、反恐怖主义法、网络安全法、核安全法等；民法典编纂工作取得重大进展，制定民法总则，民法典分编草案整体提请常委会审议；市场经济领域法律机制不断健全，社会民生和生态文明领域立法进一步加强。2018年3月，十三届全国人大一次会议对宪法进行第五次修改，适应新形势、吸纳新经验、确认新成果，作出新规范，确立习近平新时代中国特色社会主义思想在国家政治和社会

---

① 舒颖：《以法律规范立法　用立法促进法治——立法法实施二十周年回眸》，《中国人大》，2020年第19期。

生活中的指导地位，规定国家监察委员会的组织和职权等，更好地体现了人民意志和党的主张。"至2019年8月底，现行有效法律274件，行政法规600多件，地方性法规12000多件，以宪法为核心的中国特色社会主义法律体系进一步完善。"①这些法律措施保障了中国特色社会主义法律体系的形成完善与不断深化发展。

第三，监督制约制度体系逐步建立。改革开放以来，依法治国理念成为各项工作的根本遵循，依法行政的观念基本确立，各级人民政府的行政权力已逐步纳入法治化轨道，新时期一系列行政法律法规逐步制定实施。比如，《行政诉讼法》的制定与实施，标志着"民告官"行政诉讼制度的正式确立。而《国家赔偿法》确立了我国国家赔偿的法律制度。《行政许可法》的颁布施行，对于进一步推进行政管理体制改革、从源头上预防和治理腐败、保障和监督行政管理实施意义重大。

2004年3月，《全面推进依法行政实施纲要》颁布实施。《纲要》规定："转变政府职能与深化行政管理体制改革；提高制度建设质量；法律实施应确保法治统一与政令畅通；建立健全科学民主决策机制和政府信息公开制度；积极探索建立化解社会矛盾、解决各类纠纷的机制；强化对行政行为的制约和监督；不断提高行政机关工作人员依法行政的观念和能力。"②《纲要》的颁布实施为全面推进依法行政提供了重要的法律制度保障。

2007年、2008年国务院先后两次对现行法律法规全面清理。其中2007年初，共对655件行政法规进行全面清理，2008年1月对92件行政法

---

① 许安标，《新中国70年立法的成就与经验》，《中国人大》，2019年第21期。
② 中共中央文献研究室编：《十六大以来重要文献选编（中）》，中央文献出版社，2006年版，第1—16页。

规进行清理，有效维护了法治统一和政令畅通，促进了民主法治和依法行政的建设步伐。

第四，司法独立制度逐步建立。审判工作方面，1979年9月，中共中央要求"迅速健全各级司法机构"①。刑事审判庭、民事审判庭等逐步恢复并开始执行职能。为加强经济案件的审判工作，1979年9月，最高人民法院设立经济审判庭。到1985年，各级法院设立了经济审判庭。1978年，全国法院受理"各类案件52万余件，2008年达到1072万余件，净增19倍多"②。改革开放之初，"全国共有3187个法院、11万名干警，其中法官只有6万人。截至2007年，增加至3557个法院、30万名干警，其中法官19万人"③。

检察工作方面，1978年3月，重新设立人民检察院。1995年11月，最高人民检察院反贪污贿赂总局正式设立，各级相继设立了举报中心和反贪污贿赂局。2003年9月，人民监督员制度试点工作启动。"截至2007年底，全国已有86%的检察院开展试点。人民监督员共对21270件'三类案件'进行了监督，其中不同意办案部门意见的930件，检察机关采纳543件，有效促进了司法公正。"④这一时期，各级人民检察院突出抓查办贪污贿赂、渎职侵权等大案要案，震慑了腐败分子。同时，检察机关队伍建设也有很大发展。"截至2008年底，全国共有检察机构3634个，检察人员214436人，其中检察长3561人，副检察长11065人。"⑤

---

① 《当代中国的审判工作（上）》，当代中国出版社，1993年版，第155页。

② 《追求公平正义之路——人民法院跨越三十年》，《人民日报》，2008年11月6日。

③ 《最高人民检察院工作报告——2008年3月10日在第十一届全国人民代表大会第一次会议上》，《人民日报》，2008年3月23日。

④ 《最高人民检察院工作报告——2008年3月10日在第十一届全国人民代表大会第一次会议上》，《人民日报》，2008年3月23日。

⑤ 《中国法律年鉴（2009年）》，中国法律年鉴社，2009年版，第1003页。

司法行政工作方面，1979年9月，为加强司法行政工作，设立司法部，司法行政工作也全面恢复。1979年律师制度恢复，1980年公证制度恢复。"截至2008年底，全国共有律师事务所14467个，专职律师140135人，兼职律师8116人；公证处3035个，公证员22284人。全国有人民调解委员会82.74万个，调解人员479.29万人。"①

第五，反腐倡廉法规制度建设。党和国家不断推进反腐倡廉的法规制度建设。党的十三大报告明确指出：党的建设要走一条不搞政治运动，而靠改革和制度建设的新路子。1997年9月，党的十五大报告中强调："通过深化改革，不断铲除腐败现象滋生蔓延的土壤。"2003年10月，党的十六届三中全会明确提出了抓紧建立健全与社会主义市场经济体制相适应的惩治和预防腐败体系的目标。2005年1月，《关于建立健全教育、制度、监督并重的惩治和预防腐败体系实施纲要》颁布。党的十六大以来，先后制定颁布了《中国共产党党内监督条例（试行）》《中国共产党纪律处分条例》《中国共产党党员权利保障条例》等党内法规及《中华人民共和国行政监察法》等法律，为反腐倡廉法规制度建设打下了坚实的基础。2007年9月，党的十七大报告强调："坚持标本兼治、综合治理、惩防并举、注重预防的方针，扎实推进惩治和预防腐败体系建设。"十八大以来，《中国共产党重大事项请示报告条例》《中国共产党组织工作条例》《中国共产党宣传工作条例》《中国共产党统一战线工作条例》《中国共产党政法工作条例》等党内法规及《中国共产党党内法规制定条例》《中国共产党党内法规和规范性文件备案规定》等党内立法方面的重要文件发布实施，对进一步提高党内法规制定质量、党

---

① 《中国法律年鉴（2009年）》，中国法律年鉴社，2009年版，第1018页。

的建设科学化水平将发挥重要作用，对于提高中共科学执政、依法执政、民主执政水平具有重要意义，彰显了党和国家制度反腐的决心和成效。

二、中观层面：廉洁文化教育体制机制逐步建立

改革开放以来，我国的廉洁文化教育实践与时俱进，反腐倡廉体制机制和制度不断完善，制度不断创新、实践不断深化，反腐倡廉建设扎实推进。

一是建立了党委统一领导的领导机制。党中央一直高度重视廉洁文化教育，并将其纳入党的宣传工作格局之中。1979年，中央纪委第一次全会提出：要把协助各级党委，对党员加强党的纪律教育和党的优良传统教育作为各级纪委的首要任务，这成为党的纪律检查机关的重要工作职能。1983年，党的纪律检查机关设立教育室。1985年9月，邓小平同志在党的全国代表会议上指出："当前的精神文明建设，首先要着眼于党风和社会风气的根本好转。"1993年8月，中央纪委全会要求中央宣传部对反腐败工作的宣传做出专门部署，明确了全党动手共同抓反腐倡廉宣传教育的思想。1994年教育室改名宣传教育室。2003年，中央党风廉政宣传教育部级联席会议制度和局级协调会议制度建立。2014年，中央纪委机构改革，重建组织部、宣传部。同年12月，全国宣传部部长会议向全国宣传思想战线做出了加强廉政文化教育工作的部署，进一步增强了党委宣传部门和纪检监察机关共同抓廉洁文化教育工作的合力。

二是廉洁文化教育工作有关制度逐步建立。1990年8月，中央纪委下发《党的纪律检查机关党风党纪工作纲要（试行）》，明确了党风党纪教育工作的指导思想和方针，内容、形式和方法。党的十五大报告指出：反腐败要坚持"标本兼治、综合治理，教育是基础，法制是保证，监督

是关键"。2006年6月，中央办公厅下发《关于加强党员经常性教育的意见》，对加强党员经常性教育的总体要求、主要目标和工作原则、基本内容和方法途径、保障措施等提出了意见。2010年3月，中央纪委、中央宣传部等六部委联合下发《关于加强廉政文化建设的意见》，对大力培育和弘扬廉洁价值理念，广泛开展廉洁文化创建活动，积极推动廉洁文化产品的创作和传播等方面提出意见，对指导各地廉洁文化教育实践起到了重要作用。

三是廉洁文化教育与国民教育体系的融合成效明显。当前，廉洁文化教育与党政领导干部和公职人员党性教育和思想政治教育紧密结合，与党的各级组织和国家机关集体学习相结合。同时，廉洁文化教育已经从党的各级党校、政府的各级行政学院和其他干部培训机构的公职人员廉洁从政教育，延伸到大中小学校的思想政治教育，全民廉洁文化教育已全面推广。各地、各部门涌现出了形式多样、内容丰富的廉洁文化教育活动：如新闻媒体报道、先进事迹报告会、廉洁影视作品、典型案例教材、警示教育片、警示教育基地、警示教育展览、涉案人员现身说法等教育形式；如廉洁文化进机关、社区、家庭、学校、企业和农村的举措；如在文学艺术、影视作品、公益广告等方面体现廉洁文化教育内容，体现人文关怀的优秀文化作品，充分展示了廉洁教育的丰硕成果。在大中小学全面开展廉洁教育，是履行联合国《反腐败公约》规定义务的重要体现。各级政府部门坚持"育人为本，德育为先"理念，将廉洁教育全面系统融入学校教育各个环节，教育学生树立廉洁观念，践行廉洁行为。

2005年，中国颁布《建立健全惩治和预防腐败体系实施纲要》，明确提出开展廉洁教育的任务。教育部成立"廉洁教育和廉政文化建设工作领导小组"，负责此项工作的政策制定、组织协调、检查指导，在北京、上海等10省市启动了廉洁教育试点。2007年，教育部制定下发了《关于在大中小学全面开展廉洁教育的意见》，要求把廉洁教育全面融入国民教育体系，实现对教育系统干部、教师和学生的廉洁教育全覆盖。教育部印发了《中小学廉洁教育指导纲要》《关于加强高等学校反腐倡廉建设的意见》和《大学生廉洁教育读本大纲》等文件，分别在广东和四川召开全国廉洁教育工作经验交流会，总结推广先进经验。教育部坚持每年对各地大中小学廉洁教育工作进行专题督查调研，有力指导和推动了社会层面廉洁教育开展。全社会廉洁文化教育不仅是国内反腐倡廉深入开展的需要，也是《联合国反腐败公约》对缔约国提出的一个要求。

四是在廉洁文化教育内容挖掘方面，逐步完善丰富，实现了与公民道德教育和传统文化教育相结合，实现了与各行业从业人员职业道德教育的结合，实现了与党政领导干部和公职人员党性教育和思想政治教育的结合。这些内容上的结合，为廉洁文化教育真正实现向全社会的辐射提供了重要的形式和依据。

五是廉洁文化教育相关理论研究日益完善。廉洁文化教育实践的有效实施，需要强大的理论支撑和学术论证。改革开放以来，我国理论界在反腐倡廉相关理论研究中取得了非常可喜的成绩，在引进西方关于廉洁教育理念的同时做了批判吸收。比如，人力资源管理理论、行政伦理学理论、教育心理学理论、法学理论，以及西方政治学中有关的政治原罪理论、主权在民理论、权力制衡理论，都成为开展廉洁文化教育研究和实践的重要理论依据。人力资源管理理论中的激励理论，对于廉洁文化教育激励机制的建立起着重要的指导作用。西方政治学相关理论对于设计有关权力监督和制约的廉政制度具有重要意义。行政伦理理论的核心是主权在民的公仆意识，行政伦理机制体系主要包括监督机制和评价机制，保证所有的公共行政都要在伦理范围内运行。

　　将"教育心理学引入到廉政教育机制中，这是研究开展廉政教育过程中教育者和受教育者的心理活动现象及其产生变化规律的心理学分支"[①]。这对于充分借助对公职人员心理的把握，有针对性地设计廉洁文化教育运行保障机制，起到了重要的指导作用。心理学家飞利浦·津巴多在其《路西法效应》一书中根据1971年斯坦福监狱实验，试图回答"好人是如何变成恶魔的"，以及"为什么卢旺达大屠杀会发生"。这一实验证明了情景可以让一个人变坏，被称为"路西法效应"。这一社会心理学规律，在我们身边并不罕见。例如身着制服的管理人员对摊贩的蛮横态度，恰好说明了当时情境下所决定的一个人的心境和行为。正是在他们执行公务并在面对摊贩的情景之下，他觉得任何一点对他的轻微的言语冒犯、对他说的不同意见，都会让他火冒三丈，他会觉得你这是在挑战他和他背后的体制的权威，他把自己这个"我"投射放大，把体制影响力延伸到了自己的身上。

　　同样，在腐败文化盛行的情境下，对原本正直廉洁的人的影响便是他们也会变坏。在强大的公权力武装下，一部分原本善良的公职人员也会在面对抵制拆迁、不服从命令的群众做出极端的行为。而在廉洁文化为主流的社会，同样也可以使人扮演起良性循环的角色，也会使原来的坏人变成好人，并在鼓励和价值实现等心理的作用下，实现人生的蜕变。教育可以改变一个人，而良好的环境对于一个人的教育效果则更加明显，这便是心理学特别是《路西法效应》所阐释的有关社会心理学的规律给我们的启示和借鉴。

　　从中观层面看，依法选择和架构廉洁文化教育运行保障机制可以保

[①] 王伟东、杨萍：《教育心理学视阈中的科学与哲学》，《吉林教育》，2002年第Z2期。

证廉洁文化教育依法进行，保证紧紧围绕"反腐倡廉教育"或"反贪教育"这一核心开展。没有法治观念，缺少法律知识，就缺少对教育对象的约束，降低其实现效果。同时由于廉洁文化教育的对象是全体公民，即社会每一个自然人、法人及其他组织。强化公民的法治观念，增强他们依法约束自己行为的能力，才能保证在法治背景下依法顺利推进廉洁文化教育实践工作。

三、实践层面：各地廉洁文化教育实践有声有色

从社会环境、制度建设等方面看，我国廉政文化教育理论和实践均取得历史性变化，结合各地实践开展进行个案考察，可以清晰展现我国廉洁文化教育的实际运行效果。廉洁文化具有文化的一般特征，也具有一定的行政性，而行政性决定了其由于国家、地区和组织的不同而各具自己的特色，不同地方的地域文化是在我国特有的历史文化背景和现行行政管理体制下形成的，不仅包含着中国传统文化的传承，还具有鲜明的地方文化特色，这就决定了各地廉洁文化教育的开展各具特色，亮点纷呈。各地区、各单位弘扬廉洁文化的正能量，发挥其净化社会风气、培育健康人性的重要作用，形成和建立起为民务实清廉的社会主义新风尚，从而在根源上遏制腐败现象的滋生蔓延。

从国内廉洁文化教育的具体实践案例来看，其在理论和实践诸多层面都取得了系列成果。广西廉洁文化教育实践具有自身特点：一是广西经济社会发展的相对滞后性决定了其廉洁文化建设的渐进性；二是广西价值观多样化的环境下廉洁文化建设任务艰巨；三是广西少数民族观念认识的差异性导致其廉洁文化建设具有多层次性；四是广西民族文化资

源的丰富多样决定了其廉洁文化建设的民族多彩性。[①]浙江省宁波市是全国廉政文化建设的先发之地，地方党委、政府始终坚持大力推进实施廉洁文化创新工程和廉洁文化精品工程，形成了具有地方特色的廉政文化"六进"工作网络，有力地推动了全市反腐倡廉建设的深入开展。如该市镇海区廉洁文化教育实践的亮点是设立专门示范点，并制定了廉洁文化创建工作七项衡量标准，在这一标准的约束下，该示范点廉洁文化教育活动有序开展。再如，宁波市教育系统把基础教育阶段的各级各类学校作为教育资政、育人的重要基地之一。近年来，该市围绕社会主义核心价值体系在青少年群体的构建和实践工作，充分利用学校教育资源和优势，以营造良好的廉洁教育氛围为目标，结合社会公德教育、职业道德教育、思想品德教育和法治教育，全面开展廉洁文化创建活动，取得了明显成效。目前，全市教育系统共有32所学校为市级廉洁文化"六进"工作示范点，有12所学校成为省级示范点[②]。其廉洁文化教育实践的有益经验和做法值得总结和借鉴。[③]再如，吉林省各级政府及相关部门严格按照中央的部署和要求，高度重视党风廉政建设工作，廉洁文化建设取得了明显成效。其充分利用吉林省廉洁文化建设所拥有的丰厚资源，坚持"系统规划、重点推进、以点带面、典型引路、循序渐进、逐步深化"的工作思路，把廉洁文化建设不断引向深入，初步形成了独具特色的廉洁文化建设基本思路，为开展党风廉政建设提供了有力的文化支撑。当前，吉林省廉洁文化建设的主要措施是"一个主题，两个教育，

---

① 唐贤秋、陈成志：《浅析广西廉政文化建设的基本特点》，《学术论坛》，2008年第10期。

② 孙剑鸣主编：《廉雨清风沐桃李：宁波市教育系统廉政文化建设论文集萃》，宁波出版社，2012年12月版。

③ 廉政文化建设新论课题组：《廉政文化建设新论》，中国方正出版社，2007年版。

三个责任落实措施，四个突出和结合"。"一个主题"就是要以贯彻落实《实施纲要》为主题。"两个教育"就是把思想道德教育和廉洁理念教育相结合。"三个责任落实措施"即重点抓好三个举措：一是完善责任体系；二是创新工作机制；三是强化监督检查。三个举措保证了党风廉政建设责任制工作步入常态化、制度化、规范化轨道，使反腐倡廉建设取得了明显成效。"四个结合""四个突出"：即注重理论与实践的结合，突出指导性；注重历史与现实的结合，突出创新性；注重整体与局部的结合，突出统筹性；注重高雅与通俗的结合，突出大众性。吉林省廉洁文化教育取得了良好成效。"中央纪委、国家统计局连续四年在吉林省开展的党风廉政建设民意问卷的调查结果显示：群众对反腐败工作成效满意度由77.4%上升到80.1%；群众认为消极腐败现象得到不同程度的遏制的比例，由85.1%上升到88.1%；群众对反腐败斗争的信心度由73.6%上升到78.2%。这些数据有力地佐证了该省在廉洁文化建设上取得了丰硕成果，其经验主要有：增强了廉洁文化的吸引力，提高了党员干部的廉政意识，形成了良好的氛围，引起社会各界的广泛关注，使领导干部受到了深刻教育等。"①

　　在总结各地廉洁文化教育实践成果方面，国内学术界广泛开展了各类调研和总结，这些资料对于深入挖掘和总结整理地方廉洁文化教育实践经验和教训，具有重要的理论价值。其中北京市委市直机关工委与北京市社会科学院联合成立了"北京机关廉政文化建设调查"专题调研组，对北京市委办公厅等12个单位的机关干部发放了《加强机关廉政文化建设调查问卷》。问卷主要关注的内容有"是否认可廉政文化、如何

---

① 麻宝斌等著：《吉林省廉政文化建设研究》，社会科学文献出版社，2013年版，第101—113页、132—135页。

判断反腐形势、廉政文化建设主要实践措施"等。[①]

2007年，中央纪委宣教室与各省（区、市）纪委联合编撰的系列丛书《廉政文化在中国》，对北京、新疆、浙江等地廉洁文化建设取得的理论成果、制度成果和实践成果，进行了梳理归纳，并结合不同地区部门的特点进行了个案分析。《探索反腐倡廉教育规律——反腐败与廉政建设研究》一书，依据2010年度贵州省社科院重大招标课题"贵州反腐倡廉教育规律性问题研究课题"开展的问卷调查情况，在"反腐倡廉教育实践个案分析"部分对贵州省反腐倡廉教育取得的成效进行了梳理介绍。[②]《廉政文化建设理论与实践研究》一书，对浙江省杭州市和白银市两市廉洁文化建设开展情况和存在问题进行了总结介绍。[③]

总之，从国内廉洁教育的社会环境、体制机制、具体实践方面来看，我国廉洁文化教育实践取得了阶段性成果，探索总结了一系列有益经验。但也应看到，当前的廉洁文化教育开展的时代背景、作用人群、地区领域等都发生了重大变化，廉洁文化教育自身工作中必然与经济社会发展、改革创新的形势任务要求等方面存在着不相适应的地方，作为理论和实践工作者应该结合当今时代背景特征和廉洁文化教育的自身特点及社会发展要求认真研究分析，探寻规律性，把握方向性，为廉洁清明的社会环境营造，为根治腐败提供扎实的理论支撑。

---

① 殷星辰：《廉政文化建设挑战不小》，《瞭望新闻周刊》，2006年第51期。

② 黄德林：《探索反腐倡廉教育规律——反腐败与廉政建设研究》，西南交通大学出版社，2011年版。

③ 李秋芳主编：《廉政文化建设理论与实践研究》，中国社会科学出版社，2011年版。

第二节　新时代廉政文化教育新突破

廉洁文化本质上属于社会意识的范畴，因而与各个时期的物质生活条件和精神文明状况密不可分，更是各个时期廉政价值观的集中体现。新时期廉洁文化教育实践存在的机遇和挑战，实际上就是廉洁价值观在新的历史阶段所遇到的机遇和挑战，要合理构建有效的廉洁文化教育运行机制，科学设计廉洁文化教育实践的路径，必须将新时期廉洁文化教育实践放在其所处的时代背景、社会人文环境中进行考察。既要考察新时期社会文化环境的变化对个体廉洁价值观的挑战，也要分析其对群体廉洁价值观的挑战，从而才能把握时代脉搏，实现新时期廉洁文化教育路径选择的创新与突破。

进入21世纪，随着改革开放和市场经济向纵深发展，我国政治、经济、文化、社会、国防、外交等各方面取得了重大成就。党的十八大至2022年年底，我国"国内生产总值从五十四万亿元增长到一百一十四万亿元，我国经济总量占世界经济的比重达百分之十八点五，提高七点二个百分点，稳居世界第二位；人均国内生产总值从三万九千八百元增加到八万一千元。制造业规模、外汇储备稳居世界第一。建成世界最大的高速铁路网、高速公路网"。"加快推进科技自立自强，全社会研发经费支出从一万亿元增加到二万八千亿元，居世界第二位，研发人员总量居世界首位。""建成世界上规模最大的教育体系、社会保障体系、医疗卫生体系，教育普及水平实现历史性跨越。人民群众获得感、幸福感、安全感更加充实，更有保障，更可持续，共同富裕取得新成效。"①总之，新中国成立以来我国各项事业取得了辉煌成就，经济社会发展步入新常态，我国在国际社会中的地位和影响力进一步巩固，在国际政治舞台中发挥着越来越重要的作用，日益成为国际政治新的格局中不可忽视的力量。当今时代，以互联网为支撑的科技革命深入发展，对传统行业形成巨大冲击，也带来难得机遇、一系列挑战。国家间多元文化相互激荡，传统文化发展面临双重发展机遇和挑战：一是外来强势文化的挑战和冲击，二是传统文化走出去战略的深入开展，宣传了中国正面形象，扩大了中华文化的影响力。同时，在看到取得优势的同时，我们也要保持清醒的认识，我们还面临着诸多不利因素，比如，自然资源供求不足的矛盾、环境问题、经济发展受到世界环境的影响下行压力增大、政治体制改革，以及事关民生福祉的就业、医疗、食品安全等突出问题成为影响社会经济发展的瓶颈，前进道路上还有不少困难和问题。当前，特别是要研究国内外出现的新情况、新问题，尤其是要重点分析廉政文化教育实践面临的时代性和创新性，合理选择廉洁文化教育的发展方向，逐步建立完善廉洁文化教育有效运行的体制机制，以更好地应对面临的包括腐败等在内的各种挑战和考验。

一、全球化网络化的冲击

（一）全球化与廉洁文化教育

全球化是当今世界的一个基本特征和必然趋势，深刻影响着人类生

① 《高举中国特色社会主义伟大旗帜 为全面建设社会主义现代化国家而团结奋斗——在中国共产党第二十次全国代表大会上的报告》，《党的二十大报告辅导读本》，人民出版社2022年版，第7页、第8页、第10页。

活，全球化的进程伴随着文化渗透、价值变迁、制度移植等现象，从而导致全球性的经济、政治、文化和社会生活的深刻变化。全球化时代机遇与挑战并存。当前，一些西方发达国家极力通过经济全球化推行西方国家的所谓成功发展模式、政治制度和价值观念，把其理论制度美化，通过经济、外交、军事等手段强加于其他国家和地区。做好新时期廉洁文化教育工作，应从全球化的背景着手，吸收借鉴西方国家经济发展中的先进经验，同时，警惕西方价值理念对我国思想文化和道德观念的渗透和冲击。

总体来看，全球化为廉洁文化教育工作开展提供了广阔发展空间。比如，教育方式、手段更丰富，信息传播的渠道更加畅通、便捷，为赶超西方发达国家赢得了难得的机遇期，同时，也不可避免地对我国主流价值理念的形成带来了各种负面冲击和挑战。这主要体现在：

"一是全球化对公民思想道德观念产生负面影响。在以私有制为基础的资本主义社会中，其奉行的价值观念是从少数资本家的利益出发，主张个性解放和自我独立。这种以自我为中心的价值观导致了个人主义、利己主义和实用主义，同集体主义为核心的社会主义核心价值观相背离。随着我国成为全球经济一体化中的一员，这种个人主义的思想道德观念必然对广大党员干部、社会公众产生巨大的负面影响。坚定集体主义为核心的道德观，让社会主义核心价值观植根于党员干部和社会公众的思想和行动中，理应成为廉洁文化教育要解决的现实问题。"①

二是全球化对社会生活方式的负面影响。在西方物质主义盛行、个人主义泛滥，享乐主义、拜金主义的生活方式成为人们的唯一追求，人与人之间的情感淡薄。西方国家的生活和交往方式逐步渗透到我国思想

---

① 秦彪生：《中共党员领导干部思想道德教育研究》，中共中央党校博士论文，2011年4月。

文化中，腐蚀人们的心灵。当前，许多公职人员面对市场经济大潮冲击而迷失方向，表现为理想信念丧失、党性原则不强，拜金主义、享乐主义、奢靡之风盛行，官员甘于被"围猎"，在一定时期和范围内，严重威胁社会肌体的健康运行。

三是对公民理想信念产生负面影响。各种思想文化相互激荡，削弱了社会主义主流意识形态的影响力。在全球化背景下，西方发达国家凭借其强大的物质技术力量把自己的价值理念推向世界，各种文化融合发展的同时，一些发达的资本主义国家利用各种方式对社会主义国家进行社会意识形态的渗透，加大了廉洁教育的难度。

四是全球化模糊、淡化了不同社会间的价值观。全球化过程中，发达资本主义国家凭借其在国际贸易、生产、投资等方面的优势和垄断地位，进入发展中国家市场，在扩大了自身影响的同时，逐步建立起有利于发达国家的经济秩序，使社会主义共同理想和信念发生了动摇，模糊了人们的主导价值观，对社会主义核心价值观构成严重冲击，导致一些人是非、荣辱界限不清。针对这一现象，2006年3月胡锦涛在参加全国政协十届四次会议民盟、民进界委员联组讨论时发表讲话，提出社会主义荣辱观："社会风气是社会文明程度的重要标志，是社会价值导向的集中体现。在我们的社会主义社会里，是非、善恶、美丑的界限绝对不能混淆，坚持什么、反对什么，倡导什么、抵制什么，都必须旗帜鲜明。要教育广大干部群众特别是广大青少年树立社会主义荣辱观，坚持以热爱祖国为荣、以危害祖国为耻，以服务人民为荣、以背离人民为耻，以崇尚科学为荣、以愚昧无知为耻，以辛勤劳动为荣、以好逸恶劳为耻，以团结互助为荣、以损人利己为耻，以诚实守信为荣、以见利忘义为耻，以遵纪守法为荣、以违法乱纪为耻，以艰苦奋斗为荣、以骄奢淫逸为耻。"①市场经济条件下，如果不加强思想道德、廉洁自律教育，社会公众不可避免地会受到金钱至上等社会观念的冲击，道德沦丧、世风日下在所难免。因此，从加强社会主义荣辱观教育、核心价值观教育入手，加强新时代廉洁文化教育，警惕资产阶级价值观的渗透破坏，防止党员领导干部思想道德滑坡。

（二）网络化与廉洁文化教育

信息网络化已经成为当今时代的重要特征之一，以互联网为代表的传播媒介已成为国际、国内信息交流的重要载体，成为各种政治、经济、社会、文化等的信息平台。互联网等信息传播成为当今公众获取信息的主渠道，广泛地影响着人们的精神文化生活和思想道德建设状况。但同时信息网络化也成为各国思想舆论交锋和国际舆论斗争的新阵地，对公众廉洁文化教育、思想道德建设带来重大挑战。网络技术对社会信息传播、文化教育、经济转型、社会发展有其独特作用，信息网络不仅是一种技术，更是一种文化。从其对文化影响方面来看：一方面可以超越国界、民族、年龄、阶层、党派，为世界范围内文化交流与传播提供便利，促进文化的繁荣与发展；另一方面为西方发达国家推行文化霸权和文化殖民主义提供了平台，给世界带来了文化安全和威胁。

一是网络环境下，西方发达国家凭借其经济、技术优势，控制网络话语权。在有限的时空投放密集的信息，将西方国家意识形态、价值观念强加于人。其中既有全人类共同价值理念中的民主、自由、平等的基本理念，也有个人主义、自由主义、无政府主义等资本主义的社会思

---

① 《牢固树立社会主义荣辱观》，《求是》，2006年第9期。

潮。网络是多元文化相互汇集的空间，也是多元文化撞击空间。面对密集的信息，社会个体如果不提高自身信息获取与鉴别的能力，正确选择与驾驭信息，就会成为信息的"奴隶"。当前，西方国家凭借先进的技术手段，在网络社会中仍然占据主导地位和强大优势。比如美国通过"信息高速公路"计划，传播西方的意识形态、政治制度、文化思想、价值观念去支配全世界，使其成为全世界的共同准则。万维网的创始人蒂姆·伯纳斯·李说："社会从来没有像现在这样与技术完全结合在一起。"[①]再如："今天全球25%的人口能使用英语。书信用英语的占80%，网站占约90%，法语占5%，中文信息不足1%。英语是全世界最主要联络语，全世界有110个国家将英语作为母语、官方语言或第二语言。英语在金融、科学、技术等领域占主导地位。"[②]在虚拟网络空间中，社会主义的主导文化、主流价值面临冲击调整，甚至可能丧失主导地位。不良文化的侵袭让部分党员领导干部崇尚西方文化和西方价值观念，降低爱国主义热情和对民族的认同感，消磨意志，淡化道德情感。这一现状，对社会主义意识形态工作提出了新的要求。

二是互联网带来信息欺诈、网络犯罪威胁。网络开放性特点，我国信息网络安全技术方面的差距、相关网络安全立法滞后、管理水平较低以及发达国家的技术封锁，让我国的网络信息安全面临严峻挑战。网络化对法规制度和道德规范提出了考验和挑战。传播学"守门人"理论强调对信息的输出经过特定的过滤。今天借助网络的便利，任何个体都可以实时发布和接收信息，在网络空间尽情地遨游。这种"绝对自由"的环境极易导致网络信息的失真和网络欺诈，网络上充斥着各种各样不良信

---

① ［英］蒂姆·伯纳斯·李等著：《编织万维网》，上海译文出版社，1999年版，第126—127页。
② ［美］阿尔温·托夫勒：《权力的转移》，中共中央党校出版社，1991年版，第283页。

息，真假难辨，直接影响了社会个体价值观的形成和践行，导致不道德行为发生和违法犯罪行为发生，面临信息欺诈的威胁与挑战。

三是网络传播削弱主导价值观的影响力。网络时代是一个个性张扬、信息传播主体多元、趋向无中心的时代，必然导致社会个体价值理念去中心化的危机与挑战。一方面，进入网络社会后，各种信息会一览无余地呈现在网民面前，每个社会个体可以自由地参与到趋向无中心状态的交流中，传者与受者高度融合。比如网络环境下，受众可以不按顺序阅读，可以任意选择刺激性、震撼性的画面、情节。这种碎片化、娱乐化的阅读方式，极易消解个体的价值判断能力。另一方面，各类信息产品包含着不同的价值观念、观点。网络管理者出于自身利益的考虑，在传播中加入了一种价值判断，甚至提供暴力、迷信、色情等网络信息垃圾和信息毒品时，极易影响甚至直接导致其他社会个体价值观念的偏离和行为失范。因此，多元化的社会环境下，受众需要科学的指导思想、理想信念、价值观念引领，否则，不仅影响社会个体的价值判断和行为选择，还会造成社会个体价值理念"去中心化"的危机。

二、文化价值多元的冲击

（一）西方多元文化的冲击

文化多元化也成为当今世界发展的大趋势。美国文化人类学家、民族学家本尼迪克特说："文化是通过某个民族的活动而表现出来的一种思维和行动模式，一种使该民族不同于其他民族的模式。"[1]这表明文化多元化有利于各民族文化之间相互吸收和借鉴。同时，多元文化导致了

---

① ［美］本尼迪克特：《文化模式》，浙江人民出版社，1988年版，第45—46页。

人们的理性质疑能力的提升。

我国改革开放不断深入开展，对外开放步伐不断加大，使得人们对西方有了更多了解。西方发达国家在经济上的优越性，使得部分党员干部和群众开始对社会主义理想信念产生怀疑。在西方文化的冲击下，部分人出现价值理念错位，失去了正确的判断标准，人云亦云。一旦个人的价值观念偏离社会普遍认同的规则，就会出现行为上的错位。在以金钱为主导的价值观指导下，金钱至上、价值错位，权钱交易、各领域腐败现象层出不穷。消费主义文化影响下，国内部分年轻人沉迷于物质消费，加上现代社会生存压力增大的现实，使人人都为钱奔波，人们的精神境界更无从提高，社会道德也无从净化。这种社会状态，必然会导致整体道德水平的滑坡。拜金主义、享乐主义和极端个人主义等西方文化思想理念必然会对中国勤俭持家、舍生取义等传统社会公德产生巨大的冲击。特别在网络不断普及的今天，这种西方文化对中国传统价值理念和道德风气的冲击更加势不可挡，成为开展廉洁文化教育的现实障碍。

当前，作为发展中国家，中国在文化多元化过程中处于弱势地位。正如学者亨廷顿所说："文明是最大的'我们'，在其中我们在文化上感到安适，因为它使我们区别于所有在它之外的'各种他们'，否则就会丧失自我，成为他国文化的附庸。"①

文化多元化对价值观念和社会意识形态产生重要影响。一是文化多元导致社会价值观念多元化。"社会价值观多元引发思想混乱、价值观念迷茫。价值观念多元削弱社会主义核心价值观的主导地位。当前，随着同国际交流的不断加深，个人主义、自由主义等西化思想在社会中备受追捧和崇尚。社会成员完全摆脱了以高度政治化和英雄主义的传统价

---

① 塞缪尔·亨廷顿：《文明的冲突与世界秩序的重建》，新华出版社，1999年版，第26页。

值观念，越发注重自我意识、主体意识的发展，追求自我发展，展示自我个性。"[1]实践中，要充分发挥展现中国特色社会主义的共同理想和共产主义的最高理想的价值导向作用，帮助广大党员领导干部、社会公众坚定理想信念，树立正确的世界观、人生观、价值观。二是文化多元导致社会意识形态多样化。经济全球化、多元思想文化的碰撞，导致马克思主义主流意识受到冲击和削弱。新自由主义自20世纪80年代传入我国，经过多年发展，渐渐成为人们头脑中根深蒂固的思想观念，对这种现象必须加以肃清，否则将会直接影响我国改革的正确方向。"新自由主义与我国的指导思想、共同理想、核心价值则是彻头彻尾的直接对立，表面上倡导意识形态多元化，实际上是要实现新自由主义一元指导下的多元化局面，这涉及争夺意识形态领导权的问题。反对公有制、主张私有化是新自由主义的基本主张。"[2]新自由主义是国际垄断资产阶级关于全球化意识形态的理论表现，其根本目标是肢解民族国家，为垄断资本提供更多的空间，对此，我们必须保持清醒的认识，否则就有可能导致理论和政策上的失误。要加强对意识形态领域的信息管控，在广大社会成员尤其是党员领导干部中树立和培育社会主义主流价值观。

（二）传统亚文化的影响

中国传统文化经过几千年的历史延续、传承，汇聚一代代中国人的智慧和创造，成就了世界文化史上唯一没有历史间断的悠久文化。在中国传统文化中，蕴藏着可以为今日所用的丰富宝藏，同时也为后世留下了糟粕，如贪渎文化、官场陋习、封建等级观念等封建文化仍然根深蒂

---

[1]　秦彪生：《中共党员领导干部思想道德教育研究》，中共中央党校博士论文，2011年。
[2]　陈培永：《新自由主义对中国未来发展的潜在危害》，《红旗文稿》，2017年第24期。

固于许多人头脑深处，甚至成为不少腐败分子实施腐败行为的合理依据。这些历史文化中的落后思想观念属于传统文化中的"亚文化"，必须采取措施逐步实现中国传统文化的现代转换，对这些传统文化中的糟粕彻底扬弃。传统"亚文化"的主要表现形式有：

1."升官发财"思想

在"升官发财""禄即是财"等封建落后思想观念的影响下，一些公职人员常把职位与谋取金钱相连，而把"当官不为民做主，不如回家卖红薯"等廉洁文化观念抛之脑后，甚至为了金钱、为了升官不惜"鱼肉百姓、欺上瞒下"，各类腐败现象充斥官场。同时，这种思想也会导致对为官目的认识存在偏差，这必然会使部分基层党员干部面对金钱、物质的诱惑，不能自持，最终导致集体违纪行为的发生。而在金钱至上错误观念指引和影响下，有些人就会利用金钱的作用来达到一定目的。于是就发生了有的官员被"围猎"、各种"圈子文化"盛行的怪现象。尤其社会转型期的特定历史背景下，党政干部地位很高但工资收入不高的社会现实，让一些公职人员把人民赋予的公权力演变成谋取私利的工具，也使得权和钱的交易在这一理念下可以顺理成章地达成默契。

2."官本位"思想

"官本位"是一种以官为本、以官为贵、以官为尊为主要内容的价值观。"官本位"把"做官"看成人生的最高价值追求，用"做官"来衡量一个人的地位和作用。在封建社会，在官本位思想影响下还衍生出一种畸形的"忠君"思想，这种忠君思想包含两个层面的思想活动："一方面作为高高在上的统治者，会因为念及下属的忠诚，甚至可以在不触及自己统治地位和自身利益的前提下，睁一只眼闭一只眼地默许官吏们的一些腐败行为。另一方面，下面的臣子为了表明自己的忠心，不惜用贿赂的手段讨好拉拢上级和统治者。"①在这种畸形的思想意识下，便自然而然形成一种自上而下的官场陋习，拿到好处的上级官员会给下级放权，以期获得更多的利润。为了得到提拔和捞到更多好处的下级官员，为了讨好上级强取豪夺，致使官场腐败在整个传统社会中挥之不去，日益猖獗。另外，在民间与"官本位"和"忠君"思想紧密相连的还有群众中普遍存在的敬官怕官、一切唯上的父母官观念，只要是干部在他们眼里都被视为"父母官"，缺乏民主观念、维权意识，对基层党务运行不关心、不参与，缺乏来自群众的监督意识和监督力量。

3."人治"思想

我国封建时代长期存在的"人治"模式和由此形成的"人治"思想，不仅淡化了制度的作用，也在人们的思想观念中种下了蚕食和破坏制度文化种种不守规矩的思想观念。人类在社会实践中建立的各种社会规范、所构成的人类文化的制度文化层次，是制度实施的重要思想依托。制度包括所有关于人们行为的规则，集中体现在社会经济制度、婚姻制度、家族制度、政治法律制度等方面。这些制度如果遇到了凡事可以变通、一切只讲人情、制度之外还有一套"潜规则"存在的思想观念，那么在制度的执行和实施过程中，必然会阻力重重，最终也使大量的好制度成为虚设。

总之，对于优秀传统文化遗产，我们应该取其精华、去其糟粕，并结合时代精神加以继承和转换，同时，汲取西方文化的精华，做到古今中外皆为我所用。要在创新上做好文章，结合新时代发展和人民精神文

---

① 梁亚雄：《当代我国廉政文化生成研究》，河北师范大学硕士论文，2013年。

化生活的需要，不断推陈出新，做好廉洁文化宣传普及工作，把亿万人民的思想观念、精神追求凝聚在中国特色社会主义核心价值体系之内。

（三）传统文化危机的现状

随着近代西方科技的兴起，面对日益多元的外来强势文化入侵、冲击，我国传统文化面临着前所未有的文化危机。具体表现为：

一是传统价值规范遭到破坏，新的价值理念没有完全建立。西方列强两次发动鸦片战争打开了中国大门。到五四运动时期，传统文化、传统价值在社会生活中的规范作用普遍受到怀疑。历史地看，近两百年中国发展史实际是西方文明冲击东方文明，东方文明如何在冲击中应对的过程。这一过程其实是逐步进入一个全球化的过程，焦点在于，我们要学习西方的经济制度、先进技术，必须面对学习现代制度首先需要回答我们为什么学习西方，必须首先确认学习对象的正当性问题。"西方的现代化进程，经历了一个漫长的发展过程，从14世纪的文艺复兴到17世纪的产业革命。在长达400多年的历史过程中，逐步形成了西方国家重要的价值观：自由、平等、民主。终极关怀和工具理性的分离对于西方国家现代价值理念的正当性起到了非常重要的作用……传统文明国家在现代化转型的过程中遇到的最大问题，就是没有实现终极关怀和工具理性的分离，导致国家在现代化过程中制度的变迁受到来自观念层面的困扰。"[1]当前，市场经济领域的价值观念逐步深入人心，市场交换原则成为不少人追捧的官场"潜规则"。而社会中唯利是图、诚信缺失、道德沦丧、低俗媚俗等冲击着主流文化意识，必须引起我们的高度警惕，采取有效措施加

---

[1]　陈浩武：《杨小凯对转型的思考》，《学习时报》，2014年7月28日。

以抵制、遏制，用社会主义、共产主义的价值理念及时引导、疏导。

二是传统文化重拾的困境。一方面，诗、词、书法等传统文化的具体形态，受到来自网络低俗文化的严重冲击。很多传统节日及各种民俗，在西方"洋节日"的强大宣传态势下面临着重拾的重重困境。另一方面，拯救传统文化的过程中出现了许多误区。集中表现为破除封建迷信与复兴传统文化的矛盾，许多传统文化往往因为与敬鬼神有关被误解为封建迷信而被全盘否定，许多与无神论相悖的传统文化思想和民风民俗常被作为封建迷信活动受到打压，被视为伪文化而被新时代年轻人淡忘、排斥，面临着严重的传承危机。①

三是文化创意和文化传播乏力。在我国出版、影视、音乐、动漫等行业的文化创意活动中，许多文化产品缺乏创新，粗制滥造，模仿照搬现象比较严重，多数只为追求眼前的蝇头小利，而缺乏自主创新的意识和能力，甚至不敌日韩等国家。这与缺乏相关政策和资金有关，也与逐利思想占据文化市场有关，缺乏单纯为了文化创新而献身的精神理念。当代不少中国人对自己本民族文化的理解还存在很大的局限性和表面化，还没有真正把握中国传统文化传播的内核和本质，中国的文化传播还主要表现为戏曲艺术、武术、书法和饮食文化等方面，还无法从价值观上把握中国文化传播的内核。

四是缺乏文化自信。由于群众信仰危机导致精神没有寄托，新旧价值观念没有实现对接，中国民众缺乏文化上的自信和精神上的"主心骨"，缺乏一种普适的价值理念作为判断是非对错的标准。文化危机导致的一切唯物质、金钱至上，致使人们缺乏对腐败文化的判断和抵御能

---

① 丘树宏：《"中国梦"呼唤文化复兴》，《中国文化报》，2013年4月23日。

力，甚至在社会上还出现了"笑贫不笑贪"的不正常风气，这种对腐败的默许甚至羡慕必然会使腐败文化占据社会主流文化，对廉洁文化教育的实践必然产生巨大的冲击。

目前我国正处于由计划经济向市场经济转轨的关键时期，虽然社会主义市场经济体系已经日益完善，但是许多历史遗留问题还有待解决。在改革开放已经进入"深水区"这一重要历史阶段，各种社会矛盾和价值观念的冲突也日益暴露出来，经济、政治体制在改革中存在的制度漏洞，为腐败现象的蔓延提供了肥沃的土壤，腐败现象从经济领域不断向文化领域、政治领域扩张，腐败文化必然不断冲击着我国的主流文化，特别是廉洁文化。市场经济领域的一些价值观念也随之不断向文化领域和政治领域扩散，一切以金钱作为衡量标准的价值理念也在不断冲击着社会主流价值观。这些都为廉洁文化教育的开展带来了巨大的负面影响，使得廉洁文化处于腐败文化所包围的尴尬境地，难以在较短时间内扭转局面，形成风清气正的良好社会氛围。

三、政治经济新常态的影响

中国经济发展速度从2012年开始放缓，中国经济进入了一种新常态。习近平总书记指出了经济新常态的三个特征："从高速增长转为中高速增长；经济结构不断优化升级，第三产业、消费需求逐步成为主体，城乡区域差距逐步缩小，居民收入占比上升，发展成果惠及更广大民众；从要素驱动、投资驱动转向创新驱动。"①新常态给中国带来了新机遇，国内政治经济、社会环境出现许多新变化，总而言之，进入一个

---

① 习近平：《谋取持久发展 共筑亚太梦》，《人民日报》，2014年11月10日。

人们所期望的高效率、低成本、可持续的中高速增长阶段。新常态从时间跨度上将是一个很长阶段。这一阶段不仅是经济的，它还是政治和社会的，伴随着国家的成长。

从政治方面来看，无论党情、世情、社情，均出现了新变化。政府要做的是如何在新常态中维持经济中高速的可持续增长。在这样一种政治新常态下，最显著的特征便是全面从严治党日益成为党建工作的核心与"新常态"。而党建工作作为各单位各部门的首要工作任务，无论是党风廉政建设"两个责任"还是"一岗双责"，都将党建工作摆上了重要议事日程，成为开展好各项工作的重要抓手，并逐步将党建工作考核作为业绩考核和干部提拔的重要依据之一。

正是在这一政治、经济新常态的背景下，公职人员特别是党员领导干部的理想信念教育要求越来越高，与之相关的廉洁文化教育也必然面临改革创新的重大挑战和时代需要。这种政治新常态带来挑战的同时，更带来了廉洁文化教育实施最好的历史机遇期。随着贯彻落实中央八项规定精神、纠治"四风"和党的群众路线教育实践活动的开展，党政部门、党员干部的工作作风出现了明显转变。一例又一例顶风违纪案例被就地查处，为党员领导干部敲响了警钟，"作风建设永远在路上"成为常态，吹响了作风建设长效机制的号角。比如，2015年2月，湖北十堰市人社局局长因违规使用办公用房被免职，其为应付检查搬到小办公室，"风声过后"又搬回超标办公室，在"清房改革"中玩起了"搬进搬出"游戏。再如，某厅级干部因公款吃喝被查就地免职，这些案例表明，党和国家对于全面从严治党、加强作风建设没有时间表，更不是一阵风。这无疑为整饬官场陋习、肃清社会不正之风，起到了重要的带动作用，从而也为廉洁文化教育开展创造了良好的社会环境、政治生态。

同时，在政治经济新常态下，廉洁文化教育也不能只是走走形式、刮一阵风，做表面文章。各级政府必然会在如何抓出成效上提出更多要求。因此，如何让廉洁价值观"接地气"，如何真正入脑入心，如何实现对社会主流意识形态的引领，都将是当前廉洁文化教育实践所必须面对的重大课题。

第三节　廉洁文化教育实践制约因素

分析新时代廉洁文化教育所处的时代背景、社会环境，正视其面临的冲击和挑战，让我们认清了当前开展新时期廉洁文化教育必须分析解决的关键问题。面对这些现实问题，广大理论和实践工作者必须转变传统观念，直面各种纷繁复杂的社会现实，秉持创新理念，实事求是分析研究廉洁文化教育实践自身存在的问题和不足，紧密结合新时代特点和具体工作要求，通过理论和实践创新探寻廉洁文化教育的运行路径，有效解决当前廉洁文化教育中机制不健全、制度不完善、实践不到位、内容不全面、社会覆盖面过窄、社会氛围不浓厚、方式方法不灵活、效果不明显的现状。清华大学公共管理学院任建明教授将目前廉洁文化教育现状存在的问题概括为四点："一是存在一定程度的形式主义倾向，'刮风'和概念炒作的现象时有发生；二是在廉洁文化建设上重建设，对腐败文化'合力围剿'的意识不够；三是在廉洁文化建设活动中重视行政命令，而忽视公众的自主参与性；四是在廉洁文化建设中，局限于以文化抓文化，而忽视了正式制度的作用。"[1]笔者认为，可以从微观和宏观两个方面概括当前廉洁文化教育实践中存在的问题及不足。

---

[1]　周国富主编：《中国·浙江廉政文化论坛文集》，中国社会科学出版社，2006年版，第49—50页。

一、教育实践微观方面的问题

（一）教育内容不丰富

新时期廉洁文化教育内容体系不健全，缺乏专门教材。现有的以纪委牵头的廉洁文化教育在内容上还存在大而空等特点，不贴近社会现实需要，导致适得其反。廉洁文化教育内容上缺乏针对性，不能密切联系我国所面临的新形势、新要求，不能针对市场经济条件下的难点热点问题做出有针对性的解答。教育内容方面存在本本主义、教条主义严重倾向，对德育的强调不足，常以政治法律教育代替道德教育。廉洁文化教育只是上党课的一种形式，成为党委组织的强制性活动，必然导致应付检查、为学习而学习等不良现象存在。廉洁文化教育内容陈旧，教育材料模仿现象比较严重，内容可读性、趣味性不强。目前，还没有针对不同对象编撰的专门廉洁文化教育教材，必然导致培训教材千篇一律的现象。

实践中，廉洁文化教育内容要注意体现时代特色，与时俱进，吸收新时期先进文化内核，并做出相应的调整。廉洁文化教育建设中存在重硬件投入，轻软件配备的情况。从硬件环境来看，廉洁文化教育涉及行政工作区域环境建设，规范行政标志的佩戴、悬挂，统一行政办公场所和办公用品设置；建立党政机关信息中心，实现各级各部门间信息沟通和共享；构建信息网络平台，打造电子政务；完善服务功能，办好各种文化体育活动，积极开展丰富多彩的文体活动，延伸业余文化活动范围等，这些方面都得到较好的落实。

软件环境建设方面存在差距表现在：从群体层面看，主要是教育广大党员干部、社会公众以先进文化建设为指引，巩固马克思主义在意识形态领域的指导地位。从个人层面看，要开展思想道德教育，加强共产党员的党性修养，培育和践行社会主义核心价值观，倡导公务员牢固树立为民服务意识、法治意识、责任意识、节约意识，培养健康的生活情趣和娱乐方式，保持高尚的精神追求。古人云："仕不可多交"，广大公职人员要防止被"围猎"，要抵抗住诱惑、耐得住寂寞、认清陷阱危害、牢记宗旨使命，做清正廉明的人民公仆。

（二）教育方式方法创新性差

由于理论创新不足，廉洁文化教育的目标理想化，廉洁教育方式方法陈旧，缺乏现实可操作性。廉洁文化教育方式方法大多采取填鸭式、满堂灌的传统教育方式。多数单位、部门仍然停留在读文件、做笔记、看警示录像等层面上，为完成任务而开展教育，教育过程枯燥无味，难以触及心灵、入脑入心，教育效果差。现代科技条件下，网络通信技术迅猛发展，但各地、各单位廉洁文化教育的手段创新性明显不够，大部分还没有将网络引入廉洁文化教育的载体中。借助现代技术进行网络教育、远程教育，运用手机、微信等新媒体进行廉洁文化教育实践等做法还处在起步阶段。

（三）参与主体单一，社会覆盖范围不足

一方面，廉洁文化教育既要拓展到各地区、各部门，并且延伸到学校、社区、企业、农村和家庭，又要自上而下贯彻到底。即上至党员干部，下至广大群众，都能成为廉洁文化教育的受益对象。但是，目前廉洁文化教育的参与者以公职人员为主，对社会公众的参与没有强制性的要求，参与主体覆盖面过窄，没有在全社会形成态势，难以收到理想效果。廉洁文化教育在反腐倡廉中具有基础性的作用，只有全社会共同参与反腐倡廉建设，主动行动起来，从言行举止到内心认识达到了统一，

才能使廉洁价值理念深入人心，践行于行动上。

另一方面，存在一种错误的意识和倾向，即将廉洁文化简单区分为针对党政领导干部的廉政文化和针对社会的廉洁文化，难以在全社会范围内形成全民廉政文化教育的意识。事实上，在教育内容、目的和要求等方面，廉政建设、廉洁教育是相同概念，廉政文化与廉洁文化也属同一个范畴，不能再在教育对象上搞"特殊化"，对包括党政领导干部在内的所有受教育对象都应该一视同仁。在刑罚上不能搞"刑不上大夫"，在廉洁文化教育上也不能另设"小灶"。廉洁文化作为一种文化形态应该通过人性化的柔性教育，吸引人、感染人、鼓舞人，发挥廉洁文化教育的感化功能。中央纪委等六部委在全社会推进廉政文化进"机关、社区、家庭、学校、企业、农村"即"六进工程"实施，标志着廉洁文化教育的参与主体拓展为全体社会成员。

二、教育实践宏观方面的问题

（一）运行保障机制不完善

从社会发展的角度看，过去廉洁文化教育运行机制受制于时代影响还很不完善。当前，体制机制的不健全体现为：领导机制不完善，多部门联动机制运行不畅，保障机制缺失，运行机制不畅，激励机制匮乏，评估机制滞后，问责机制模糊等。做好新时期廉洁文化教育必须结合其运行机制的规律及存在的问题开展。

缺少任何一项机制，或者任何一项机制运行不畅，都会导致廉洁文化教育实践受阻，难以取得相应成效。例如，领导机制不完善，往往会导致廉洁文化教育的推行存在多头管理现象。廉洁文化教育由于存在多个实施主体，导致各实施主体各自为政，多头管理现象比较严重。例如，受当地党委政府领导的地方党政部门，如林业局、水利局、建设局等"块管"单位，各单位的廉洁文化教育活动主要由党委政府统一安排。但对于"垂直条管"单位，受地方党委政府和上级业务部门的双重领导，如工商局、国税局、国土局等，在廉洁文化教育内容上还会受到上级分管业务单位的指挥，很可能会出现各行其道、各单位在廉洁文化建设的内容和形式上撞车的局面，使得廉洁文化在内容资源上的重复建设，造成了人力、物力上的极大浪费。不少单位的廉洁文化教育内容重复率过高，有时甚至出现教育材料的完全雷同。有的县工商局竟出现了一个廉政文化教育展览室挂三个牌子的怪事：针对市工商局模式的、针对县纪委模式的、针对社区模式的。由于存在多头管理的弊端，一定程度上致使廉洁文化教育缺乏合力。再如，联动机制运行不畅，必然会影响全社会廉洁文化氛围的营造。廉洁文化教育由于涉及的主体繁多，相应的管理主体自然也会存在多头管理的现象。廉洁文化教育实施主体遍布各地，纵横各部门各单位，甚至延伸至家庭，必须充分发挥廉洁文化的教育主体功能。

廉洁文化教育效果的评估方式缺乏创新。由于文化教育的效果是潜移默化、循序渐进的，难以用量化标准衡量。在评估理论研究上还无法支持切实可行的评估方式，因此评估工作常被忽略，造成许多人把廉洁文化教育看作可有可无的活动，认为廉洁文化教育可有可无，而且干好干坏一个样，走过场、走形式，工作为主，教育为辅，出现了"只管耕耘、不问收获"的尴尬局面。在保障机制上，缺乏专门的项目资金和活动经费，廉洁文化教育在许多单位多成为虚设，许多内设科室往往只用来完成纪检部门交办的与廉洁文化教育有关的活动，缺乏自主开展廉洁文化教育的动力。

有些地方纪检监察机关把宣教工作视为上级交办的阶段性任务，有要求时就开展，没要求时就放松工作步骤，整个教育活动功利色彩较强，存在"一阵风"现象，不能持之以恒，起到"润物细无声"的功效，缺乏必要的制度保证廉洁文化教育常抓不懈、成系统地有条不紊地开展。

（二）廉洁社会氛围不浓厚

廉洁文化教育活动要以文化作为引领，其目的和归宿归根结底是为反腐倡廉提供智力支持和思想保证，为廉政建设营造文化软环境。但是我国从新中国成立之初到"文革"前很长一段历史时期，对廉洁文化建设的重要性还缺乏科学的认识，对该抓什么和怎么抓还不明确，不仅忽略了廉洁文化建设中的文化载体，而且没有认识到文化的力量，常以大规模的政治运动方式来取代廉洁文化教育，由于这些运动政治色彩较浓，也使廉洁文化教育的政治化、教条化色彩在很长一个时间段内难以得到改变。因此，要改变长期以来形成的廉洁文化教育活动的政治性倾向，营造全社会廉洁文化教育氛围和环境。

廉洁文化教育包括个人和组织两大主体。从个人来说，全体公务员特别是领导干部应该成为廉洁文化教育的当然"主角"。这是因为，全体公务员特别是领导干部不同于一般群众主体，他们既是廉洁文化教育的主体，又是廉洁文化教育的客体；既是廉洁文化教育的参与者和改造者，又是廉洁文化教育的改造对象；他们的参与程度，直接影响到廉洁文化教育的实效。但是，目前公务员特别是领导干部参与廉洁文化教育的自觉性、积极性和参与的广度、深度还不足。有的领导把廉洁文化教育看作可有可无的软任务、软指标，没有担负起第一责任人的责任，重视不够，停留在讲话发指示，没有认真研究廉洁文化教育中存在的问题。有的公务员认为廉洁文化教育是务虚的工作，如果没有上级部门安排，不会主动参与到廉政文化教育中去，没有看到廉洁文化教育在提高思想认识、预防腐败中的重大作用。随着公共行政民主化不断高涨，如何最广泛地调动人民群众的积极性、广泛地参与廉洁文化教育实践成为一个重要课题。

造成目前廉洁文化环境的缺失、社会氛围不浓有多方面的因素，主要表现为：一是廉洁文化覆盖率低。这与廉洁文化产品稀缺有很大关系。目前社会工作接触到的廉洁文化产品主要是廉洁公益广告、电视剧等，而且播放时间段是有限的，其他的群众喜闻乐见的廉洁文化产品开发严重滞后。例如廉洁文艺演出、廉洁影视作品、廉洁宣传手册等廉洁文化产品还需要设计制作，政府部门还需要不断加大投入，促进廉洁文化产业化，市场化，保证廉洁产品推陈出新，激发全社会参与廉洁文化产品研发创造的积极性。二是廉洁文化投入不足。廉洁文化的公益性质，使得目前的投入模式比较单一，仍是以政府投入为主，只注重社会效果，市场化的发展环境还没有形成。目前与廉洁文化教育活动经费有关的资金来源主要是工作经费，而这些活动经费也只能满足基本办公费，如雇佣人员的工资、廉洁文化产品开发费用少，资金投入不足，严重制约廉洁文化社会化的普及发展。三是廉洁文化产品内容和形式都过于单一。作为一个多民族国家，每个民族、每个地域都有着不同的文化背景，如果廉洁文化缺乏民族特色、地域特色，全部都是千篇一律的政治说教，便不可能取得多方群众的高度认同，也就不可能吸引群众的广泛参与，廉洁文化环境便会因为失去广泛的群众基础而难以取得良好的社会效果。

有的领导干部对廉洁文化教育工作的重要性认识不足，缺乏主动开展廉洁文化教育的认识和积极性，对布置给本部门的工作，常找种种缘由推诿、搪塞，难以落到实处。有的部门领导甚至认为，廉洁文化教育是花钱出力的苦差事，而且常与本单位的业务工作发生冲突，因此很少将廉洁文化教育列入本部门的重要议事日程，致使廉洁文化任务因为缺乏有力的组织、领导和人力、财力支持而打折扣，难以形成整体合力。

当前，社会中还存在着"笑廉不笑贪""见腐不怪"等不良社会风气，一部分人把金钱至上奉为人生信条，认为收礼办事合情合理，导致"劣币驱逐良币"现象，使得部分正直、反对贪污腐化的人还受到排挤和打击。浊者自浊，清者却难以自清，这其实是腐败文化不断蔓延的表现。我国廉洁文化社会环境不浓厚，尚未形成全社会对腐败现象和行为疾恶如仇、人人得而诛之的社会意识心态。全社会"以廉为荣、以贪为耻"的良好风尚尚待增强。特别在培育全民廉洁文化意识，创新廉洁文化载体，整合廉洁文化资源，拓展廉洁文化宣传阵地，营造尊廉、崇廉、爱廉的氛围等方面，还有待进一步探索和改进。在构建廉洁文化教育体制与机制上，如何使廉洁文化建设与思想教育、纪律教育、社会公德、职业道德教育、家庭美德教育和法治教育有机整合，以实现全民廉洁文化教育模式，做到"弘扬真善美、摈弃假恶丑"，教育和引导全体社会成员"知荣耻、见行动"，从而在全社会营造出正气昂扬、风清气正的良好社会风尚。这些方面是推动当前廉洁文化教育健康有序发展亟待解决的问题。

（三）廉政法规制度不完善，制度执行力差

目前，廉政文化法规制度方面存在两方面的问题需要解决。一是廉洁文化法规制度还不健全，一些关键性的法规，如《国家反腐败法》至今没有出台，一定程度上影响了反腐败立法工作的整体进程，使反腐败缺少强有力的法规制度保障；二是目前廉政法规制度从数量上来说不算少，但在法规制度的执行环节存在着有法不依，执法不严的情况，这与我国长期以来法治理念、法治思维不健全，公职人员、社会公众法律意识淡薄有关。比如，党内法规制度被某些腐败分子称为"牛栏关猫，

进出自如"。江西省原副省长胡某在临刑前接受央视记者采访时，对当前党内法规制度发出感慨："到我这一级别的干部，就没有制约和约束了，法规制度形同虚设。"河北省原国税局局长李某，在狱中忏悔时总结说："我觉得许多人缺乏尊重制度的意识，就像开车闯红灯、加塞儿一样。有一些官员出事，不是出在制度上，而是出在缺乏遵守制度的意识上。抗战时期、解放战争时期，规章制度就是一部《三大纪律八项注意》。共产党能打败日本，把老蒋赶到台湾不是靠的许多制度，而是靠的每一个人自觉遵守制度的意识，依我看，官员要想廉洁从政，一部《宪法》《党章》就够了。"[①]李某的幡然悔悟，有其特殊原因，但也揭示出当前社会中许多人内心缺少敬畏制度意识，增强自我意识是遏制预防腐败的关键环节。李某等腐败分子必然会因自己无视法规制度的腐败行为、犯罪事实，付出惨痛的人生代价。

总之，目前，我国有关反腐的法规制度的总体数量并不少，但由于立法系统性、前瞻性滞后，制度执行环境差，制度意识不强，致使现实社会中法律制度的执行力度远远不够，这一现状必须得到根本改观。

---

① 乔云华：《与李真刑前对话实录：谁让李真走上断头台》，新浪网，2004年10月。

第四章　建构新时代廉洁文化教育宏观路径

　　廉洁文化教育能塑造良好社会环境、净化社会风气、引导清风正气，形成人人向上的正能量。良好社会环境的形成能对廉洁文化教育开展提供有力支持，二者相互促进，相得益彰。为了营造良好的廉洁教育氛围，必须建设良好的廉洁社会环境，主要包括：制度环境、社会文化环境、政治生态环境、媒体舆论环境等方面。同时，廉洁文化教育是价值观教育的重要载体，其教育实践过程是个体价值观和群体价值观培育和践行的过程。各单位、政府各部门，要采取有效措施，从每一个具体案例抓起，逐步营造廉洁的社会环境。广大社会公众应逐步确立崇廉尚廉的内心法则，提升自身的道德修养，以培育和践行廉洁价值理念为突破口，形成人人倡廉的价值追求，以自身的行动和实践营造风清气正的社会环境和氛围。

第一节　健全廉政法规制度

一、廉政制度环境的重要性

　　有效的政府廉政组织机构的设置和廉政制度体系的构建直接影响文化建设的状况。新制度经济学中的选择框架理论的基本假定是，任何人的行为都是在现实制度约束条件下的理性或最大化的选择。这一理论启示我们，普遍性的行为背后往往存在着制度性的原因。向社会主义市场经济转轨过程中，大量腐败现象出现，有其社会发展阶段和体制机制方面的因素，但与制度设计、执行不到位、制度环境缺失、与社会发展阶段不相适应等因素直接相关，廉政法治制度对增强廉洁文化教育成效意义重大。

2012年11月，习近平总书记在十八届中央政治局第一次集体学习时，就明确提出了制度建设的目标任务。"制度带有根本性、全局性、稳定性、长期性，坚持和加强党的全面领导，坚持党要管党、从严治党，党内法规制度建设是重要抓手。"[①]制度自身独有特点，对遏制和惩处腐败具有重要作用。没有不受监督的权力，治理腐败最可靠的是健全和完善民主法治，把治理腐败、倡导廉洁纳入法治轨道。党的十八大报告指出：把权力关进制度的笼子里，管住任性的权力。权力一旦失去监督，就会导致滥用；监督没有法治化就会流于形式。同样，为了保证廉洁文化教育实践的有效运行，必须营造良性的制度环境，建立健全完备的廉政法律，减少腐败现象，抵制腐败文化，培育有利于廉洁文化教育实践的制度文化和制度环境。从实践层面看，良性制度环境的重要性表现在：可以为制度执行提供文化环境的支持保障；可以使个体行为接受和认同廉洁环境的影响而不至于触犯道德底线，甚至以身试法；可以使制度运行在正常的轨道上，不至于被滥用。

---

① 《开辟新时代依规治党新境界——党的十八大以来党内法规制度建设成就综述》，《人民日报》，2021年6月17日。

二、廉政制度环境存在的不足

（一）制度反腐的弊端

在重视制度反腐的同时，也要重视廉政制度环境的整体建构。当前，制度反腐中存在的弊端表现为：一是仅靠制度的约束难以避免公权力自身所具有的主体异化现象。现实中，公权力的真正主体——人民群众缺位，权力行使者并不是公权力的真正主体，而是公权力主体让渡自己权力之后，通过授权等形式赋予了权力主体行使公权力的权限。而作为个体或组织的形式主体具有天生的趋利避害性：即人性的弊端。制度漏洞一旦出现，缺乏有效监督和自律的条件下，便会动用手中的权力谋取私利，把公共权力异化为当权者贪欲的工具，无限制地扩大权力的边界。制度制定、执行中的困境，必然导致现实社会中腐败治理的难度增大。

二是制度正义难以完全实现。深层次的权力配置和制度设置不完备，必然会影响制度正义的真正实现，使得具体制度的功能难以有效发挥。这就需要深层次制度变革特别是涉及政治体制层面的制度改革来解决。"制度的有效性取决于制度设计目的与实现目标的一致性，但现实困境在于制度演进往往是由社会中处于强势地位的利益集团所决定的。"①比如，在制定制度的过程中，利益集团往往会成为立法腐败的原始推手，涉及其根本利益的地方往往存在着制度漏洞，导致腐败发生的隐患，而且个体私利空间越大越容易产生腐败。

三是制度漏洞和制度矛盾同时存在。比如有些法规中对"违反有关

---

① 毛昭辉：《反腐败制度之刚性缺陷》，《廉政瞭望》，2009年第11期。

规定"并没有明确统一的界定，给法规的具体执行带来不便。从制度的操作层面来看，要尽可能增加制度刚性，减少制度弹性，才能使制度的执行更有效，影响更有力。党内法规条例有待于根据新形势需要予以修订完善。

在市场经济条件下，纪检监察法规制度建设存在的差距和问题表现为：一是对法规制度建设的重要性认识不足，法规工作机构不健全，工作的主动性不够；二是对问题研究得不透，制定的法规制度和规范性文件质量不够高，缺乏可操作性；三是有的单位在制定制度规定时有超越权限的现象，有的对规范性文件不能按要求及时备案；四是有的地方在抓制度落实上措施还不够有力，缺乏对贯彻执行情况的监督检查，不能充分发挥制度应有的作用等情形。

（二）廉政法规制度建设的主要着力点

1.党内法规与国家法律具有内在一致性

完善的党内法规体系是中国特色社会主义法治体系的重要构成部分。首先，中国特色社会主义法治体系必然内含党内法规体系。其次，国家法律与党内法规的关系决定了一体建设的必然性。突出依法治国与依规治党的统筹推进、一体建设，完善党内法规体系建设，把党管好建好了，法治中国建设自然也就能够跟进。"新时代，党内法规在我国法治建设中发挥着重要作用。党内法规从最初的政党内部规范，随着发展而成为法治全面规范。党内法规的法治属性完成了质的跨越。实践中，党内法规体系已然既是管党治党的重要依据，也是法治中国建设的制度化体系，是法治中国建设的重要保障，并处于法治建设重要地位。党内法规与国家法律双轮驱动，合力推进国家治理，成为中国国家治理的标志性特征。"①党内法规、国家法治共同发展、一体推进，才能促进我国反腐败的法规制度体系进一步健全完善。

2.关键性反腐法律缺失

加强法治、防止人治，通过立法推进廉政建设法治化，是各国廉政建设实践中的显著特点。目前，我国反腐倡廉法律体系已经形成，但关键性反腐败制度缺失依然存在，与当前国内反腐败的整体进程有差距。具体表现在，对公权力的规制比较宽松，距离"把权力关进制度的笼子里"还有差距。当前，公权力相对于私权利仍属于强势方，公权力侵犯私权利的现象在一些基层部门还普遍存在。要真正把公权力关进笼子里，不仅涉及对腐败等滥用公权力现象的规制与惩治，更涉及对各级党政机关公权力行使中的权限的划分和规制。当前，各级党政机关、部门要划定和公布权力清单，明确权力边界，广泛接受社会群众的监督。如此才能做到对于私权利而言，法律没有禁止的都是自由的，"法无禁止即可为"；而对于公权力而言，法没有授权的都是禁止的，"法无授权不可为"。因此党政机关的权力必须经过授权，有法律规定才合法，否则就是越权和违法。目前，政府审批事项虽然逐步缩减，但要真正做到对公权力的限制，还要依靠立法，从立法入手，扎紧制度的笼子。

从廉政建设立法的模式看，有分散立法和专门性立法。分散性的廉政立法指有关廉政建设的法律法规散见于各单行法律法规中，主要包括：《中华人民共和国宪法》《中华人民共和国刑法》《中华人民共和国公务员法》等。从专门性立法方面看，还存在着一些与实际需要不相适应的

---

① 《统筹推进依法治国与依规治党一体建设》，《法治日报》，2024年4月17日。

地方，主要表现在：

缺少统一的反腐败法。目前，综合性预防和惩治腐败立法方面，英国有《防止腐败法》和《反腐败法》，新加坡有《防止贪污法》，韩国有《腐败防止法》和《反腐败法》，美国有《海外反腐败法》和一套完整的预防和惩治腐败立法，俄国有《俄罗斯联邦反腐败法》等等。

鉴于我国既没有统一的反腐败法，这就需要通过整合现有的反腐败法律规定，补充目前尚未规范的领域，建立反腐败工作的基本制度框架。

目前我国缺少反腐败的单行法和配套的法律法规。我国目前相关法律体系不完善，导致制度的执行效果差。而在西方国家大都建立起专门、严密的法规制度。比如，在公职人员廉政行为准则方面，英国有《内阁成员行为准则》《检察官准则》《公务员行为准则》，澳大利亚有《公务人员行为准则》，新加坡有《公务员守则和纪律条例》和《公务员惩戒规则》等。我国目前关于公务员行为规范的法律规定主要有《中华人民共和国公务员法》。

反腐败立法滞后于实践需要。立法滞后是导致目前腐败现象滋生蔓延，愈演愈烈的重要原因之一。由计划向市场经济的转轨时期，传统的价值理念失灵，新的价值理念正在形成之中，新旧交替之时，道德滑坡、价值文化多元，这一时期，中国必须借鉴国际市场经济发达国家的立法经验，结合市场经济的特点和要求，通过发挥法规制度稳定性、可操作性强的特点和优势，把官员财产信息公开、道德入法等经验纳入我国反腐败立法的实践工作，促进廉洁文化教育的制度化、法治化进程。比如，在透明制度方面，国外设有专门的公共报告制度（政府向议会做报告制度、审计报告制度、财政预算报告制度等）、公共采购制度、公共财政管理制度、金融实名制、财产申报制度等，这些制度在我国还比较薄弱，还需要进一步完善。再如，在道德立法方面，我国还未专门设立相关法律。20世纪60年代开始，世界上出现了一系列事件和社会问题，诸如越南战争、水门事件、石油危机、通货膨胀、经济危机等，引发了社会信任危机和道德颓废现象，许多国家采取了以提升公职人员道德为核心的道德重建措施。美国、韩国、日本和其他国家都在这样的大背景下制定了专门的行政道德法。"禁于将然之前"的道德行为引起了人们的普遍关注，行政道德立法开始受到一些国家的青睐。如美国有《政府道德法》《行政部门雇员道德行为准则》，韩国有《公职人员伦理法》，日本有《国家公务员伦理法》。我国关于道德方面的立法还比较滞后，关于道德与法律之间的鸿沟还比较明显，普遍存在将道德与法律对立的认识。在国内，道德入法不仅需要在观念上有所转变，更需要在立法中得到体现，这不仅是一种趋势，也是现代法治社会的重要特征。

3.廉政法律体系不完善

一是现行廉政法律法规尚未形成科学、完整的法律法规体系。廉政法律法规要充分发挥防腐保廉的作用，不仅需要每一部廉政法律法规内部的各个法律法规之间协调统一，同时还需要上位法与下位法及廉政法律法规之间协调配合，形成统一整体。目前，国内廉政法律体系还存在不足：首先，现行廉政法律法规还很不健全。国内廉政法律法规多集中在规范权力运行的行政法规、规章和其他规范性文件以及党内法规中。关于廉政的基本制度如财产申报制度、反洗钱法、保护举报人制度等尚未制定。目前我国现行廉政法律法规体系中，监督类型的法规不足，国家监督法、新闻监督法、举报法等尚未制定。其次，缺少规范权力运行机制方面的法律法规，现行廉政法律法规体系中存在重实体、轻程序的情况。"以党内法规为例，从1980年到2000年，发布党风廉政建设方面的条例、通知、规定、办法100多件，其中实体性的规定占80多件，程序性的规定只有10多件。"①最后，现行廉政法律法规中禁止性规定多，追责和惩处性规定少，而且对公职人员的惩处存在双重标准。"一些廉政法律法规中有严禁、不准、不许之类的禁止性规定，但对违反这些禁止性规定的法律后果及对于违法者如何处理，没有做出具体、明确的量刑与量纪标准，使得司法机关和执法部门难以对违反这些禁止性规定的行为进行有效惩处，而且对违反这些规定处理时出现畸轻畸重的情况，影响了廉政法律规范的贯彻执行，不能完全体现立法的目的和发挥廉政法规的作用。"②目前，我国对违反行政法相关规定的公职人员的处罚为仅进行行政机关内部处分，只有触犯了《中华人民共和国刑法》才会移交司法机关进行法律制裁。同样是违法，显然对于公职人员违反行政法的惩罚规定了两个标准，即违反行政法却不违反刑法的，只受行政处分等惩处。这其实也是"刑不上大夫"的另一种变相表现形式，应在立法改革中逐渐得到解决，以真正体现法律面前人人平等的基本原则。而且这种设置也会造成一般的腐败行为不受法律追究的误解，削弱廉政文化教育的效果，不利于反腐倡廉的社会氛围的形成。

二是现行廉政法律法规存在着滞后的问题。目前，廉政法律法规还不能完全跟上时代发展的要求，立法整体进程滞后于社会实践的发展。一方面，社会中的一些新情况、新问题还不能及时通过修改已有廉政法律规范和出台新的廉政法律法规加以规范。另一方面，我国现行廉政法律规范的阶段性特征明显，缺少超前意识和总体规划，从源头上预防和治理腐败的法律、法规少，不能充分发挥从根本上预防和治理腐败现象

---

① 于阳、冯卫国：《创建预防与治理相结合的廉政建设新模式——中共延安市纪委"三问"工作法探析》，《理论探索》，2009年第2期。

② 钟稳：《制度为什么失灵？——从一起典型案例探析我国反腐倡廉制度建设》，《廉政文化研究》，2011年第3期。

的作用。

三是廉政法律法规制度执行力不够。具体表现为，现有廉政法律法规制度对违反廉政法规的行为处罚规定轻，一些法规制度在执行时失之于偏宽、偏软，导致制度的"红线"意识淡薄。而在新加坡对违反廉政法规的行为处罚非常严厉，这确保了新加坡在廉政国际的廉政指数排名中名列前茅。只有树立制度权威，严格执法，违法必究，才能真正增强廉政制度的权威性、威慑性，也才能真正保证廉政法律的执行力。另一方面，我国法律制度执行不力在于中国传统文化中的一些不利因素干扰。人情社会中，注重德治不重视法治，加之传统文化中"人治"思维的长期存在，必然导致人们意识中对法规制度的约束力漠视，甚至联合起来规避法律的制裁。

4.廉政法治建设协调性不强

改革开放以来，我国逐步落实了依法治国方略，健全完善了社会主义法治体系，法治建设取得了巨大成就。但是，我国法治建设在立法、执法、司法、普法等环节也存在一些不足。比如，反腐法律惩处规定可操作性、制约性不强。

从立法阶段来看，我国目前已经进入修改为主的阶段。但是在立法完善的过程中，扯皮现象比较严重，必须树立立法权的权威性。只有树立了这种权威，才能真正做到总体布局，维护立法权的统一性。

制定法律的过程中，还存在失之过宽、执行性差等问题。一方面给公权力的执行者以过大的自由裁量空间，另一方面也给部分执行部门在具体执行中带来操作困难。我国的立法体制总体来说是多元化形式，人大法工委主要负责刑法、民法、诉讼法等根本法，各专门委员会并没有进行立法的专门规定。因此，立法机构改革应该早日提上日程，赋予财经委员会、法制委员会、文教委员会等专门委员会以相应的立法权限。

三、新时代我国党内法规制度建设取得成效[①]

新时代十年，我们党制定修订廉洁自律准则、党内监督条例，两次修订巡视工作条例，三次修订纪律处分条例，颁布实施监察法、公职人员政务处分法，修改刑法、刑事诉讼法等。反腐败法规制度的健全完善为反腐败斗争取得压倒性胜利并全面巩固提供了制度保障。

第一，完善基础性法规制度。围绕一体推进"三不腐"，完善反腐败法规制度。抓住关键权力，聚焦重点领域，完善权力配置和运行制约机制，进一步堵塞制度漏洞，规范自由裁量权，减少设租寻租机会。同时，把法规制度建设要求贯穿到反腐败各个重点问题、重点对象、重点领域，有效防范腐败风险，减少腐败机会。完善以党内监督为主导、各类监督贯通协调机制，加强纪法衔接，完善基层监督体系，推动取得更多制度性成果和更大治理效能。

第二，健全加强对"一把手"和领导班子监督配套制度。各级纪检监察机关立足职责，认真贯彻《中共中央关于加强对"一把手"和领导班子监督的意见》，切实加强对"一把手"和领导班子的监督实效。然而，从实践情况看，对"一把手"和领导班子监督仍是薄弱环节。各地各部门要找准地域性、行业性特点，因地制宜健全配套制度，探索强化监督的有效办法，着力形成对"关键少数"特别是"一把手"全方位、全过程、立体式的监督制约机制，督促"一把手"和领导班子自觉做到公

---

① 王新民：《进一步健全反腐败法规制度》，中央纪委国家监委网站，2024年1月22日。

正用权、依法用权、为民用权、廉洁用权。

第三，持续推进反腐败国家立法，加强纪律教育。要进一步推进反腐败国家立法和党内法规制度建设，以实践基础上的理论创新推动制度创新，及时制定修订完善一批标志性、关键性、基础性法规制度。要以学习贯彻新修订的纪律处分条例为契机加强纪律教育，着力解决对党规党纪不上心、不了解、不掌握等问题，促进党员干部增强纪律意识，养成纪律自觉。

第四，加强重点法规制度执行情况监督检查，确保一体遵循、一体执行。制度的生命力在于执行。要强化对反腐败法规制度执行情况的监督检查，进一步维护法规制度的严肃性和权威性，坚持法规制度面前人人平等、执行法规制度没有例外，确保执行到人到事。监督检查要突出精准性，聚焦反腐败法规制度执行阻点问题开展靶向施治；突出系统性，围绕反腐败法规制度执行难点问题，开展举一反三的排查和整治工作。要坚决纠正有令不行、有禁不止的行为，确保各项法规制度成为刚性约束。

四、完善廉政法规制度体系

完善党纪法规，建立起一套科学、完整、有效运转的综合防范和制约公共权力滥用的机制，是做好反腐倡廉工作的基本途径，是党风廉政建设的关键。新时期要健全完善中国的廉政法律制度和体系建设，充分发挥廉政法律制度的重要作用，在全社会形成廉洁的制度文化环境，促使人们崇廉尚廉，把廉洁精神文化固化为具体的制度，用法规制度的硬约束来规范公众的行为准则。

（一）党内民主监督制度建设

要处理好党内法规制度与国家法律体系和法律规范的关系，加强党内民主和党内监督制度建设。今后一个时期，要逐步建立完善党内民主集中制度，健全党委议事决策制度和程序。健全党内民主制度，推进党的代表大会任期制，试行党代表大会常任制，探索党代表闭会期间履职的有效途径和形式。健全党内监督制度。进一步完善领导干部重大事项报告、收入申报和责任追究制度等。

（二）腐败惩处制度建设[①]

制定完善全面性、概括性和规范性基本制度的同时，对基本制度细化，做到严密性、针对性和可操作性，避免制度的抽象化和模糊性，如完善廉政行为准则建设。2010年2月，中共中央印发《中国共产党党员领导干部廉洁从政若干准则》。《廉政准则》用52个"不准"严格规定了党员干部不准做的事情，不能踏入的"雷区"，对于建设廉洁政党，尤其是在反腐倡廉方面起到了基础性的规范和引导作用。

党的十八大以来纪律处分条例共进行了三次修订。2015年，对纪律处分条例进行第一次修订，修订后条例共11章133条。与原条例相比，2015年修订的条例实现了纪法分开，突出"纪严于法，纪在法前"的要求；第一次把党的纪律整合为六大纪律，即政治纪律、组织纪律、廉洁纪律、群众纪律、工作纪律和生活纪律等；突出政治纪律和政治规矩，是最重要的纪律；把落实中央八项规定精神的要求转化为纪律规范，体现作风建设最新成果，使党的纪律成为管党治党的尺子和全体党员的行为底线。

2018年适应新时代党的建设总要求，对纪律处分条例进行了再次修

---

① 陈坚、姚金桃：《〈中国共产党纪律处分条例〉历次修订的来龙去脉》，中央纪委国家监委网站，2024年6月12日。

订。这次修订的条例共分11章142条，与2015年条例相比较，新修订的条例增写了"以习近平新时代中国特色社会主义思想为指导""坚决维护习近平总书记党中央的核心、全党的核心地位，坚决维护党中央权威和集中统一领导"等重要内容，实践中普遍运用的监督执纪"四种形态"得以体现，纪法衔接条款更加完善，制度笼子更加牢固。

2023年12月中共中央颁布新修订的《中国共产党纪律处分条例》，这是党的十八大以来的第三次修订。这次修订的条例共158条，与2018年条例相比，新增16条，修改76条。从总体来看，这次新修订的条例将习近平总书记相关重要论述转化为纪律要求，用党的创新理论的立场观点方法引领纪律建设工作，为一刻不停地推进全面从严治党提供了坚强纪律保障。这些修订严格落实党的二十大关于坚持和加强党的全面领导和党中央集中统一领导的各项部署要求，进一步严明政治纪律和政治规矩；坚持靶向施治，聚焦执纪监督中的重点难点问题，进一步总结实践经验，充实了违纪情形，细化了处分规定，使管党治党的思路举措更加科学严密有效，切实让铁纪"长牙"、发威，让党员干部重视、警醒、知止。

对纪律处分条例做出修改充分体现了坚持不懈、持之以恒将全面从严治党推向纵深的坚定决心和担当精神，有利于进一步增强广大党员的纪律意识、规矩意识，充分发挥纪律建设标本兼治的利器作用，更好担当起领导人民实现中华民族伟大复兴中国梦的历史使命。

（三）反腐倡廉立法建设

在国家立法中要有计划、分步骤地制定或修订一批法律、法规和条例。比如，围绕倡导廉洁从政的制度安排，应制定和完善以下制度：一是公职人员选拔任用制度中对从政道德的制度规定，二是公职人员考核制度中关于廉洁自律的制度要求，三是公务员管理制度中强化高薪养廉的制度，四是对贪腐行为的惩治制度进一步细化和完善。在具体制度制定方面主要包括：首先，制定《反腐败法》。当前制定《反腐败法》时机已成熟，通过立法将一般腐败行为及时规定为腐败犯罪加以制裁。其次，制定《财产申报法》。1995年《关于党政机关县处级以上领导干部收入申报的规定》，初步确立了县处级以上领导干部财产申报登记制度。但是，由于申报内容不全、审核手段落后，约束力有限。目前随着技术条件的成熟，制定《财产申报法》的时机已成熟。其申报内容主要涉及本人或者家庭成员的动产、不动产、负债以及贷款情况。[①]第三，修订完善《政务信息公开法》。第四，制定《财政监督法》。从法律的角度明确财政监督的机构，机构之间的关系、地位、作用、职责，监督的手段，工作方法、程序、任务，监督人员的素质、惩罚措施等。第五，建立独立廉政机构。在借鉴世界上其他国家、地区反腐败成功经验的基础上，建立独立廉政机构。第六，建立公职人员公权力规范行使监督制度体系。"建立利益协调规则，防止国家利益与私人利益之间发生冲突；建立完善的公务员回避制度；完善廉政惩处制度，对惩处措施细化，可根据不同行为进行降职、降薪、罚款、减少或停止退休金、强制退休和开除公职，甚至判处徒刑的惩处；建立禁止受贿索礼、限制收礼的制度；完善禁止经商和兼职的制度；建立禁止以权谋私的制度；建立制度限制离职后的活动。"[②]同时，借鉴国外引德入法的做法，尽快制定《公务员道德法》《政府道德法》等有关法律，通过立法，对公职人员道德行为加以强调和规范。

---

① 李光：《当代中国廉政制度的变迁与创新问题研究》，华中师范大学博士论文，2003年。
② 李景平、鲁洋：《国外公务员廉政制度及对我国的启示》，《学术论坛》，2012年第12期。

（四）健全公权力制约制度

根据反腐败的理论探索和经验总结，防止公权力异化和腐败，必须逐步健全权力制衡制度、权力运行公开制度、市场化制度、权力监管制度等法规制度体系。以制度建设的成效打赢反腐败斗争。同时，引导公职人员和掌握公权力的关键岗位人员形成崇廉倡廉的良好风尚，抵制腐败文化的侵蚀，要从人趋利避害的本性出发，完善相应的制度加以约束和制约。对廉政法律制度体系进行整体设计、完善，才能进一步压缩腐败空间，从源头上治理腐败。加强廉洁文化教育体系，营造廉洁的社会制度环境，是廉洁社会建立的基础工程，只有德法并重，"软文化"与"硬制度"相协调统一，才能取得腐败治理的实效。

第二节　弘扬廉洁社会文化

"无论是个人还是民族，深层的命运都由自己内在的文化所掌握，我们必须审视、反省自己的文化。腐败不仅损害的是国家的肌肤，而且泯灭的是一个民族的灵魂。"①文化是民族的血脉，是人民的精神家园，一定程度上，集中体现和反映了社会主义核心价值观。发挥先进文化引领风尚、教育人民、服务社会的强大作用，以廉洁文化教育实践为引领，积极引导社会公众形成崇廉尚廉的良好社会文化氛围，是西方发达国家廉政建设中的有益经验，值得借鉴。任何社会现象都有其存在的文化背

---

① 姚国华:《文化立国》,海天出版社,2002年版,第46页。

景和社会环境，腐败作为一种普遍存在的社会现象必然与社会文化因素有关。当前，遏制腐败培育良好廉洁文化不仅需要相应的制度和机制，更需要文化因素的配合。一旦崇廉尚廉社会文化环境在广大民众中间生根发芽，成为一种日常行为习惯，腐败现象和行为自然被摒弃。

一、国内社会文化环境建设面临的机遇

（一）网络时代的廉洁文化新机遇

全球化时代，为廉洁文化教育的开展带来了千载难逢的历史机遇。全球化打破了时空界限，拓宽和改变了不同地域间人们的交流方式和渠道，人们思想意识空前活跃，现代化进程持续加快。借助全球化的便利，我们可以了解西方国家在反腐败中的典型经验和成功案例，借鉴西方廉洁制度体系建设会环境营造方面的经验和成果，为开展新时期国内廉洁文化教育打开了新视野。同时，各种文化间的碰撞和交流，会促进中国传统文化加速走向世界，传播中国价值理念和文明成果。全球化网络化时代，多元文化融合共生，激浊扬清，可以进一步增强中华民族优秀廉洁文化的影响力和感召力。

培育和增强人类反腐败的合作意识，促进廉洁文化的国际合作。借助国际政治经济文化交流与合作，我国政府积极主导推动中国特色的反腐败制度创新，并开展全方位的国际合作交流。比如，我国加入联合国《反腐败公约》组织；成为国际反腐败学院成员单位；在2014年APEC会议上与其他成员国联合发表"中国反腐败宣言"；尤其是十八大以来，我国加强对跨国腐败犯罪的追逃力度与国际合作步伐，中国政府针对跨国腐败犯罪实施了"猎狐"行动，向全球发出了包含100名外逃人员姓名的"红色通缉令"，在世界范围内追逃跨国腐败犯罪分子，让腐败分子没有可以逃

脱惩罚的"天堂",反腐败国际合作的各项措施有效震慑,打击了贪腐分子,赢得了国际社会的广泛认可,提升了中国政府在世界上的清廉形象。

(二)中国式现代化引领传统文化复兴

2012年11月,习近平总书记在参观中国国家博物馆《复兴之路》陈列时,回顾了近代以来中国人民走过的历史进程,他指出:"实现中华民族伟大复兴,就是中华民族近代以来最伟大的梦想。"[1]这一概括和阐述,展现了中华儿女100多年来不懈追求的美好愿景。经过十八大以来在理论和实践上的创新突破,我们党成功推进和拓展了中国式现代化。从现在起,中国共产党的中心任务就是团结带领全国各族人民全面建成社会主义现代化强国、实现第二个百年奋斗目标,以中国式现代化全面推进中华民族伟大复兴。2024年,中共二十届中央委员会第三次全体会议,审议通过了《中共中央关于进一步全面深化改革、推进中国式现代化的决定》,认为当前和今后一个时期是以中国式现代化全面推进强国建设、民族复兴伟业的关键时期。

中华民族具有百万年的人类史、一万年的文化史、五千多年的文明史。中华文化源远流长,中华文明博大精深。中华文化具有突出的特性:连续性、创新性、统一性、包容性、和平性。中华文明作为世界上唯一延续数千年绵延不断、传承至今的文明,为全人类文明发展做出了巨大贡献。中国式现代化的实现离不开中国文化的全面复兴。梦想,是人类对于美好事物的一种憧憬和渴望,是人意识里的一种追求与动力源泉。每个人都有自己的理想和追求,而所有中国人的梦想汇聚在一起,就是中

---

[1] 《实现中华民族伟大复兴是近代以来中国人民最伟大的梦想》,《习近平谈治国理政》第1卷,外文出版社,2014年版,第36页。

国人民的共同追求——实现中华民族伟大复兴。实现中国式现代化绝不能忽视文化的力量，民族复兴离不开文化的复兴，民族自信离不开文化的自信。

五千年中华文明史，曾经创造出高度发达的文化成果：两汉文明、盛唐雄风、大明帝国、康乾盛世，这些辉煌成就载入史册，使中华文明曾长期领先于世界其他各国。深厚的中华文化不仅深刻影响和改变了东亚的文化格局，而且辐射、影响着世界文明的进程。然而今天一个拥有悠久历史和灿烂文化的文明国度，却面临着传统文化的衰落、公众信仰的危机。曾几何时，美轮美奂的青铜器、庄重肃穆的兵马俑、精致灵巧的江南园林、京剧、武术、美食、唐诗宋词、明清小说……这些毫无疑问是中国文化的精粹。现在，人们也不免疑惑，20世纪以来中华文化的身影在哪里？与古代中国的灿烂文化相比，与同时期世界文化的蔚为大观相比，我们传统文化的影响力和分量确实还不够厚重。真正的大国不是靠经济军事实力的简单堆积而成的，真正的大国更应该依靠她的精神力量和文化感召力。如果缺乏文化软实力，缺乏西方文化那种全球的感召力，我们便不可能实现文化的崛起，更不可能成为全世界公认的有国际影响力的大国。实现中华民族伟大复兴，复兴中国文化正逢其时。

今日之中国正处于百年来文化复兴的最好发展机遇期，改革开放40多年来的经济发展，我国的综合国力迅速增强，成为世界上第二大经济体，国民自信心空前高涨。一方面，丰富的经济生活为我们提供了广泛的文化素材，人们的精神文化需求也随之增长，强大的经济基础成为中国文化复兴的重要前提和动力；另一方面，经济发展促使许多新知识、新技能、新法规、新制度的形成。例如信息技术的高速发展为文化复兴提供更为广阔的平台，网络的普及不断放大文化的影响力，使人们可以随时随地创造着、接受着、传播着各种文化。同时各项国家政策相继出台，为文化复兴提供了坚实的制度保障，也表明提升文化软实力已提高到国家战略的高度，以文化论输赢的发展观念逐步推开，成为文化复兴的重要条件。

从鸦片战争到日本全面侵华战争，近百年的时间里，中西文化之间产生了历史上最为激烈的碰撞。但随着一场又一场战争的失败，随着各种不平等条约的签订，中国的文化自信心一点一点被销蚀。经过近代以来一次又一次的反传统风暴，特别是"文革"对中国传统文化的破坏和否定所形成的文化大断层，再加上现代商业逻辑和西方文明的侵蚀，中国传统文化内外受敌，一时间其发展创新举步维艰。但是，汇聚"儒、释、道"精髓的中国传统文化从不曾屈服过任何一种外族和外国文化，用自己的方式进行着自救与抗争，可以说没有哪个民族和国家的文化曾经征服过中国文化。相反，西方文化却因为发展过程中显现的根本缺陷，常陷入对自身的反思和批判。经济发展极大地激发了中国人的自信和自尊，此时提出民族复兴正符合了广大人民要求实现国家富强、文化昌盛、人民幸福和谐的呐喊，在中国实现"文化复兴"必然成为一种历史的选择、人民的抉择。

如何实现文化复兴，必须首先重整自己的精神内核，绝不能人云亦云，更不能照搬照抄，不能囫囵吞枣、照单全收，更不能李代桃僵、全盘西化。复兴中国文化的一个重要内容，就是弘扬中国传统文化，弘扬自强不息的中华民族精神。要想实现文化的复兴，还需要以我为主吸收借鉴外来有益文化。这种学习，不是近代那样的"实用主义"，而是学习外来文化中具有普遍积极意义的内在精神，以此来充实自己的文化。中华民族文化的复兴，为廉洁文化教育的实现提供了更高层次的人文环境，在这一环境下，如果找准廉洁文化教育自身的规律，定会如鱼得水，真正实现对腐败文化的全民包围态势，使得腐败行为真正成为"过街老鼠"，使腐败文化失去滋生的文化土壤。

二、培育践行廉洁文化价值观

要充分认识廉洁文化价值观的重要性和必要性，通过围绕艰苦奋斗、廉洁奉公教育主题，开展一系列教育活动，继续发扬批评和自我批评的优良传统，培育党员干部实事求是、理论联系实际、廉洁奉公、勤政为民、艰苦奋斗、勤俭节约的优良作风，抵制官僚主义、形式主义、享乐主义和奢靡之风，抵制好人主义、阿谀奉承、以权谋私、敷衍塞责、铺张浪费、奢侈挥霍等不良风气。促使各级领导干部"常修为政之德、常思贪欲之害、常怀律己之心"，切实做到勤政为民、廉洁从政。同时，更要清醒地意识到廉洁教育和反腐倡廉工作的紧迫性、长期性和艰巨性，不仅重视针对党员干部的廉洁教育，更要对广大群众进行廉洁教育。把惩治腐败与扶持正气结合起来，把廉洁教育与社会公德培育、社会主义核心价值观教育结合起来，科学把握不同社会群体的心理特征，有区别有针对性地开展工作。另外，在具体教育活动中，要奖罚分明、导向明确，营造廉洁文化教育的良好氛围。对重视廉洁教育、廉洁奉公、遵纪守法且成绩突出的单位和个人要表扬、奖励，对漠视廉洁、贪污腐败、违法行为依规依纪予以严惩。

（一）强化道德文化的引领

发挥社会舆论的强大作用，可以营造廉荣贪耻的社会文化氛围，塑造良好政治生态。一方面，要在公众媒体上开展廉洁文化知识的宣传普及活动，对出现的贪腐行为要坚决给予党纪国法的严惩，对在公务中廉洁守法的行为公开表彰。通过道德机制和舆论正确引导，向公职人员传递正确的为政用权的方式，自觉树立正确的行为方式。另一方面，对腐败文化的危害进行大胆揭露，客观分析利弊，让公众认清腐败现象危害，增强廉荣贪耻的意识。引导公众客观看待公职人员队伍的现状，坚定廉洁信念，养成正确的行为处事方式，对于腐败行为坚决制止，敢于说不。

发挥道德模范的示范作用可以树立道德标杆，引导社会公众积极向善。发挥一系列心理机制和社会机制的作用，提升公职人员的道德水准。比如，利用"道德模范人物先进事迹宣讲"等活动，让公众身边的道德模范人物现身说法，更加可学可信，吸引广大公众参与并积极践行。再如，中央电视台近年开展的"感动中国"年度人物评选活动，吸引广大公众踊跃参加年度道德模范人物投票评选，通过宣传他们的先进事迹，引导社会惩恶扬善、弘扬正气。

开展社会道德赏罚，可以让违反社会道德行为者得到应有的惩处，付出必要的代价，发挥道德的规劝作用，引导人们向善崇善。社会主义荣辱观是当代主流价值观和道德建设的标杆，科学回答了在改革开放和发展市场经济的条件下，应该弘扬什么样的道德风气、确立什么样的价值导向、遵循什么样的行为规范等重大问题，体现了社会主义道德规范的本质要求。腐败分子之所以做出贪污受贿的行为，除了制度不健全、监督不到位等因素外，与公职人员没有牢固树立正确的荣辱观、与社会没有形成正确的荣辱观氛围关系密切。现阶段可以把道德教育与培育和践行社会主义核心价值观教育相结合，协调推进。

（二）廉洁精神与良好社会环境建设

廉洁精神是一个民族精神文化的重要组成部分。其作为一种行政道德的"软约束"，对廉洁教育有深层次的影响。美国学者苏姗·罗斯·艾克曼在《腐败与政府》一书导言中指出："腐败在不同社会中有着不同的意义。一个人拿来行贿的东西，在别的社会可能只被看作一件礼物。一位政治领袖或政府官员帮助朋友、家人和支持者，在某些社会受到人们的赞扬，在其他社会却可能会被视为腐败。"①艾克曼在《腐败与政府》第二部分"作为文化问题的腐败"中，列举了大量案例，说明了贿赂、施恩和送礼等行为在不同国家的不同境遇。例如在泰国，送礼被推崇成为一种社会认可的行为。

在一些廉洁程度普遍高的国家共同特点是：民主伦理精神好，国民道德素质高。如北欧国家逐渐形成了健康的公民文化道德体系。北欧民众普遍培养了遵纪守法、诚实守信的道德习惯，鄙视以权谋私的腐败行为。这种廉荣贪耻的社会氛围，对公务员的廉洁自律有重要的影响。"据统计，1985年至1992年间，芬兰只有25起贿赂案。近年来，贿赂现象更是少之又少。芬兰的受贿案例已经联系十多年来在全球是最少的。在芬兰，最高检察院检察长马蒂·库西马基担任法官的30年里，没有一个人以任何形式向他行贿。因此'英雄无用武之地'的他'无奈'地表示，公民的自律是芬兰防止腐败的最有效手段。"②清正廉洁理念已融入芬兰的民族精神，升华为一种文化品格，芬兰人的廉洁精神赢得了世人的尊敬。

我国香港地区特别重视社会廉洁精神的培养、廉洁文化的建设，成为推行社会廉洁的典范。然而，在20世纪70年代以前，香港公职人员贪赃枉法、中饱私囊之风盛行，一名因贪污入狱的警察直言："贪污，就像晚上睡觉、白天起床刷牙一样自然。"有人形容说：当时的贪污好似一辆行驶中的公共汽车，追不上、拦不住，上车才行。更可怕的是市民对

---

① ［美］苏珊·罗斯·艾克曼著，王江、程文浩译：《腐败与政府》，新华出版社，2000年版，第6页。

② 朱军：《芬兰的廉政文化》，《检察风云》，2005年第5期。

此见怪不怪，麻木不仁。1974年，香港专门反腐败机构——廉政公署成立时，深感"惟有令市民彻底改变对贪污的态度，才可令反贪工作收到持久的成效"[1]。廉政公署每年制作宣传短片在公共媒体播放，用图文并茂、生动有趣的情节向市民宣传廉洁的社会意识、行为规范，共同抵制贪腐行为，得到了广大市民的积极支持。通过在大众媒体中播放廉政电视剧、宣传片等，弘扬反腐倡廉的正气，寓教于乐，提高市民对贪污的警觉性；不定期举办廉政公署开放日，拉近与市民的关系，揭开反腐败机构的神秘面纱；为大中小学生编写了生动的反贪防贪教材，让孩子们自幼接受廉洁教育；通过新闻媒体把反腐败的工作进展、信息传达到每一个市民心中。可以说，香港反腐败的成功经验在于打击、预防、教育三管齐下，相辅相成。香港能有较高的廉洁度，与廉洁精神塑造、廉洁理念形成、廉洁文化建设密切相关。

（三）廉洁文化教育与提升文化软实力

廉洁文化是文化软实力的重要组成部分，通过以廉政和廉洁社会的理想为核心的实践活动，塑造社会大众以廉洁为核心的价值诉求，这些成为建构文化软实力的重要组成因素。二者之间是相互联系、相互促进的关系。廉洁文化对文化软实力的提升起着重要的推动作用。从根本上来说，中国特色社会主义的廉洁文化是对中国传统廉洁文化、中国共产党人反腐倡廉建设规律的继承和弘扬，是对包括西方国家在内的人类社会政治文明中优秀的廉洁文化成果的吸收和借鉴，在此基础上，对包括反腐倡廉、廉洁从政为核心的相关理论、价值观、道德思想、行为方式、法律制度体系有机整合，形成的一系列科学的政治文化、行为道德

---

① 赵岚：《20世纪90年代以来香港的廉政建设及其启示》，《政治学研究》，2009年第1期。

文化和制度文化。在这个意义上，廉洁文化作为树立清正廉明的政府形象、增强我国在国际上影响力、促进我国文化软力量进步发展的一种先进的科学的文化，在增强我国文化软实力、提升国际影响力等方面发挥着重要的推动作用。

三、塑造新时期廉洁文化价值理念

"思想道德教育是一项社会系统工程，需要各方面大力协调配合。纪检监察、组织人事和宣传思想等部门要做好经常性的反腐倡廉宣传教育工作，广播、电视、报刊和互联网等大众媒体要努力营造反腐倡廉的舆论氛围，理论政策研究部门要加强反腐倡廉理论的研究和宣传，党校、行政学院的教育培训要充实反腐倡廉教育的内容。总之，要采取综合措施，努力形成反腐倡廉教育的强大合力，推动反腐倡廉教育工作的深入开展。"[①]

"文革"时期对中国传统文化的毁灭性破坏造成的"文化大断层"至今没有及时得到修复，"破四旧"、反对封建迷信之后没有重新构建新的理想信念和价值体系。当前阶段，必须结合中国社会发展的阶段特征和实际需要对包含廉洁文化价值理念在内的社会价值理念进行修补和重构。这不仅是开展廉洁文化教育的重要责任，也是构建社会主义核心价值体系的重要任务。

---

② 钟纪宣：《推动反腐倡廉大宣教格局向纵深发展》，《中国纪检监察报》，2006年11月15日。

第三节　培育廉洁政治生态

当前，在全社会尤其是党内必须营造一个良好从政环境，也就是要有一个好的政治生态。改进工作作风，就要净化政治生态，营造廉洁从政的良好环境。这就把政治生态与从政环境赋予了共同的含义，也说明了二者之间具有紧密联系。政治生态作为政治生活现状以及政治发展环境的集中反映，集中体现了该地区、部门的党风、政风和社会风气。政治生态环境分为内环境和外环境。内环境主要包括政治制度、政治文化和政治活动；外环境主要指的是政治体系同其他社会体系。政治生态实质上为一种"软环境""软实力"。

廉洁文化教育离不开保廉促廉的外部环境建设，而与公职人员关系最为紧密的外部环境便是政治生态和从政环境。风清气正的官场风气可以直接作用于掌握公权力的领导干部和公职人员，使他们在周围环境和风气的带动下远离贪腐，廉洁自律。政治生态理论把整个政治系统视为一个"有机体"，并且注重这个"有机体"中各个组成部分的"互动性""关联性"。作为该有机体最为重要的组成部分，各级官员和公职人员并不是一个个孤立的存在，他们之间以及他们与整个政治系统的其他组成部分息息相关。因此，运用系统论和生态论以及心理学等有关理论来分析研究政治生态，让良性生态作用于从政者个体、群体，是开展廉洁政治生态的实践路径。而廉洁文化教育受政治生态的影响和制约，是政治生态的重要组成部分以及构建和谐政治生态的必要环节，廉洁文化教育有效实施离不开良性政治生态环境，良性政治生态的构建也离不开廉洁文化教育的有效实施和崇廉尚廉社会文化环境的影响。

一、国内政治生态环境现状

（一）反腐败进入新常态

2024年1月8日，习近平总书记在二十届中央纪委三次全会强调："反腐败斗争取得压倒性胜利并全面巩固，但形势依然严峻复杂。要坚决打赢反腐败斗争攻坚战、持久战。"

"加强新时代廉洁文化建设。深入开展党性党风党纪教育，注重家庭家教家风，积极宣传廉洁理念、廉洁典型，营造崇廉拒腐的良好风尚。"党的十八大以来，坚持重拳反腐，不设禁区，坚持"老虎""苍蝇"一起打。依法查处违反中央八项规定精神的官员，各种反腐途径不断拓宽，网络反腐、舆论监督等成了反腐"导火线"，广大公众参与监督的积极性和自觉性日渐高涨，这充分表明了国家反腐败成效明显、措施得力。中国青年报社会调查中心开展的一项调查显示，62.5%的受访者对过去一年的反腐改革成效表示满意，71.6%的人认为腐败作风与往年相比有所改进，63.7%的受访者对未来反腐充满信心。[①]

（二）作风建设取得新成效

十八大以来，随着一系列反腐败举措的实施，事关党风党纪的宣传教育活动相继开展，扎实推进，全党作风建设取得了显著改善，赢得了党心民心。这些教育活动主要包括：2012年12月，改进工作作风、密切联系群众的中央八项规定出台；随后，纠治"四风"、党的群众路线教育

---

① 《调查称逾七成受访者感觉身边腐败现象大有改观》，《中国青年报》，2014年3月10日。

实践活动启动。2014年2月10日，中共中央印发《建立健全惩治和预防腐败体系2013—2017年工作规划》，包括五部分：总体要求，坚持不懈抓好党的作风建设，坚决有力惩治腐败，科学有效预防腐败，加强党对党风廉政建设和反腐败工作的统一领导。迄今，中共中央、国务院已颁布多条禁令。"《党政机关厉行节约反对浪费条例》《党政机关国内公务接待管理规定》等一批制度规定相继出台，加上各部委发布的各项规定更是多达数十条，如严禁中央和国家机关使用或制售'特供''专供'物品、领导干部应当报告收入房产投资等事项。"在这些密集的政策规定之下，奢侈品消费锐减，这些都暴露出依靠公款的畸形消费泡沫不堪一击。这些正是落实中央八项规定精神等措施的制度化成果，而绝不是一阵风所能取得的效果。密集的反腐信号让人们看到了党中央动真碰硬的坚决态度。山东某县一位县委书记说："中央八项规定精神出台之初，一些领导常互相提醒'别撞枪口上'，但一年后这种'避风头'的心态日渐消淡。"①

（三）廉洁文化教育实践不断创新

各地廉洁文化教育方式创新的实践案例及有益经验层出不穷。据报道，福建南安市廉洁文化建设示范点——美林街道溪洲村，除了传统的公告栏外，群众还可以通过电子液晶显示屏、农村信息服务平台获取党务、政务、村务信息。溪洲村村民人人有手机，通过文化信息服务平台，每个人都能收到最新的村级通知、每月财务收支报表、村建工程招投标等村务信息。该市以建设反腐倡廉警示教育基地为"龙头"，以创建农村

---

① 《2013，刻入历史记忆的中国反腐》，《新华每日电讯》，2013年12月27日。

党风廉政建设示范点为抓手，构建市、镇、村三级联动的廉洁文化教育网络，成为南安开展廉洁文化建设的一大特色与亮点。

二、腐败文化对政治生态的侵蚀

腐败文化对良性政治生态建设的影响和侵害，造成了从政环境日益恶化，贪腐风气弥漫，各个公权力行使者竞相以权力寻租为能事，社会运行的腐败成本增大，社会公众对这些现象熟视无睹，对腐败现象纵容、默认，不以腐败为耻，最终将给党的执政地位带来严重的威胁。从理论上来看，腐败是政治生态恶化的集中表现，而腐败文化成为良性政治生态环境建设的重要制约因素。比如，十八大以来，查处的山西腐败窝案中，13名常委的省委班子，至今已有接近半数的常委落马，这正是山西政治生态出现问题的集中表现。另外，广州市白云区半数常委落马，这种地方反腐层面出现的"团灭"的反腐模式，均折射出国内部分地方政治生态恶化已到了相当严重的程度。特别是卖官鬻爵、帮派横行、各种"红顶""灰顶"商人与官员勾结的官场腐败文化，成为侵蚀政治生态的重要杀手。经过近30多年的改革开放，我国综合国力和人民生活水平得到明显提高和改善，加之市场经济的冲击下，有些官员就打起自己的"小算盘"，各种官商勾结、吃"干股"等现象层出不穷。

文化是有惯性的，相对于政治制度生态的刚性约束，政治文化生态具有的软性作用更加明显："从历史传统和地缘要素来看，各地政治生态的差异性也更多地体现在文化差异性方面，开放与保守、现代与传统，无为与有为，这些政治生态底色取决于各地官员的认知、情感、信念与价值观等诸多心理活动，而后者则构成了政治生态的区域特质。广东官员的敢闯敢冒，浙江官员的无为哲学，苏南政府的强势主导，在一定阶段成为区域政治生态主流特征，也在极大程度上推动了社会经济发展。"①这些文化惯性因素如果不能加以引导利用，就会成为地方保护主义，为结党营私所利用。官场腐败文化成为侵蚀政治生态的杀手。经过四十多年的改革开放，我国综合国力和人民生活水平得到明显提高和改善，政治体制改革也需要加大力度，以较好地调整好利益再分配问题。权力的影响让官员们获得了无形资本，加之市场经济的冲击下，有些官员打起自己的"小算盘"，各种官商勾结、"吃干股"等现象层出不穷。各种改革的不同步势必造成了社会转型期的腐败问题，使政治生态环境恶化。

而腐败文化盛行的各类不利因素成为助推政治生态环境恶化的推手。我国社会转型期的制度不完善加之和我国体制改革状况交织，权力监督和权力制约等制度环境尚未完全形成，必须逐步健全和完善中国特色社会主义的法律制度体系，为良好的政治生态环境提供制度保障。

三、建设廉洁政治生态环境

良好政治生态营造与反腐倡廉建设、廉洁文化教育实践呈现正相关联系。不良从政风气和从政环境，使关系网、"潜规则"成为常态，极大地破坏了地方和部门的政治生态环境，为各类腐败文化的大行其道提供了便利，是对廉洁文化的极大破坏。相反，风清气正的政治生态环境的形成，用人公正、用权合法、决策合理的政治生态的确立，必然会减少腐败的发生。营造良好的政治生态，弘扬正能量，践行社会主义核心价值观，始终保持清正廉洁，这是党员领导干部做人、做事的底线。

---

① 丁忠甫、郑林：《反腐倡廉：构建和谐政治生态环境》，《云南行政学院学报》，2010年第4期。

（一）政治生态建设的原则

廉洁政治生态的建设要把握以下原则：首先，领导干部要做良好道德修养的表率。其次，要有刚性的制度规定和严格的制度执行，制度建设是政治清明的根本途径。第三，要营造良好选人用人风气。用一贤人，则群贤毕至，见贤思齐，就蔚然成风。坚决匡正选人用人风气，风气自然能正，政治生态自然向好。真正做到坚持原则、敢于担当、尽职守责，加强干部监督，大力营造良好的用人环境和从政环境，更好地管住人、选好人、用对人。

（二）作风建设与政治生态

围绕贯彻落实中央八项规定精神和纠治"四风"及党的群众路线教育实践活动开展，做好相关制度跟进和作风建设的长效机制，真正实现干部工作作风和"官场"风气的彻底转变，努力营造良好从政环境和政治生态。"风"和"俗"是相互的，上风下俗，上面的风气就是官场的风气，下面的风气是社会和民间的风气，上下是相互影响促进的。比如，下面大吃大喝，办喜事、办丧礼都讲铺张，比富炫富，那种庸俗的社会观会造成一种社会的氛围，甚至会影响到上面的风气。可是上面呢，如果也是铺张浪费、奢侈腐化，就会形成互相影响。因此，要想在社会中树立起风清气正的良好社会风尚，必须首先抓好官场风气。作为公众人物的各级领导干部，其价值理念、工作作风所具有的示范作用，必然会辐射到全社会。只有官场风清气正，社会风气才会从根本上得到扭转。同样，如果官场的风气不清，社会的风气就不会正，所以官员的模范示范作用尤为重要。"升官发财"等封建思想的糟粕，将升官与发财相联系必然意味着对腐败文化的传播，几千年封建社会都无法彻底转变的官场风气，在今天必须加以改变。

目前，不少党员领导干部因违反中央八项规定精神等问题，受到党纪国法的惩处，却有一些人在为他们"喊冤"鸣不平，觉得有些干部是为情势所迫，是不良政治生态的牺牲品。针对这一现状，习近平总书记向广大党员领导干部提出"三严三实"的要求，即"严以修身、严以用权、严于律己，谋事要实、创业要实、做人要实"的准则。领导干部恪守"三严三实"，从政"小环境"就能清朗，以优良党风政风带动社会风气根本转变的目标也就能够实现。这既是加强全党作风建设、改善政治生态的有力武器，也是各级领导干部的为官之道和行为准则。因此，各级领导干部都要积极践行"三严三实"，锤炼过硬作风，强化责任担当，切实为人民群众执好政、用好权，不辜负党和人民的信任。落实"三严三实"，才能加强作风建设，改善政治生态，夯实执政之基。领导干部要始终牢记"为政清廉才能取信于民，秉公用权才能赢得人心"的宗旨，围绕着满足人民群众所需、所想、所盼干实事，把群众"答应不答应、高兴不高兴、满意不满意"作为评价工作好坏的唯一标准。

（三）榜样示范与政治生态

"清官"文化是古代传统廉洁文化的重要部分，通过对清官廉吏事迹的传颂和褒扬，以榜样人物的人格化力量来引导官场风气，营造良好政治生态和从政环境，是构建就文化教育外部环境的重要举措。清官因为其自身所具有的清正廉洁、执法如山、刚正不阿等特质而被中国老百姓视为正义的化身，甚至形成了一种类似于信仰的对清官的期盼和崇敬。"清官"作为一历史概念，虽然具有一定的时代局限性，但其传达的精神内核，却完全可以被新时期所发扬光大。而且在现代社会，依然存在着比较强烈的清官情结。当前，在宣传古代"清官"文化的同时，也要认识到"清官"文化毕竟是封建社会的产物，存在不少糟粕。要不断与时俱进，挖掘新时期涌现的模范人物，特别是模范从政者的事迹，由塑造清官形象转向树立全心全意为人民服务的公仆形象，并实现从清官崇拜的人治信仰向现代对依法办事、严格执法的法律崇拜的法治信仰转变。

当前，我们还缺乏对廉洁榜样有效的挖掘和宣传。所谓廉洁榜样，指在躬行廉洁从政规范中备受社会称赞的典型人物，类似于古代的"清官"形象。"清官"在中国古代是民间对廉吏比较形象的尊称，在二十四史中，并没有对"清官"的专门描述，只有"循吏""良吏""廉吏"之称。清官作为特定时代的称呼已经写入了历史，但是清官所传递的百姓对官员从政道德的期盼和对清廉政治的期待始终没有失去其重要的时代意义。在当代社会，清官情结依然存在，表明目前我国的法律制度还不十分健全，在一定的范围和领域还存在贪腐现象，执法中的公开公正与公平仍然是人们的一种期盼。中国共产党全心全意为人民服务的宗旨，决定了其最终目标与广大人民群众利益的一致性。"清官"也将随着时代的变迁发展成为历史符号和记忆，而由廉政榜样、人民公仆取代。

新中国成立后不同历史时期，党员干部勤政、廉政的典型一直在不断涌现，层出不穷，如20世纪60年代的焦裕禄作为兰考县委书记，他为人民扎实工作，严于律己，生活艰苦朴素，把百姓的冷暖放心头，带病工作至生命最后一刻，被誉为"县委书记的好榜样"。20世纪90年代，涌现出了三次入藏工作，生前任西藏阿里地委书记的孔繁森，他扶贫帮困，为民服务，廉洁自律不谋私利，被誉为"党员领导干部的楷模"。21世纪以来出现的"新时期领导干部的优秀代表"郑培民、"人民的好卫士、公安局长的楷模"任长霞、"俯首甘为孺子牛的草原书记"牛玉儒、"纪检干部的楷模"王瑛等先进典型，都展现出公仆形象的巨大人格力量，他们可敬、可亲、可信，也可学，成为广大党员干部勤政廉政为民的榜样和学习标杆。在新时期，我们更应该重视先进代表和模范人物的榜样示范力量，把其与从政道德教育相结合，塑造和弘扬新时期领导干部中的人民公仆形象。

廉洁文化教育同样需要榜样的力量加以普及和引领。所谓榜样，是指在践行社会规范中身体力行的人物典型和楷模。运用榜样的力量来凝聚社会主义核心价值观是净化政治生态的一条有效的途径。例如在社会中开展寻找最美邮递员、寻找最美孝心少年、寻找最美乡村医生、寻找最美教师等大型公益活动，大力宣传和弘扬先进人物的典型事迹。中央电视台打造的精神品牌栏目《感动中国》，每年度评选出感动中国人物，通过凡人善举来弘扬正能量，发现真善美，传递社会主义核心价值观，这些获奖者代表着新时期中国人的脊梁，激励着国人奋发有为、励志前行。《感动中国》也因此被媒体誉为"中国人的年度精神史诗"，获得了较好的社会效益和经济效益。

（四）选人机制与政治生态

营造风清气正的选人用人环境，是优化从政环境、改善政治生态的重要前提。必须完善用人选人机制，强化正确用人导向，通过制度机制引导用人选人标准，真正把党和人民需要的好干部选来用好，杜绝"带病提拔""违规破格提拔"等不良现象。

首先，领导干部以身作则，带头示范。要从人抓起，从人做起，做到以信念、人格、实干带动身边的人，要坚守正道、弘扬正气，坚持原则、恪守规矩，不成为不正当社会关系的编织者，要严肃纲纪、疾恶如仇。

其次，靠正确的用人导向引领。优化政治生态关键是选准、用好干部。在识人、选人环节，树立正确的用人导向，切实做到"士有公天下之心，然后能举天下之贤"，以此引领良好的政治生态。

第三，创新选人用人制度。目前有一些地方政府如浙江等地启动考察官员道德的"反向测评"评价机制，对官员道德表现进行较为客观的评价。但是这些做法，在取得一定成效，也存在评价结果不客观的情况需要进一步探索改进。因此，建立官德考核评价机制，还需要进行进一步的探索和改进。目前中央层面正在逐步解决"唯票、唯分、唯GDP、唯年龄"等取人问题，这也是对过去竞争性选拔的"纠偏"。比如，对于一些面向全国的领导干部公开选拔工作，有的通过公开公正程序选拔的人才却存在高分低能现象，只会考试却缺乏实干能力；有的则到最后变形走样，成为本单位人员提拔的一个"幌子"，使得全国各地慕名前来报考的优秀人才仅充当了陪考的角色，既浪费了人力物力，也挫伤了一些人的积极性，在社会上也造成了不良的影响。[①]对此现象，国家行政学院教授竹立家表示："官员岗位的特殊性决定了单凭考试很难选拔出合格的官员，官员提拔更应该重视'履历'和'经验'。"[②]

第五，增加群众评价的参与度。目前，通过网络技术实现群众评议是一个重要的手段。例如，宁夏综合运用网络测评、"政风行风热线"考评等方式，开展群众评议机关和干部作风活动。这些做法还需要进一步总结经验在全国推广，建立相应的全国性的制度和机制，做到干部选用程序上提高群众的参与度，群众评议真正起到决定作用。

（五）"廉洁城市"与政治生态

优化政治生态，必须从推进治理体系和治理能力现代化的高度，从加大限权、控权"制度之笼"建设入手，努力创造依法行政、公正司法、

---

① 马正立：《新常态下中共县委书记成长机理研究》，中共中央党校博士论文，2018年6月。
② 竹立家：《湖南省委出台好干部标准　强化正确用人导向决定》，《潇湘晨报》，2014年8月28日。

依法用权的良好制度环境，通过严格各项规章制度，来打破"潜规则"和各类官场陋习，健全形成良好从政环境的制度体系。在如何用制度控权上，目前一些城市正在尝试建设"廉洁城市"。2008年，杭州市出台了《关于打造廉洁杭州的决定》；2010年，深圳市于2011年7月发布《关于建设廉洁城市的决定》；2012年2月，广州市提出建设廉洁城市的目标；2013年7月，成都审议通过《关于建设廉洁成都的决定》。《广州市廉洁城市建设条例（草案）》中强调："如'裸官'不得提拔为领导干部；瞒报虚报个人事项不得提拔；用人实行倒查制度；定期清理行政职权，公开权力运行流程；单位发生重大腐败，班子成员要受处分等。"[①]借助廉洁城市建设，综合运用反腐倡廉法规政策、文化、科技等手段，促进廉洁社会风气的形成，通过一个个"小气候"的改变来改善"大气候"，通过小的政治生态的扭转带动整个大的政治生态的改观。同时，对于"廉洁城市"建设应该理性看待，其成效应在实践中检验。因为廉洁城市建设所涉及的并不仅仅是某一地方的政治生态，它是一项复杂的系统工程，涉及立法立规、体制机制改革等多个层面，而且在现行权力架构下，仅凭某些地方的改革推进，还无法解决一些实质性的问题。

第四节　建设廉洁网络媒体

随着网络媒体（如数字杂志、数字报纸、数字广播、手机短信、数字电视、数字电影、触摸媒体）等新技术支持下的新兴媒体广泛应用，

---

① 《广州廉洁城市建设，真的不是在作秀》，《领导决策信息》，2014年第36期。

传统媒体和新兴媒体加速融合发展。信息网络技术普及，广泛运用多媒体引导舆论成为开展意识形态、价值观和廉洁文化教育的重要手段。信息时代要求廉洁文化教育增加网络元素，政府部门及社会各领域要积极探索创新手段、途径，充分借助新兴媒体，营造健康向上的网络媒体环境引领廉洁文化教育的重要性日益凸显。由于网络媒体的诸多新特征和在新时代廉洁文化教育中的重要作用，下面结合网络媒体为例来分析其与廉洁环境建设的关系。

一、网络廉洁文化教育的优势

网络廉洁文化教育相对于电视、广播、报纸、图书等传统媒体，具有便捷性、交互性、广泛性等特点。从实践层面看，网络廉洁教育的投入成本低，其社会教育效果日益增强。网络可以突破时空的局限，使受众快捷地接收到廉洁文化教育有关信息。借助网络教育交流互动，广大网民既可以充当廉洁教育的受众，也可以成为廉洁教育内容和素材的提供者。

网络廉洁文化教育新特征是：一方面，网络廉洁文化教育的基础是最广泛的公众，广大社会公众既是受教育者，同时又是良好社会环境的维护者。另一方面，在网络廉洁文化教育过程中，普通民众可以成为廉洁文化的重要角色，创造出更符合普通民众价值取向的文化。

随着新媒体普及，在"人人都有麦克风"的网络时代，网络媒体在监督干部清正、提升全民廉洁文化意识中扮演重要角色，网络开拓了反腐倡廉工作的新形式。梳理近年来因网络曝光而被查办的贪官，可以看到网络在反腐中的作用之大，令人叹为观止。一系列经网络媒体曝光后迅速查处的案件，彰显了网络反腐的力量。这些以传统的查办方式需要按工作程序进行的事件，经过网络曝光后，党委政府及时行动，迅速查处违纪违法官员，赢得了网民点赞和社会公众支持。互联网有独特优势：信息传递快，受众群体广泛，影响力大，信息发布的审查机制事前基本不受约束，让政府部门、纪检机关和官员、社会公众既爱又恨。网络反腐兴起的原因主要有：广大网民的反腐热情是社会基础，也是网络反腐平台的延伸和补充。网络改变了传统的反腐模式，网络反腐是互联网时代的一种群众监督新形式，借助互联网信息传递发表快、影响力大、关注度高的特点，成为行政监督和司法监督的有力补充。网络反腐的影响巨大，社会关注度高，网络平台开设成本减少，准入门槛低。同时，网络反腐举措得到官方的认可支持。下一步，要逐步规范网络举报程序，与传统信息传播、信息举报机制协调，发挥网络监督、反腐、信息传播迅速的特点，助推新时代廉洁文化教育及反腐败工作健康有序发展。

二、网络廉洁文化教育的运行

网络媒体便捷性、互动性、即时性特点可以广泛传播一些具有警示教育意义的典型事例，宣传廉洁从政的楷模，为公众的社会行为树立标杆，培养公众自律、自省的生活习惯和行为原则。借助网络互动平台，政府部门、有关廉洁教育组织机构通过建立廉洁文化网站、手机客户端等，鞭挞揭露贪污腐化行为，曝光不良社会风气，激浊扬清，为廉洁文化教育提供正能量。如中央纪委监察部及各省级纪检部门均开设了官网，宣传发布廉洁文化教育内容，推动网络廉洁文化教育深入发展。

（一）创作网络廉洁文化产品

当前，可以运用政府资助和市场运行措施，鼓励国有及社会组织通过制作廉洁动漫、拍摄微视频、制作公职人员廉洁文化手机报、建立网络廉洁文化图书馆、视频库，综合运用戏曲、歌曲等艺术手段，开发网络廉洁教育产品，达到寓教于乐的目标。2014年起，国家行政学院等党员干部教育培训部门结合新形势下网络廉洁教育的特点，创新手段和方式，为广大党员领导干部制作了系列廉洁文化微视频，通过手机客户端、在线视频播放等方式，便于广大网民、党员领导干部收听、收看，实时接受廉洁教育，让廉洁文化内容在传统媒体与新媒体上实现全覆盖。内容融合中国传统廉洁历史典故、当代廉洁典范人物、贪官忏悔录等，通过廉洁短剧、戏曲、歌曲传唱、动漫等方式，集教育和警示为一体。其目的在于借助网络新媒体优势，融汇古今廉洁教育经验教训，鉴古知今，在网络上、广大党员干部群体中传递廉洁文化的正能量。

要善于结合地域、单位廉政建设实际，因地制宜创作反映本单位部门特色的廉洁文化产品。运用干部群众身边的典型事例，有针对性地进行网络访谈和对话交流，用生动的事迹感染干部群众，增强文化产品的教育效果；要利用网络媒体平台，开展优秀廉洁文化产品的推介、展播、阅读等活动，发挥优秀文化产品的教育作用，使廉洁思想观念入脑入心。

（二）创新网络廉洁文化教育形式

网络廉洁文化的方式主要形式有：各级党政机关及组成部门设立的官方门户网站、新闻媒体和机构设立的网站、各类社会组织创办的网站、商业网站。在实践中可以通过综合运用行政、市场激励等方式，要求政府网站、新闻媒体等主流网站及商业网站开设公益性的廉洁文化教育专栏，扩大廉洁文化教育的社会影响力。

同时，增强廉洁信息的互动性，改变单向信息传递模式，结合网络廉洁信息传播的互动性优势，发挥网民自我教育的积极主动性、社会参与性，如通过专家、学者定期访谈，廉洁典型现身说法等方式，畅通与网民的对话交流机制，网络24小时、全天候，线上线下交流和互动。广泛征集广大网民对推进廉洁教育实践的意见建议，推进廉洁文化教育实践深入有效开展。

（三）加强监管提升廉洁教育效果

一是加强文化市场监管，加大净化网络媒体环境的力度。当前，网络领域充斥着各种不良信息。西方敌对势力对我国的意识形态斗争始终没有改变，甚至不惜变换方式借助互联网新媒体等肆意宣传西方意识形态理念，乃至歪曲事实抹黑中国，必须保持高度警惕和积极应对。网络中，一些经营性网站为追求经济效益，吸引公众眼球，不惜传播格调低下、涉黄涉毒，甚至封建迷信的内容。还有的受境外敌对势力的蛊惑、指使，在网络上散播诋毁党的领导，甚至故意混淆道德价值判断的信息，为贪腐唱赞歌，公开宣传美化资产阶级价值观。各种腐败等不良文化内容在网上滋生蔓延，如果不能很好地把握住有利契机、正确引导，会抵消侵蚀廉洁文化教育的效果。二是加大对不良媒体的法律监督和惩处力度。近两年来，针对网络空间中存在的种种乱象，国家互联网信息中心、国家网信办、工信部等部门联手对网络空间中的涉黄、涉赌、传播不良信息的网站开展专项治理，查处了一批非法网站，一些散布谣言的"网络大V"被判刑，一些传播低俗、反动内容的网站被关停查处，对相关责任人进行了依法惩治，有力震慑了网络犯罪的嚣张气焰。但由于网络空间中存在的犯罪成本低、监督难度大等特点，还存在监管盲区。相关监管部门应该根据网络的特点、时代要求进行整体制度设计，从根源上治理网络空间中各类不良现象。三是加强网络环境建设。广大网络受众应加强自律意识，自觉维护良好的网络媒体环境。要增强网络媒体自律意识，抵制不良的网络信息的发布、传播，实现网络媒体环境的自我提升、净化。广大网民提高防范意识，抵制不良的网络信息，共同维护营造廉洁的网络空间。广大网络受众应增强自律意识，争做遵纪守法的模范，自觉接受监管，成为良好网络环境的维护者、践行者。

三、网络廉洁教育资源的整合

国内网络廉洁文化教育资源的现状是：涉及反腐倡廉教育内容的网站数量庞大，但是绝大多数规模小，内容不充实、更新速度慢，甚至出现所谓"僵尸"网站，各网站之间缺少沟通联系，而且内容重复、雷同率高，多是转载、摘编媒体发布的新闻信息，原创性内容几乎为零。官味浓，重点不突出，没有形成信息传播合力，网络传播的效果差。鉴于以上问题，从中央层面加大了网络廉洁信息传播的改革力度，由纪检监察部门牵头负责，加强网络资源整合，协调解决廉洁文化建设中存在的突出问题。

一是要采取有效措施，积极吸纳社会资金和人才参与网络廉洁作品制作，及时引入适应网络发展的新技术、新方法。全国性开放的反腐倡廉网络平台、博客建设可以吸引社会资金和人才参与，运用市场手段改造网络运行方式，激发网站活力，拓展廉洁网络文化建设的广度和深度，让廉洁网络文化在网络世界中发挥重要影响力。二要建立定期的舆情联络沟通机制。要加强网站与报纸、网络与电视等其他媒体的互动，实现互通有无。廉洁宣传网站要充分发挥网络优势，把握好传统媒体与新媒体高度融合的新契机，实现网络、手机等新媒体与报纸读者、电视观众进行互动，扩大社会焦点、新闻的影响，更加广泛地听取社会民众意见，推动网络廉洁文化教育的新发展。

自2015年初，中国纪检监察网作为国内廉洁网络宣传教育的总枢纽，在廉洁文化教育中起着至关重要的作用，网站开设了我要举报、贪官忏悔录、曝光台、廉洁文化教育视频展示等专栏。同时，网站上统一发布中央纪委查处案件的最新通报等权威的信息，对腐败分子形成了强大的网络舆论震慑，对全社会起到了警示教育效果，通过引导社会舆论，在社会上形成正能量。因此，通过廉洁网络资源整合，可实现反腐倡廉网站与其他网站的资源共享互联，有效扩大廉洁文化教育的影响覆盖面。

四、掌握网络廉洁文化的制话语权

信息时代，网络传播与传统媒体相比最大不同特点是网民身兼传者、受者双重身份，每个人既是信息的接收者也是信息的发布者，传、受双方高度融合一体，兼具两重性的特点，称为"自媒体"时代，被形象地比喻为"人人都有麦克风、人人都是通讯社"。尽管各类舆论场信息海量，但廉洁文化教育的声音还不够响、不够亮。主流媒体主动掌握主流舆论，主流舆论有效传播主流声音的效果还不太明显。随着媒体融合的深化发展，正确引导网络廉洁文化教育的方向，在巩固和壮大主流媒体话语权和影响力方面发挥着越来越重要的推动作用。

针对网络媒体时代的新特点，网络廉洁文化教育也要与时俱进。首先，加强网络宣传的正确导向。"自媒体"时代给廉洁文化教育工作带来了机遇与挑战，意识形态宣传阵地巩固，主流价值观的教育引导成为新媒体时代面临的迫切需要解决的新问题：一方面，国际互联网络平台的交互性，可以扩大廉洁文化教育的传播时效性，丰富的网络宣传形式、互动模式使廉洁文化教育更具有吸引力和感染力。另一方面，网络媒体自主传播的特点，致使网络上充斥着大量冗余负面信息，如黄赌毒、腐败文化、封建文化等负面信息成为网络世界的公害。这些负面信息大大降低了廉洁教育的影响力，同时，给网络信息的监管带来了新的难题。如果在开展网络廉洁文化教育活动时不能坚持正确的导向，就会偏离主题，给廉洁文化教育带来消极影响。因此，营造良好的网络廉洁文化环境，确保网络新媒体导向准确、内容符合社会发展实际需要意义重大。

各级政府主管部门要教育引导广大网民形成正确的廉政文化氛围，提高受众对不良文化的抵制和鉴别能力。政府主流网站首先选择正确的宣传内容，要选择正面、生动、群众乐于接受的正面宣传内容和形式，在工作方式上要注意把握好重点，做到以宣传为主，以教育为辅。同时，还要加强对网络信息的监控和分析，对网络信息严格监管，做好"屏蔽""过滤"工作，以提高廉洁文化建设的针对性和宣传质量。对于低俗、媚俗文化要及时查处，切实做到在技术上加强对网上主页的管理，确保网络文化的正确导向。

其次，牢牢掌控廉洁文化网络话语主导权。一是设计精美的廉洁文化教育网页，通过设计出新颖美观的网站页面，及时更新网页内容，创新廉洁文化表现形式，提高网民的点击率，扩大宣传教育的覆盖面。二是创新廉洁文化精品。要在网络文化内容的"奇"和"新"字上做好文章，精心打造群众喜闻乐见的廉洁文化产品，精心塑造廉洁艺术形象，大力推动优秀传统文化和当代文化精品网络传播，增强廉洁教育的吸引力。三是开展在线交流活动。比如，尝试在中央、省部级部门主办的廉洁文化教育官网和手机客户端上开设聊天室，定期组织官员和教授与网民"互动"，在网上举办廉洁文化论坛和评比活动，吸引更多的网民参与，发表个人看法和评论。总之，利用一切方式和方法，掌握廉洁文化在网络上的话语主导权，真正做到使廉洁文化深入人心，提升廉洁文化教育的网络传播效果。

第五章　流程再造提升新时代廉洁文化教育体系效能

健全完善新时代廉洁文化教育体系势在必行，这是做大做强廉洁文化，进一步发挥廉洁文化教育综合效益的必由之路。构建以社会价值观体系为指导的新时代廉洁文化教育体系，应明确其目标、功能、参与主体等基本内涵。内容体系方面主要包括社会主义廉洁文化、传统道德修养与价值观教育、廉洁法律法规与社会公德教育。路径体系包括学校教育、公职人员教育、公民教育、廉洁文化教育基地建设。保障体系包括组织领导机制、物质激励机制、监督机制。评估体系包括评估目标确定、评估指标要素选择、评估分析与反馈。只有建立科学、有效的全方位、立体式、多层次的廉洁文化教育体系，才能促使各项廉洁文化教育实践取得预期效果。

第一节　丰富廉洁文化教育内容体系

廉洁文化教育体系集开放性、融合性于一体，随着党的反腐倡廉工作的实践发展需要不断增加新鲜内容和素材。廉洁文化教育的实施主体不仅局限在纪检监察机关、公检法等司法专责部门，也包括文化、宣传部门、各级教育机构，社区、家庭、企业。廉洁文化教育的主体不应局限于公职人员，而应面向全体社会公众。当前，网络技术广泛普及，降低了网民参与接受网络廉洁文化宣传教育的门槛，全体社会公众既可以作为廉洁文化教育的监督力量，也可以作为廉洁文化的具体传播者。

在受教育对象上，不仅局限在掌握公权力的公职人员、党政领导干部，而是涵盖所有享有受教育权利的公民。分层次看，包括青少年学生、公职人员、广大社会公众。廉洁文化教育要结合新时期特点，重点推进以社会主义核心价值观、道德教育、公民教育等活动，使各项宣传教育工作内化于心、外践于行。注重廉洁文化教育实践的协同性，汇集社会各层面的力量，全体社会人员共同参与廉洁文化创建活动。

一、廉洁文化教育体系的目标

在社会主义文化建设的整体布局中，廉洁文化教育要明确自己的目标定位，肩负起时代赋予其的伟大历史责任。廉洁文化教育从本质上说是社会主义廉洁文化教育活动，以马克思主义、毛泽东思想和中国特色的社会主义理论体系作为理论基础和指导思想，以坚持立党为公、执政为民为灵魂，必须符合社会主义核心价值体系的根本要求，以社会主义核心价值观引领廉洁文化教育的实施方向，对为政者和公共事业管理者进行廉洁从政教育。同时，廉洁文化教育还应面向全社会，加强反腐倡廉理论宣传，对全体社会员进行职业道德教育、社会公德教育和家庭美德教育，不断提高全社会的反腐倡廉意识。

新时代廉洁文化教育要明确总目标，坚持正确的方向指引。社会主义核心价值体系是开展廉洁文化教育的指导思想、根本指针、总目标、总纲领。社会主义核心价值体系在廉洁文化教育实施过程中起着重要作用，决定了其发展与社会主义核心价值体系在总体目标和内在要求上具有一致性。从理论层面看，"社会主义核心价值体系确立了廉政文化建设的指导思想，指明了廉政文化建设的目标方向，揭示了廉政文化建设的民族与时代特色，明确了廉政文化建设的道德规范和行为准则"①。"用社会主义核心价值观及其价值体系引领和推进廉政文化建设是时代和实践的要求，是构建中国特色社会主义廉政文化体系的重要内容和关键所在。加强廉政文化建设，从根本上说就是要消除"权力本位"意识，回归和重塑"权利本位"。"加强廉政文化建设的过程，就是构建'以人为本、民主公正'的社会主义核心价值观的过程，使领导干部切实做到'以人为本'目标。"②

为了细化落实廉洁文化教育总目标的要求，还要制定分阶段目标。党的十八大以来，全面深化改革举措持续推进，政治、经济、社会发展进入新常态。根据"两个一百年"奋斗目标和中国式现代化建设对全面从严治党的总体要求，结合反腐倡廉建设、廉洁文化教育的任务落实，本书从整体上考虑预设了廉洁文化教育分阶段目标：一是，到2021年，廉洁文化教育的目标是：腐败治理要以"治标为主，为治本赢得时间"。这一时期，中央、各地区部门开展的"打虎拍蝇"行动，重点打击公职人员顶风违纪、"不收手"的现象，服务于从严治吏的社会局面，敢于向社会上的腐败、丑恶现象"亮剑"，揭露假恶丑，弘扬真善美。经过全社会层面的反腐肃贪，政治风气为之一新。同时，配合社会主义核心价值观宣传和践行，营造风清气正的政治生态环境，提升全体公民的思想道德素养。二是，到2035年，廉政文化教育的总目标是：逐步确立社会主义

---

① 高建林：《社会主义核心价值体系与廉政文化建设》，苏州大学出版社，2011年版，第4—6页。
② 高建林：《社会主义核心价值体系与廉政文化建设》，苏州大学出版社，2011年版，第3页。

反腐倡廉教育体制机制。在反腐倡廉法规制度体系及体制机制建设上逐步规范完善，在廉洁文化教育组织领导体系上进一步健全，廉洁文化教育实现路径基本形成，社会主义核心价值观在社会上得到绝大多数公众的认可和践行，腐败行为成为社会中的少数现象。三是，到本世纪中叶（2050年），廉洁文化教育的目标是：反腐倡廉教育体制机制逐步稳固，与国内经济、社会、政治发展相协调、适应。廉洁文化教育融入公众的日常生活、工作各方面，社会主义核心价值观内化于心、外化于行。腐败行为数量进一步减少，社会秩序井然，各项廉洁法律制度健全完善，并得到广大公众认可和执行，全体公民道德素养得到明显提升，社会环境和谐稳定，中国式现代化社会主义强国基本建成。

二、廉洁文化教育体系的功能

（一）廉洁文化教育体系的理论建构

新时期廉洁文化教育体系应该遵循廉洁文化教育体系内在的逻辑分层，据此，可以将整个廉洁文化实践区分为四个层次。

1.精神性建构。精神性建构是廉洁文化教育实现路径的逻辑起点，也是重要的实现路径之一。精神性建构分为：价值理念、知识和心理建构。价值建构指继承和借鉴古今中外廉洁文化教育的价值理念，这是新时代廉洁文化教育路径构建的重要理论资源和指导。其目的为廉洁文化教育内容的选择提供知识资源。还可以通过对民众和腐败分子心理科学研究、分析，提炼形成行之有效的教育内容和方式，用廉洁文化主导社会价值取向，成为公众内心的道德准则、言行的依据，促进廉洁社会风气的形成。

2.制度性建构。制度性建构是架构廉洁文化教育实现路径的基本框架，能保证廉洁文化教育的实现依法有序推进。当前，要逐步建立起廉洁文化研究制度、教育制度、传播制度、管理制度、惩戒制度、督查制度。

3.廉洁文化教育的制度性建构包括强制性制度建构和诱导性的制度建构。强制性制度内容主要有：廉洁文化教育法规制度、宣传教育制度、组织协调制度、经费保障制度、监督考核制度、效果评估制度等。诱导性制度主要指"以道德、习惯、原则等形式出现的规范，主要对行为主体的行为进行正向引导而不设定惩罚措施的制度性规范"。[①]它是约定俗成为一定群体广为接受的行为习惯、风俗民情、道德标准、传统意识等。

加强强制性制度建构的同时，西方国家非常重视诱导性制度建设，并取得一定实践成效。如西方国家大都采取规范道德行为入法的形式规范公众的行为。美国设立道德立法委员会，并制定《道德法》规范公务员和普通公民的行为。新加坡、韩国等国家重视加强官德教育，通过道德立法走上了制度化、法律化的轨道。国内廉洁文化制度建构中应吸收借鉴这些国家的成功经验，完善道德层面的诱导性制度规范。比如，加强公共场所社会公德的法治建设、企业与学校等单位的规章制度建设，力求通过加强法制和规章制度的刚性制度规范来约束人们的言行举止、道德行为。

4.物质性建构。物质性廉洁文化主要包含和体现人们的廉洁文化意识和智慧，能起到廉洁文化教育效果的各种场所、设施设备、技术手段和其他物质性条件，是廉洁精神性文化的外在表现。其根本特点是物质性，即人们可以实实在在地感觉到它的存在，是廉洁文化教育通过一些具体的载体让人们听得见、看得到，包括网络、媒体、视频、器物、课堂、通讯、书刊、宣传橱窗、廉洁文具、廉洁文化手册、廉洁广场、公

---

① 袁峰:《当前中国腐败治理机制》，学林出版社，2015年，第118页。

园、红色旅游景点等物质形式。也包括警示教育、艺术活动、宣讲活动、课堂教育等教育模式和方式。物质性建构重点是推进廉洁文化教育实践基地的效用发挥。

5.社会效果建构。社会效果建构目的是评价廉洁文化教育实现路径效用如何，是否形成良好的廉洁文化氛围，形成不敢、不想腐败的思想意识和境界。社会效果建构主要包括廉洁文化教育效果评估机制、固化机制、考核监督机制等。最主要的评价方法是面向群众，吸引广大人民群众的参与，真正加强人民群众的监督管理作用，营造廉洁的社会环境和政治生态，严惩腐败，遏制腐败现象发生。

（二）廉洁文化价值体系的逻辑层次

结合社会主义核心价值观的要求，廉洁文化核心价值体系也可以区分为个人、社会、国家三个层面。个人层面主要指个体的人对自身修为的要求，这是教育主客体合一情况下的自我廉政文化教育。这一层面廉洁是一种责任、义务、德行，要求自己"慎独"，在没有外力的监督和注视下也能保持廉洁，抵制贪腐。明朝于谦所说"清风两袖朝天去，免得闾阎话长短"，是一种来自良心的君子考量。个人层面的廉政价值观内容为：恪守有关法律，讲究诚信，维护公平社会秩序的正义感，恪尽职守，爱岗敬业，克己奉公，遵纪守法，公道正派，公正透明，诚实守信，廉洁高效。主要体现为家庭教化中与廉政文化有关的家训、家风式的教育和传承，自我修为中的"修身、齐家、治国、平天下"等理念。

社会层面主要指由己及他的人与人之间的要求，这一层面廉洁是一种荣耀，是别人的赞许，廉洁是一种社会文化规范和人与人之间形成的社会关系。社会需要廉洁文化引导社会成员做出正确的取舍和价值判断，形成个人、家庭、工作和事业崇廉向善的良好社会氛围。即廉洁不仅要求自身廉洁不污，同时在关涉他人利益时也能做到廉洁，特别是在面对来自各方面诱惑时，能够坚持自己的道德底线不受侵染。同时，对于别人与廉洁相对的行为应具有正义感。

国家层面主要指与公权力或者委托权力有关的公共领域人与人之间的要求，这一层面是一种对全社会开展的围绕社会主义核心价值体系的廉洁文化教育，包括各类学校教育中开展的渗透于思想品德教育、党性教育的廉洁文化教育。对行使公权力或委托权力的公职人员而言，廉洁是一种必备的基本素质和道德品质，这一层面的核心廉洁价值观主要表现为：为民、务实、清廉。国家层面的廉洁文化价值观，是最为核心的价值观，构建廉洁文化价值体系，应围绕社会主义核心价值观，实现廉洁文化主导价值观具体化，进而指导党员领导干部廉洁文化教育活动建立实现其功能的途径，真正发挥其功能作用，使其看得见、摸得着，便于操作、实施。

根据廉洁文化价值体系的逻辑分层，廉洁文化教育体系也可从三个层面加以划分：第一层面应是个人家庭教育，第二层面应是专门的廉政文化教育，第三层面应是社会教育。教育体系内容主要指公民文化教育中的品德教育体系，包括个人家庭道德教育、学校思想品德教育、社会公德教育，以及专门针对公职人员的廉政文化教育体系。因此，广义上的廉政文化教育体系应该包括与廉政文化价值观有关的所有教育。

（三）廉洁文化教育体系与廉政价值观的培育

廉洁文化教育是一个系统的工程，实践中必须遵循教育的一般规律和人性的基本特点，要充分发挥家庭教育、社会教育与专门廉洁文化教育的作用，衔接好三者之间的关系，使廉洁文化教育体系贯穿于个人成长的全过程。全民参与的廉洁文化教育体系构建，可以实现对个体廉政价值观教育的全覆盖。

一方面，廉洁文化教育体系应该涵盖国民教育中的所有与廉洁文化价值观塑造有关的教育、所有受教育对象。另一方面，个人价值观的形成有其独特规律，一个人价值观的形成和改变是一个长期的、动态的过程，贯穿于一个人的一生，在一定时期可能是积极向上为主导的价值观，在另一时期也可能蜕变为消极腐朽为主导的价值观。因此，廉洁文化教育不仅要从孩童抓起，而且要贯穿于一个人的生命历程。因为孩童很有可能走向未来的领导岗位，而每一位公民身边都有可能成为影响和监督领导干部的关键人物，因此，培育每个公民的个体廉政文化价值观对于培育社会群体廉政价值观和个体廉政价值观，都起着重要的作用。

在实践层面，如何让廉洁诚信的教育深入童心，教育管理部门如何实现道德教育从幼儿抓起，实现廉洁道德教育的制度化？这是古今中外教育者都在思考和践行的重大问题。20世纪30年代，有哲学家罗斯提出了所谓"不容置疑的责任"的概念，并认为，英国的廉政文化教育从幼儿园开始，经小学、初中、高中，乃至大学教育的熏陶，深植于儿童和青少年的心灵，这不仅关乎廉洁文化教育的效果，更关系整个民族素质和文化软实力的提升。在国内，2010年中央六部委从战略全局的高度提出了加强廉政文化建设，推进廉政文化"六进"工作整体部署，把廉洁文化教育推广拓展到各个地区、部门、不同领域、阶层，尤其重视从儿童、少年抓起，童蒙养正、立德树人。比如，2014年浙江宁波等地政府形成并出台了《宁波市将廉洁教育纳入国民教育体系的实施意见》，明确了把廉洁文化教育纳入国民教育体系，针对不同的教育对象开展廉洁文化教育，发挥课堂在廉洁教育中的主阵地作用，把廉洁教育全程融入学生课外活动和生活，健全体制机制，明确目标任务，制定了督导评价机制和保障机制，让廉洁文化教育如春风化雨般浸润儿童少年的心田，确保廉洁文化教育纳入国民公共教育体系落到实处。[1]

正是基于以上考量，廉洁文化教育体系要实现对个体廉洁文化教育的全覆盖。这不仅可以覆盖一个人的整个成长过程，而且可以覆盖一个人生活工作的社会环境、人文环境。不仅可以覆盖公民文化教育中家庭教育、社会教育的思想品德教育，还可以覆盖专门廉洁文化教育体制机制所涉及的公职人员教育。唯有这样才可以形成良好的廉洁社会文化环境，引导个体廉洁文化价值观的养成，同时，在纵向上贯穿始终的相关思想品德教育，可以使全体社会公众、领导者时刻受到警醒和教育。

三、廉洁文化教育的内容体系

廉洁文化作为政治文化与道德文化的结合体，是指人们关于廉洁的知识、信仰、规范和与之相适应的生活方式及社会评价的总和。廉洁文化教育的开展和实施是通过各种形式的宣传教育和广泛的社会参与，积极引导公众参与廉洁监督，教育公职人员廉洁奉公，使公众自身得到普遍教育，从而使公职人员和社会公众共同产生崇廉尚廉的文化认同的过程。中国特色的廉洁文化教育是以立党为公、执政为民的理念为主旨，以倡导廉洁奉公、弘扬清风正气为主要内容的体系。这一体系是一个以服务、公正、清明、廉洁为理念的政治文化、行政文化、干部文化和社会文化有机统一的文化体系。它们相互渗透，互为依托，相互促进，在全社会形成一种崇廉尚廉的文化氛围和廉荣贪耻的社会风尚。

---

[1] 黄合、张如腾：《宁波全面启动廉洁教育纳入国民教育体系工作》，《宁波日报》，2014年3月21日。

（一）内容体系

一是清明的政治文化。

追求价值关系的合理性与合目的性，历来是政治所追求的伦理价值目标。党的十八大提出"政治清明"的命题，正是对中国特色社会主义要建设清明廉洁的政治文化的高度凝练。"政治作为一种对社会公众利益的充分表达，它不仅充分表达着特定阶级的根本利益要求，而且无时无刻不在运用着阶级集团的综合性权威影响力，对社会价值进行权威性分配，并且对社会各阶级的利益进行规范与调整，从而促进一种确定性的社会关系的形成。"①

廉洁是人们对政治关系价值关切的重要伦理目标。以人民为中心是中国共产党人不懈奋斗的伦理价值目标。新中国成立后，中国共产党坚持全心全意为人民服务，坚持立党为公、执政为民成为中国共产党执政的价值追求。国家宪法明确规定：中华人民共和国的一切权力属于人民。以民为本、为民服务，为民用好权、掌好权，做到干部清正、政府清正、政治清明，已成为中国共产党的根本政治文化诉求。中国共产党要旗帜鲜明地反对腐败，科学有效地防治腐败，永葆共产党人清正廉洁的政治本色。总之，通过采取教育、制度、监督与惩处等举措促使党员领导干部廉洁用权、通过自律与他律结合，促使共产党员自觉形成执政为民、廉洁用权的政治文化和政治品格。

二是清廉的行政文化。

廉洁文化是一种行政文化。行政伦理不仅追求行政的合目的性，而

---

① 唐贤秋：《廉之恒道：中国传统廉政文化现代转换研究》，中国社会科学出版社，2014年版，第280页。

且关注行政规则的合理性与行政行为的合道德性。"政府清廉"的命题是对行政的伦理价值追求目标的明确定位及具体要求。

在我国，各级政府集中代表着国家的政治形象和政治实体，按照人民的意志来履行其各种社会管理功能，承担着社会政治事务和社会公共事务的管理职责。公共组织应把公众的利益放在第一位。然而，"在现实生活中，一些政府为主要代表的公共组织严重损害群众利益的不正之风始终存在，如一些组织成员，用职务便利，吃拿卡要，为个人或小团体谋取私利；一些行政组织行政失当，不依法办事，执法不规范，不作为，乱作为；一些机关工作人员服务态度和服务质量差，门难进、脸难看、话难听、事难办，工作效率低，推诿扯皮等等"。①这些不正之风严重损害了公共组织的形象，损害了党和政府的形象。因此，以政府及公共部门作为公众利益的维护者和实现者，应自觉将合理用权与廉洁用权，形成公正、法治、透明的廉洁文化。公共组织要树立为公众合理用权的价值观念，为了保证公共权力运行的公益性，必须通过一系列的制度规范和制度约束公权力的运行，维护公平正义、办事公道、程序公开、诚实守信、廉洁为民等。

三是清正廉明的干部文化。

"干部清廉"是对干部队伍建设提出的重大课题。干部清正是对党员干部的基本条件要求，这一价值理念要求党员干部要树立正确的权力观、地位观、利益观。权力的运行不仅要树立明确的权力价值观，而且公权力的行使要遵循相应道德原则与道德准则。政治不是一切服务于权力，而是用一切权力服务于公共利益。

---

① 唐贤秋：《廉之恒道：中国传统廉政文化现代转换研究》，中国社会科学出版社，2014年版，第285页。

干部文化建设要求党员领导干部树立正确的地位观。地位观主要解决"领导干部是人民的主人还是人民的公仆"的问题。自觉树立正确的地位观，就要破除"官本位"意识，树立"公仆"的服务意识。干部文化建设要求党员领导干部树立正确的利益观。逐利性是人的自然本性，勇于承认领导干部有自身利益追求是一种常态。党员干部的身份决定它更是一种义务的担当、责任的担当，一种行为规范的要求。党员干部必须自觉区分自身利益与公共利益，绝不能把实现公共利益与追求自身利益相混淆，更不能将个人利益置于公共利益之上。总之，干部文化建设本质上就是加强官德建设，正可谓"常怀律己之心，常修为官之德，常思贪欲之害"。

四是公道的职业文化。

除了包括从政群体和公共组织这一特定主体，廉洁文化对象还包括非从政主体的各种职业群体在内。出于对公众利益的维护和自身利益的关照，广大职业群体需要加入廉洁文化教育。所有的职业都有自己的职业道德。中共中央印发的《公民道德建设实施纲要》指出："职业道德是所有从业人员在职业活动中应该遵循的行为准则，涵盖了从业人员与服务对象、职业与职工、职业与职业之间的关系。"职业道德既是对从业人员在职业活动中行为的要求，又是职业对社会所负的道德责任与义务。内容包括：爱岗敬业、诚实守信、办事公道、服务群众、奉献社会。

社会上出现的一些医生、教师收"红包"，少数执法者把罚款放在首位等现象凸显了职业道德的滑坡和严重的社会问题及危害。作为公职人员一定要处理好个人价值与社会价值关系，树立全心全意为人民服务的价值观，把社会价值作为人生价值的根本目的，为社会多创造价值、多做贡献。职业目标的实现，除了自我约束，遵守职业操守，还需要对职业的活动进行制度的规范与约束。广大从业人员，要积极参与到职业领域中对公权拥有者监督。同时，加强自身约束，恪守职业道德，营造爱岗敬业、廉洁自律、奉公守法的职业文化。

五是廉洁的社会文化。

廉洁文化除了包括党员领导干部、公共组织人员，而且包括各行业及非从业人员在内的普通群众，即廉洁文化应该深入整个社会层面中。只有如此，才能得到广大社会成员的认同、支持，才能为廉洁文化教育获得广泛的群众基础。

广大社会成员之所以要参与到廉洁文化教育中在于：一是因为廉洁文化需要广泛的社会基础，二是廉洁文化维护的是全社会公众的共同利益。国内构建了廉洁文化教育社会化路径，积极推进廉洁文化进社区、家庭、机关、学校、企业和农村的"六进"活动，为广大社会成员积极参与廉洁文化活动提供了许多实践路径。总之，廉洁文化教育不仅针对各级领导干部，还必须面向广大的群众，面向全体社会成员，通过廉洁文化"六进"活动，辐射到全社会。在廉洁文化教育中，广大社会成员既是廉洁宣传与教育的对象，又是廉洁宣传活动的直接参与主体，促使人们在自我教育与相互教育中增强反腐倡廉意识，激励人们积极向上，帮助人们明辨是非，追求真善美、抵制假恶丑，在全社会营造廉荣贪耻的文化氛围，形成良好的社会风尚。

（二）基本内容

一是道德教育。廉洁之廉，首先是一种道德规范，即政治与行政关系的清、正、廉、明。但当从政主体还没有内化为自觉的行为时，它始终处于一种外在于主体的他律性规范。廉洁教育则是通过对这一规范有目的、有意识的内化，促使从政主体将这一外在的规范内化为自己的内心信念，从而指导自己行为的过程。因此，廉洁文化教育的过程，本质上是一种道德教育的过程，它是廉洁从政的外在规范转化为从政主体内在信念的中介和桥梁，是促使从政主体形成廉洁从政道德品质的重要手段。这一手段在实践中主要借助与法治教育、理想信念教育、世界观、人生观、价值观教育等结合中实现的。市场经济过程中，中国共产党人针对时代特点和需要，提出了社会主义荣辱观，成为社会主义基本道德规范的新标杆和引领社会风尚的一面旗帜。社会主义荣辱观反映到政治生活及公共权力领域，就是要"以廉政为荣，以腐败为耻；应当提倡廉政，反对贪腐"。加强社会主义荣辱观教育，是新时代道德教育的主要内容，也是廉洁文化教育的重要组成部分。公职人员的官德指权力道德、角色道德、职业道德。公职人员的官德教育是根据公职人员道德的规范和要求，对国家公职人员施加系统的道德影响，提高其为官从政的道德水平，把道德教育转化为道德实践的过程。

二是法治教育。廉洁从政也是一种法律规范要求。道德要求是从应然角度提出的行为要求；法律要求则突出了一种"必然如此"的行为要求，触犯规范必须受到相应的处罚，从而对从政主体产生一种威慑力。廉洁文化教育离不开法律手段。法律和道德二者是相辅相成的关系。法律规范仍然需要通过教育手段建立起从政主体内心信念。具有法治性质的廉洁内容需通过道德教育、理想信念教育、价值观教育密切配合，融入公众的日常生活实现。

三是理想信念教育。开展反腐倡廉建设是实现社会主义富强、民主、文明与和谐目标的有力手段和政治保证，同时，也是社会主义民主与文明的重要内容。廉洁文化教育是一种理想信念教育，社会主义的共同理想与信念是全体中国人民工作与生活的强大动力，也是廉政建设的巨大动力源。事实证明，丧失理想信念、对社会主义事业充满悲观情绪而失去信心的人，必定会丧失精神支柱而放纵自己的各种欲望，从而不能把握自己而滑向腐败的深渊。因此，理想信念教育是廉洁教育的重要内容，也是廉政建设的精神动力。

四、廉洁文化教育内容资源的整合

（一）传统廉洁文化教育传承

从文化养成的规律来看，历史发展的继承性和文化发展的连续性决定了中国式现代化建设不可能抛开中华优秀传统文化而另起炉灶。毛泽东指出："今天的中国是历史的中国的一个发展，我们是马克思主义的历史主义者，我们不应该割断历史。"[①]学者易中天教授则从另一个侧面进行反思："传统若被遗忘，民族何来认同？"[②]因此，弘扬优秀传统文化，从传统优秀文化中吸取养料，是现代化建设必须经历的一个过程，也是发展新时期文化所不能回避的步骤，廉洁文化教育也不例外。当然这种回归与承接不仅指方向性的选择上，主要是指内容和资源以及方法等方面的继承与发展。对传统文化的挖掘和整理，需要明确重点，更要分清精华与糟粕，这是文化建设、政治伦理和行政伦理重塑都必须面对的问题，这也是廉洁文化教育实践所必须面对的问题。

中华文明作为世界四大文明中唯一没有间断的文明，源远流长、博大精深，其中蕴含着丰富的廉洁文化教育思想。从先秦至明清，廉洁文化思想和廉洁文化教育实践不断得到完善和创新，并贯穿于整个中国传统社会政治、经济和文化之中。中国古代统治者为了维护其统治，在长期惩治贪腐过程中，积累总结了许多廉政和惩贪治吏的经验，历代许多

---

① 《毛泽东选集》第2卷，人民出版社，1991年版，第707—708页。

② 易中天：《传统若被遗忘，民族何来认同》，《东方早报》，2007年6月10日。

思想家、政治家也提出了有针对性的思想和主张，形成了具有中国传统特色的廉洁文化思想体系。传承弘扬这些思想中的优秀思想和精华，对顺利开展新时期廉洁文化教育具有重要的意义。这些思想主要集中在对廉洁思想的宣扬和对贪渎思想的抵制的崇尚廉洁、鄙视腐败的道德追求，又体现在一系列预防和惩治腐败的制度体系中。这些思想和制度建设对于新时代廉洁化教育实践都具有非常重要的历史传承和借鉴创新的作用。

（二）国外廉洁文化思想借鉴

某一地域的政治文化往往与该地域的人文地理、经济条件等有着密不可分的联系，而西方的廉洁文化则与其所处的邻海地理位置，以及由此衍生出来的蓝色海洋文明的大文化背景不可分割。西方廉洁文化教育实践正是在这样的历史和文化背景下不断思考推敲、创新、锤炼和深化，并逐渐趋于完善。这一过程中积淀了西方廉洁文化教育实践深厚的思想基础，与一系列伟大思想家们的杰出贡献密不可分，他们的思想至今对于世界廉洁文化教育的纵深发展仍然具有重要的思想指导意义，奠定了西方政治文化的思想根基，也同时为廉洁文化教育实践提供了丰富的思想源泉。这些廉洁文化思想包括：崇尚法律和理性的思想，崇尚规则与制度的思想，重视对权力的制衡和控制，崇尚民主、自由、公开、公平正义等价值理念等。

（三）党的廉洁文化教育理论的创新

中国共产党成立百余年来，在反腐倡廉建设中积累了丰富的经验，在反腐败的法制、机制和体制上探索出了有益规律和宝贵经验，逐步形成了中国特色社会主义的廉洁文化教育理论体系。"以史为鉴，可以知兴衰"，反观我国的历朝历代政府和古今中外的历史发展规律，不重视廉洁文化教育，或廉洁文化教育失效，导致了朝代更迭的案例不胜枚举。把视野放眼于世界，苏联由于宣传思想领域放松了意识形态管控致使国家政党倾覆，一夜间垮台，其教训之深刻令执政的中国共产党必须认真汲取。中国共产党从幼小到壮大，从领导中国革命到建立新中国，开展社会主义革命、建设，改革开放和社会主义现代化建设，都积累了大量的、丰富的廉洁教育理论和实践的经验、规律。认真总结这些典型的方法经验、规律和失误的教训，对廉洁文化教育开展有重要的理论价值。

结合社会主义核心价值观的培育和践行，在国内重点开展诚实守信、公平正义、爱国等方面的思想道德教育，并实现二者的有机结合。社会主义核心价值观倡导富强、民主、文明、和谐，自由、平等、公正、法治；爱国、敬业、诚信、友善。这些价值理念可以使受教育对象树立正确的价值观，提高道德修养，坚定理想信念，养成奉献意识、服务意识、诚信意识，从而自觉抵制贪污腐败、骄奢淫逸等不良行为，做到廉洁从政、廉洁奉公。随着时代的发展进步，廉洁文化教育也必须与时俱进、不断创新教育内容，提高教育水平和层次。

（四）廉洁文化教育课程体系设计

为推进廉洁文化教育"六进"工作的深入开展，围绕青年学生、公职人员的廉洁教育，重点做好学校课程体系的设计和专门教材的编写，使廉洁文化教育进校园、进课堂、进头脑，内化于心，外化于行。廉洁文化教育教材编写应该坚持可读性、反映时代特点、内容丰富、针对性强，注重与实践探索相结合。放眼全球，域外许多国家都重视在学校阶段开设廉洁文化教育课程对青少年进行廉洁文化教育。青少年群体的廉洁文化教育养成，可以提高社会廉洁程度、营造良好廉洁文化社会氛围。例如，新加坡对全民的廉洁文化教育开始于青少年时期："1984年至20世纪90年代，开设了中学三四年级的'儒家伦理'课程，其中开设的廉洁文化教育课程内容丰富，使青少年从小就认识到贪污腐败的违法性。"①我国体制内教育还没有开设统一的廉洁文化教育课，思想品德课虽然涉及道德品质的教育内容，但还不是专门的廉洁文化教育课程。教育是终身的，青少年作为国家未来的建设者和接班人，应该结合实践在青少年学生中开展专门的廉洁文化教育课。下一步，应该先从体制内教育着手，组织有关专家编写廉洁文化教育相关教材，开设廉洁文化教育课、廉洁文化选修课和知识讲座，覆盖青少年学生、公职人员等重点人群，让廉洁文化教育实现全覆盖。

第二节　创新公民廉洁道德教育体系

根据教育人群区分不同的教育对象，是廉洁文化教育路径体系建设的重要遵循。根据教育人群的不同层次可划分为：学校教育、公职人员教育、公民教育。下面主要结合公民道德教育、公职人员廉洁教育对廉洁文化教育的路径建设进行分析。

廉洁文化教育体系的逻辑分层决定了廉洁文化教育体系与公民思想教育体系之间存在密切联系。公民思想教育体系中包含的一项内重要容是与廉洁文化相关的价值观和理念的教育。廉洁文化教育体系也需要汲取公民思想教育体系的"营养"和动力。要动员全体社会成员参与到廉洁文化教育实施中来，充分发挥人民群众参与廉洁文化教育实施的积极

---

① 徐华平：《廉洁并非仅靠"高薪养成"》，《中国纪检监察报》，2013年8月1日。

性、创造性，加强廉洁文化教育体系与公民思想教育体系之间的融合。其融合主要体现在两方面：一是廉洁文化教育通过"大宣教"格局构建和"六进"等措施的跟进，逐步向社会公德教育等公民思想教育体系扩张；二是公民思想教育体系关于思想品德教育需要全面推行，目前这一项内容还相对薄弱，需要在家庭教育、学校教育、社会教育等教育体系中开发思想道德教育内容，恢复教育以传道为本的内涵，为全民价值观和理想信念的树立提供育人的环境。

一、当代公民道德教育的困境分析

（一）道德教育的"德性"本质

"人何以为人"是各种哲学流派所无法避开的阿基米德点，是一切思潮的牢固而不可动摇的中心。而教育作为人的教育，是使人成为人的重要途径。对何以为人的认识决定了教育的目标和方向，是所有教育必须思考的根本性问题。人对美好生活的追寻，目的就是为了在现实生活中过幸福的生活，但是这种幸福生活的追寻需要具有"德性"的内涵。只有将幸福赋予生命的意义这一"德性"的内涵，幸福才会真正实现。这充分表明只有精神层面才能体现人存在的特性，提供人之所以成其为人的内在理由。正是有精神方面的追求，人才可以称之为人。一言以蔽之，人是精神性的存在和道德性的存在，道德是人走向成人的不可或缺的根本性因素，而要实现这一点，离不开教育特别是道德教育的参与。

（二）多元背景下公民价值的选择

在传统社会价值一元化的背景下，整个社会的道德标尺是不容置疑的，个体没有价值判断和选择，只有接受和服从。这种情况在20世纪80

年代之前普遍存在，个人的价值观虽有差异，但是社会上存在着比较统一的主流价值观，压制和统治着非主流价值观。改革开放之后，在西方各种道德文化和生活方式不断冲击下，传统道德价值体系被分解，价值的分化、分歧以及价值的困惑、迷惘成为社会发展的趋势。1980年5月署名"潘晓"的读者来信《人生的路呵，怎么越走越窄》在媒体发表，对自我价值的强调在当时社会如一声响雷。"任何人，不管是生存还是创造，都是主观为自我，客观为别人"成为被在许多年轻人中传诵的流行语。

价值多元化社会的到来，必然需要相应的道德教育加以跟进，否则在新的道德标尺和道德规范体系尚未确立时，伴随人们自由选择而来的行为示范、道德规范的失控、道德价值取向的混乱便会应运而生。而以往统治人们道德选择的大公无私等集体观念便会被束之高阁，成为部分人的价值追求，大部分人则在遵纪守法和不损害他人的前提下，奉行利己主义的价值观念和道德追求。随之而来的拜金主义、自我主义、享乐主义便成为部分人的主流价值观。

现代性的标志不仅在于科学技术的发展和社会物质文化的丰富，在道德追求层面还表现为道德合法性危机的存在与人们对道德力量和价值的质疑。现代的人们更愿意相信法律、金钱、权力和无拘无束的个人自由生活。人们更加现实，奉行物质至上，认为道德无用，认为为别人活着、成为有道德的人实在太累、太辛苦。道德冷漠成为常见的社会现象，对社会上失德行为也不感到愤慨和难过，社会中普遍缺乏信任，传统道德关系分崩离析。

在这一社会大背景下，如果一味强调个体的自由选择，而忽略对善的追求与守护，必然会导致人性的迷失和道德的失落。阻止道德的滑坡、弘扬向善的力量，正成为我们今天这个社会必须直面的社会难题。实现道德重建，重构新的道德规范体系尤为重要，尤其是培养出具有道德价值取向的公民，使人们在自由选择时赋予道德的价值内涵，将人的自由选择引向合乎道德的方向。

（三）道德教育的虚置与回归

现行教育体系中存在着许多致命的和根本性的问题，其中关键的一点便在于在引导学生做出合理的道德价值判断和做出合理的价值选择方面不作为，阻碍了学生的人性提升和人格完善。在价值多元化的现代性背景下，国人日益重视自身选择权利和个性成长，当代国民教育特别是道德教育如何发挥好教化作用，引导学生选择有道德的生活，已成为一个急需解决的、不可跨越的难题。

在价值个体主义和价值中立为主导的现代教育体系中，奉行的是一切的道德选择都是正当合理的道德相对主义，这事实上是取消了学校道德教育，实行的是放任主义的教育谋略。这种教育的后果只能是混乱无序和无政府主义。这类道德教育只能是"失去灵魂"的教育。我国目前的教育体系在很大程度上是一种道德教育的虚无状态，在价值问题上承认各种价值观存在的合法性与合理性，道德教育不做任何评判。道德教育对于选择的结果也不追问与评判，更多的是尊重与宽容，而没有教化和强制。20世纪80年代对人的理性的追问，很快在90年代被以身体化为核心的大众文化运动所湮没。这种运动重在解放人的个性和欲望，反对社会和国家对个体思想和行动的控制，这使得中国几千年来被身心摧残的个体瞬间获得了新生，不是向着个人理性的方向发展，而是走向对个体感官的本能追求和释放。人们热衷的是身体上和肉体上的体验与满足，而不是精神的体验与灵魂的改善。现代的人们沉溺于声色犬马、纵情享乐之中而不自知，着实令人倍感道德教育缺失后果的严重性。因此，必须从根本上建构新时期道德教育的路径。

二、公民道德教育体系的重建

（一）公民道德教育体系建设存在的问题

现代思想道德教育表现出强烈的服从，没有体现其对人们价值观的重塑和引导作用，成为现代社会道德困境的重要推手。道德教育的迷失导致的是个体价值判断的混乱和人性的迷失，这不仅影响到个人价值观的培育，还会影响到整个社会价值观的培育。道德教育从根本上遗忘了人之所以为人的精神的存在，失去对人们价值观培育的根本作用，不仅未能促进人的精神提升、唤起人们对生命意义的追寻，反而导致了人们精神家园的丧失。当前的普遍情况是，学校生活的世界充斥的是空洞的说教，在家庭教育中鲜有通过父母言传身教灌输有关如何做人等价值观教育，家长更注重的是孩子的学习成绩和才艺技能。同样，从幼儿园一直到研究生的各类体制内教育，更是把升学率视为第一位，把学生的成绩和科研成果看作评判学生优劣的唯一标准，思想政治教育课多流于形式。社会上各类职业教育，也多以职业技能为主，很少涉及有关价值观和理想信念的教育。各类公职人员教育培训机构，虽然有关于理想信念教育的内容，但是无论在形式上还是在内容上，都无法摆脱空洞和高高在上的困境，难以实现入脑入心的价值观植入效果。这种价值观教育在公民教育体系中的普遍缺失，一定程度上会导致思想意识形态领域主流思想的混乱。

在人们痛恨的种种道德教育所呈现出来的困境和危机面前，我们需对现有公民思想道德教育体系进行进一步的反思，重申并持守教育和道德教育的使命和职责，展现教育和道德教育的尊严和神圣。无道德的教育只能培育无道德的人，没有价值判断的道德教育只能强调个体选择的必要性与合理性。反思现有道德教育体系，应更为关注的是人存在的意义，关注教育的本性，以及道德教育的本性。

（二）公民道德教育体系的建构

公民道德教育固然要适应现代社会的发展，但绝不是消极服从，而应批判性地审视社会发展的各种要求，体现自身的相对独立性和使命，否则只会成为现代社会经济发展和政治发展的附属品和牺牲品。

要实现对现有公民思想道德教育体系的突破，首先实现对教育理念的突破，赋予现有道德教育以自由选择的限度、善的价值内核。其次，要使现有价值体系远离道德高标式的教育模式，抛弃"高、大、上"的教育内容，注入对教育对象个体需求和精神追求的关注。第三，要设立道德底线的教育，对教育对象进行基本的道德标准的灌输，使他们知晓什么是不能做的，明确在法律之外的道德标尺。第四，要有对善的教化的机制，培育人们善的价值追求，完成对善的追问，对生活意义、价值的追问。

三、创新廉洁文化教育机制

（一）完善廉洁文化教育传播产业机制

"在现代社会，文化一般主要以文化产业为其物质载体。文化产业受益于潜在的文化软实力，从文化中获取养分，也实现着潜在的文化软实力，甚至创造性地提升一国的文化软实力。"[①]廉洁文化产品体现廉洁

---

① 唐晋：《论剑：崛起进程中的中国式软实力（一）》，人民出版社，2008年版，第5页。

文化所蕴含的先进价值理念，是一种非常有价值的廉洁文化教育方式。而且如果这些廉洁文化产品形成规模化生产，其教育的效果将不可低估，有助于形成全社会的崇廉尚廉的风气和氛围。同时，必须加强对文化市场的监管，抵制腐败文化的滋生和蔓延，不断扩大廉洁文化产业的辐射力和社会影响力，使人们在休闲娱乐中便可以受到廉洁文化的教育和熏陶。

激励扶持廉洁文化作品的创作，通过采取市场化运作模式，引入资本运营，构建廉洁文化产品推广与传播产业机制。可以引入市场竞争机制激发民间文化机构、影视公司等部门对挖掘地方廉洁文化资源的积极性，通过探索科学化经营模式，依托廉洁文化产品的创意、生产、传播各个具体环节，逐步形成独具特色的廉洁文化产品产业经营链。廉洁文化教育作为一种公益性活动，不能仅仅依靠党政部门和文化部门的力量，而应充分调动全社会的积极性，每个参与主体都是这个文化产业链上不可或缺的组成部分，只有全民参与，才能真正实现廉洁文化产业化的又好又快发展。

（二）完善廉洁文化教育"大宣教"机制

要建立廉洁文化教育传播机制，发挥廉洁文化教育"大宣教"工作格局，实现廉洁文化资源的共建共享。这不仅可以扭转部分地区和单位在单兵作战、改变廉洁文化教育工作上的落后的局面，起到事半功倍的作用，而且可以在共享过程中，激发更多的创新模式。主要包括：拓宽"大宣教"的领域和形式，形成"大宣教"工作合力。

（三）创新廉洁文化教育"六进"模式

廉洁文化教育"六进"（进机关、进社区、进家庭、进学校、进企业、进农场）模式是实现资源整合的有效途径，可以实现廉洁文化教育资源在全社会共享。廉洁文化教育的资源包括马克思主义经典作家、党和国家领导人关于反腐倡廉建设的论述，党纪法律法规中的规定及廉洁文化教育实践中的经验总结。同时还要传承中华优秀传统文化，为今天廉政建设服务。比如，历史上的"清官"文化，清官廉吏的事迹宣传普及，还有思想家、为政者关于廉洁教育的见解观点，这些文化因素要加以整理、继承和弘扬，并根据时代发展要求进行创新，做到以史为鉴，古为今用。对国外廉洁文化中的法律规范、透明保廉、媒体监督促廉等有益经验，也要认真汲取，为当前廉洁文化教育实践所用。其次，要对一些设施载体资源，进行有效整合，如通过建立廉洁文化教育基地，建设廉洁文化宣传栏等形式，扩大廉洁文化教育覆盖面，提高参与度，增强渗透力。

但是，目前一些单位普遍存在共享廉洁文化教育资源的积极性不高的现状，有的单位只顾本单位利益，宁愿闲置资源，也不愿共建共享。对此应该通过政策导向，借助市场手段在人力、财力上给予大力支持和激励，促进廉洁文化教育扎实有效开展。

第三节　规范公职人员廉洁文化体系

合理设计公职人员廉洁文化教育机制，是新时期公职人员廉洁文化教育实践面临的重大课题。现有的公职人员廉洁文化教育机制面临着去行政化和如何实现入脑、入心等重大挑战。必须充分尊重教育规律和公职人员心理特征，合理设计教育主体、教育内容和具体机制，紧密结合公职人员个性化需求，借鉴古今中外的有益做法，探寻廉洁文化教育入脑入心的有效路径。各级党政机关作为公共权力的运行载体，有着严密的职能分工和权力配置方式，如何将廉洁文化教育机制融入公职人员各项工作环节，规范和约束组织内部各职能部门、各环节、各岗位行政行为，把营造良好的组织文化与制度文化结合起来，在组织内部形成合理用权意识和廉洁意识氛围，对于保证廉洁文化教育实践取得成效至关重要。因此，应该设计公职人员廉洁文化教育机制，将其融入组织、宣传、民政、教育、妇联各部门等职能机构的工作全局，通过建立完善评估和监督机制，将各职能部门廉洁文化教育开展情况纳入各地各部门工作考核的指标体系，结合工作实际，认真研究制定廉洁文化教育的具体工作方案，明确工作目标、工作重点。通过建立运行保障机制，在组织领导、人员经费、后勤保障上提供支持，做到充分保证党政各部门结合本职工作抓好廉洁文化教育活动和实践开展。

一、公职人员廉洁文化教育机制的构建原则

廉洁文化作为一种促进社会正能量的文化形态，着眼于预防腐败的终极目标，其理论体系既是相对固定的，又是相对动态的，在构建公职人员廉洁文化教育机制时必须符合"三个原则"[①]：

1. 科学性原则。廉洁文化作为社会主义先进文化的重要组成部分，要保其实施效果，必须坚持科学规划、科学构建的原则。既要尊重文化发展的科学规律，注重政策的规范性，又要遵循市场运行的规则。在设计和构建廉洁文化产品、载体，创新发展模式、摸索廉洁文化运行机制等工作上，既要保证在方向上符合党的要求，在内容上符合时代特点，

---

① 罗任权主编：《新时期廉政文化建设研究》，中国社会科学出版社，2010年版，第23—25页。

又要保证在决策、理论层面和操作、评估层面上的科学合理。

2. 系统性原则。廉洁文化教育活动是一个系统工程，各层次、各部分之间既相互独立，又相互依存，是一个有机的完整体系，任何割裂和断层都将会使廉洁文化教育活动寸步难行，必须坚持系统性原则，整体谋划、分步实施，才能保证所有工作和活动的整体实施效果。

3. 开放性原则。廉洁文化教育作为社会系统工程，具有开放性和鲜明的时代特色，必须与时俱进，不断充实、调整自身的结构、内容、形式或功能，资源融合，形成更加科学、更加合理的开放的廉洁文化教育体系，才能取得较好社会效果。

二、建立廉洁文化教育专门实施机构

鉴于目前还未建立廉洁文化教育专门实施机构，在廉洁文化教育实践中必须充分挖掘和发挥现有工作机制的优势，创新各种组织协调机制。逐步探索纪委组织协调、部门各负其责、依靠群众支持和参与的工作机制。目前各地已经基本建立了以党委领导、纪委牵头协调、各部门负责人为成员的联席会议制度，形成了比较完善的齐抓共管的管理机制。廉洁文化作为一种公共文化产品，属于公共利益，要求领导干部，党政主要领导要率先垂范，严于律己，自觉成为廉洁文化建设的倡导者、实践者和传播者。

要建立和完善现有的廉洁文化教育联席会议制度，明确各部门的职责，统筹推进廉洁文化教育。各部门、各单位要自觉承担起廉洁文化建设领导责任，纪委牵头组织工作，发挥组织协调作用，加强对廉洁文化建设的指导、督促检查。各级党委政府职能部门，切实抓好本系统廉洁文化建设，推进廉洁文化教育"六进"工程。各群团组织和社会组织，抓好所联系的社会成员的廉洁从业教育、青少年的廉洁修身教育；城乡社区要根据区域特点抓好廉洁文化进家庭，繁荣和发展家庭廉洁文化；广播、电视、报纸等大众传媒积极配合，理论政策研究部门等单位协同作战，发挥自身优势，整合各部门的宣教资源，形成推进廉洁文化建设的整体合力。纪检监察系统宣传教育部门，应该主要负责组织协调和监督检查，可运用问卷调查、工作评议等方法对党政部门开展廉洁文化教育活动的过程和效果实施监督和评估，运用党风廉政建设责任制等制度纠正各部门廉洁文化教育活动中的问题。纪检部门可以对存在问题的单位和部门，发出质询书、建议书，督促其进行整改，并进行跟踪监督和检查。当前，要充分发挥纪检监察部门统一协调的"大宣教"格局的作用，加强组织协调，认真谋划，突出重点，统筹兼顾，精心组织，充分发挥各职能部门和单位优势，各司其职，密切配合，形成合力。

目前，我国地方廉洁文化教育主要实施机构是纪检监察部门的宣传教育部门和党政机关的宣传部门。具体的廉洁文化教育活动主要由纪检监察和党委宣传部门履行牵头职责，通过组织协调有关单位开展廉洁文化建设重大活动，加强对各部门、各单位廉洁文化建设工作的指导和督促检查。而各级党政部门并没有主动将廉洁文化教育纳入本部门的主要工作，廉洁文化教育宣传效果、整体合力作用发挥有待加强。之所以出现这一状况，一方面与缺乏一个专门的廉洁文化教育实施活动的组织机构来对各地廉洁文化教育实践活动进行指导、监督和评估，责任主体不明确有着重要联系，另一方面各级纪检委统一组织协调、整合廉洁文化教育资源的工作还不到位。

保证廉洁文化教育的有效运行，必须首先明确廉洁文化教育的责任主体，建立专门的廉洁文化教育实施机构作为责任主体。这一机构应该具有统筹全国廉洁文化教育工作的权力和职能，可以设在国家安全委员会下，成立国家文化安全专门机构。可以整合我国现行的审计署、国家监察委、公检法等部门，成立国家廉政公署。比如，在我国香港和澳门地区及新加坡都成立了专门的反腐败工作机构廉政公署。当然，这一设想还是要建立在我国的国情基础之上加以改进，避免全盘套用其他国家和地区的一套模式。也可以合并纪检宣传部门、党委政府宣传部门、文化部和教育部相关部门的职能，成立专门负责普及国民德育的机构，该机构可以进行独立核算纳入财政预算，可以有偿整合各地新闻媒体、党政宣传部门、文化部门、教育部门的现有资源，各地不再设分支机构。

比如，"在实践层面，吉安市委、市政府把构建具有吉安特色廉洁文化体系纳入党的建设和文化建设的整体规划，把构建具有吉安特色廉洁文化体系与领导干部作风建设、文明城市规划建设、社会主义新农村建设、文明单位创建、企业文化、校园文化紧密结合起来，统一规划、统一实施，制定具体的构建具有吉安特色廉洁文化体系的总体目标、长远规划和近期工作安排相结合，分阶段分步骤实施，取得了明显效果，非常值得借鉴"。[1]再如，在机构改革中，将原来宣教室改为宣传部，下设有专门的廉政文化建设室，专门负责廉政文化教育相关工作。只有统一指挥、统一目标、统一组织领导，才能保证廉洁文化教育摆脱多头管理、无所适从的现状，最终形成相关部门各展所长，充分发挥自身优势，广大干部群众踊跃参与，主动融入，高效的领导体制和工作机制，最大限度地调动起人民群众的积极性和创造性，使廉洁文化教育充分发挥其治本作用。

---

[1]　邱野：《论预防腐败的廉政文化体系建设的构建》，南昌大学硕士论文，2012年12月。

三、公职人员廉洁文化教育队伍建设

要在精神和物质等层面花大力气、大投资吸引各方面的精英人才，参与到廉洁文化教育内容和实现路径的创新研究中，参与到廉洁文化教育的实施过程中。不拘一格降人才，加大奖励资金和职称评定等投入和政策支持，保证有足额的经费支持廉洁文化产品的创作以及廉洁文化教育教材的编撰。将廉洁文化教育工作人员纳入专门廉洁文化教育机构的编制内，也可以作为外聘人员。总之，一定要提供一切激励措施，提高廉洁文化教育专业人才的政治和经济待遇，为各项廉洁文化教育工作的开展提供有力的人才队伍保证。

需要强调的是，现有各类党校和行政学院等干部培训机构，是公职人员廉洁文化教育机制有效运行的重要依托。要采取有效措施不断为公职人员廉洁文化教育输入师资、理论资源等。充分发挥和利用公务员培训机构的师资和教学资源作用，纳入公职人员廉洁文化教育体系之中。

四、公职人员廉洁文化教育机制的构成

廉洁文化教育是一项系统工程，必须全党动手，全面动员，各方积极参与。必须发挥廉洁文化教育领导体制和工作机制的保证作用，动员多方力量，扎实推进廉洁文化教育。

第一，廉洁文化教育领导机制。"各部门和单位应在原有党委领导机制基础上，建立对廉洁文化教育的领导机制，形成'一把手'负总责、分管领导各负其责、部门各司其职的廉洁文化建设责任体系。党政齐抓共管是优势，纪委组织协调是机制，相关部门发挥优势，各展所长是合

力，广大干部群众积极参与是基础"。①

第二，公职人员廉洁文化教育运行机制。廉洁文化教育的运行机制的建立要从廉洁文化教育具体实施过程进行考量，主要包括教育目标、教育内容、教育对象、师资队伍、奖惩机制、协调机制等方面，是廉洁文化教育有效运行的核心要求。

第三，公职人员廉洁文化教育评估考核机制。要研究制定科学的廉洁文化教育测评方法，对开展情况进行定期调查、测评，评估廉洁文化教育成果。在此基础上，做好科学分析，总结成绩，发现问题，提出改进意见或建议，廉洁文化教育的运行机制主要包括领导机制、工作机制、社会效果。

第四，公职人员廉洁文化教育奖惩机制。各级党委、政府及其职能部门要根据本地区、部门的具体情况，制定廉洁文化教育的奖惩办法，开展评优、评奖活动，激励先进，批评后进。

第五，公职人员廉洁文化教育保障机制。《关于加强廉政文化建设的意见》中指出："建立政府投入为主、社会各方支持的廉政文化建设经费保障机制。"因此，各级党委、政府及其职能部门要重视廉洁文化的经费投入，做到组织领导有力、工作运转正常、各项保障到位。在预算安排中，要有用于支持廉洁文化建设重点项目和群众性廉洁文化活动的资金。要鼓励有条件的企业支持廉洁化建设，可以把有影响力的廉洁文化活动项目交由企业或部门承办，在办好廉洁文化项目的同时提升企业形象。选择一些有市场前景的廉洁文化项目，让有关部门承办，使其在完成纪委交办任务的同时，可以通过市场运作方式筹集资金，实现经济和社会效益双赢。

---

① 刘峰岩：《加强廉政文化建设　为反腐倡廉创造良好的社会环境》，《中国监察》，2007年第1期。

总之，通过各方努力，健全廉洁文化教育的保障机制，推动廉洁文化教育顺利开展并取得实效。

第四节　完善廉洁文化教育保障体系

新时代廉洁文化教育运行保障机制，应包括健全的责任机制。各级党委政府及党委政府职能部门应明确廉洁文化教育承担的任务，将公职人员的廉洁文化教育纳入党风廉政建设责任制中，按照权责分明的原则，落实责任分工，明确工作规范。在现有纪委组织协调、部门各负其责的运行机制基础上，制定督查机制，规范督查程序，确定督查内容和督查考评主体，确保廉洁文化教育效果落实。目前各地纪检监察审计部门在廉洁文化教育中起着重要指导作用，要加强督查与指导，定期检查本地区、系统、单位廉洁教育开展情况，确保组织到位、规划到位、投入到位、指导到位、落实到位。

建立健全保证廉洁文化教育的保障机制，是廉洁文化教育取得具体效果的重要保障。为了保障廉洁文化教育各项工作的顺利开展，必须建立健全经费投入、人员配备、技术保障、相关制度保障等方面的保障机制，为廉洁文化建设的可持续发展服务。

一、廉洁文化教育保障机制的建设原则

（一）营造法律实施的环境

首先，树立制度意识，即在所有公民中培育遵守制度、崇尚法律和理性的制度文化，树立制度的权威，把制度作为制约权力和廉政建设的

基础载体。其次是保证廉洁文化教育运行机制在设计和制定上的科学合理性。第三是确保制度的执行力和执行效果。

制度只有得到有效执行才会取得有效的成果，必须注重加强对法律和制度执行情况的监督检查，坚持法律和制度面前人人平等。廉洁文化还包括制度规范性方面的内容，如廉洁从政的法律法规及各项纪律制度等。廉政法规制度既是廉洁文化的重要组成部分，又是廉洁文化持续健康发展的有力保证。当前，廉洁行为规范缺乏相应的运行机制来保障，已有的行为规范缺乏强有力的惩处措施。一项调查显示："北京市机关廉政文化建设调查专题调研组对该市3个单位526位机关干部问卷调查的结果显示，多数受访者认为开展廉政文化建设，关键是完善制度。应根据形势的发展变化，及时完善有关制度，制定新的管用的制度，提高制度的科学性；做到各项法规制度彼此衔接，环环相扣，加强制度的系统性；尤其要抓好经常性的监督检查，促进党员干部共同遵守法规制度，维护制度的权威性，全面构筑与反腐倡廉的观念文化相适应的制度体系。"①

（二）完善立法机制

必须具有畅通的立法机制来保证制度的动态、开放和发展，保证制度的设计符合改革与发展的要求。加快创新制度建设，使制度与完善社会主义市场经济体制相适应。保证制度可行性，充分吸收借鉴国外廉洁教育立法经验的基础上，解决廉洁文化教育工作中存在的制度性、源头性问题。

---

① 周云华、杨国春：《论廉政文化建设长效机制的构建》，《湖南社会科学》，2008年第2期。

（三）合理设计利益分配机制

在制度设计中，我国曾长期将个人利益分配排除在外，立法中常把党员干部预设为大公无私的公仆，在惩处条款上大都存在着欠缺。不可否认，利益包括政治的、经济的多方面利益，很多具有体制性和制度性的腐败问题多与利益问题相关。只有从根本上协调深层次的利益问题，才能保证各种惩罚和监督制度的实施效果，从而减小权力被滥用的可能性。这对于解决廉洁文化教育的瓶颈问题，推动廉洁文化教育的深入开展，具有非常重要的作用。

（四）依托现代科技的支持

计算机信息时代，大数据、云计算、物联网等数字信息技术快速发展的条件下，为新时代廉洁文化教育提供了良好契机、载体，要依托计算机信息技术建立健全廉洁文化教育技术保障体系。"运用互联网等新兴媒体构建廉洁文化信息平台，发布廉政信息，解惑释疑，引导公众关心、理解和支持党风廉政建设的方针政策；运用各种大众传媒加强对反映廉政内容的社会热点问题的引导，完善廉政新闻发布制度和重大突发廉政事件新闻报道快速反应机制；运用手机短信、微信、微博等网络技术手段发布廉政文化信息，有针对性地对公职人员、特殊群体进行个性化教育等，增强廉政文化教育的直观性和灵活性。"[1]

---

[1] 周云华、杨国春：《论廉政文化建设长效机制的构建》，《湖南社会科学》，2008年第2期。

二、建立廉洁文化教育的保障机制

开展廉洁文化教育必须有充足的经费来保障。廉洁文化教育作为一项公益性活动，理应由政府承担经费的重要经济来源，这是廉洁文化教育实践能否顺利开展和效果能否最终实现的重要保障。可以说每一项廉洁文化教育活动都需要物质保障先行，需要资金支持。无论是廉洁文化宣传标语横幅、廉洁文化教育研讨会的筹办、廉洁文化教育基地的建设、廉洁文化宣传主题电影、文艺作品的制作、廉洁文化网页设计、网站建设等都需要经费保障。就目前国内各地区、各部门、单位廉洁文化教育资金的来源看，尚存在很大资金缺口，许多教育活动大多因为经费落实困难而长期搁置，这也是目前我国廉洁文化教育实践效果不佳的一个重要原因。

目前，我国香港和澳门地区均以法律的形式对廉洁文化教育工作在人员、经费、物资等方面给予强有力的保障。据统计，香港廉政公署每年用于宣传教育的经费达1000万港元，澳门廉政公署每年用于宣传教育的经费为200万澳元。而目前我国的纪检系统宣传部门，并没有专门的经费开支，纪检部门和其他部门的廉洁文化教育活动经费的审批，具有很大随意性、不稳定性，尤其对于乡镇和社区，多没有自有资金，普遍存在廉洁文化教育资金短缺的情况。要扭转这一局面，必须广开廉洁文化教育资金来源的渠道，创新资金投入机制，完善资金运行机制。

一是要创新资金来源渠道和资金投入机制。建立和完善以财政拨款投入为主、企事业单位自筹、社会各界赞助的廉洁文化教育经费保障机制，拓宽资金的筹资渠道，保证廉洁文化建设经费来源稳定，夯实廉洁文化教育的物质基础，确保廉洁文化建设的必需资金。

二是建立公开透明的廉洁文化专项资金运行机制。目前，在全国还没有专门针对廉洁文化教育的专项资金项目，所有的资金主要来源于财政经费，为了保证廉洁文化教育的资金来源，设立专项活动资金，并建立公开透明的专项资金运行机制。基层政府可以根据本地区实际情况将每年廉洁文化教育活动需要的资金上报上级部门，详细列明各项活动以及所需经费的预算，经过上级审批申请专项活动资金。申请资金到位后，要严格按照资金管理规定统筹管理、专款专用，年终时各单位、各部门要对本年度实际开展的廉洁文化教育活动所取得的成效和资金使用情况详细做账，交上级部门审核，并作为下一年度申请专项资金的重要依据。通过公开透明的专项资金运行机制，不仅可以保证资金来源，可以保证廉洁文化教育专项资金得到合理、有效运用，而且可以防止被贪污、截留，从而避免廉洁文化教育因为资金问题而中途终止或者项目被取消，影响廉洁文化教育的整体实施效果。

三、廉洁文化教育的激励机制

一是建立廉洁文化参与人员激励和惩戒机制。对于优秀的廉洁文化项目和活动、有关廉洁文化教育物质载体创建活动和各类廉洁文化创新形式的作者、作品、项目等，有关部门要运用物质和精神等多种方式予以奖励。同时，要根据社会经济发展水平，适时推出公务员廉洁保证金制度和国家廉政荣誉制度，将干部从政诚信纳入廉政档案，与司法惩处、组织处理、党纪处分等实行信息共享，在建立和完善公职人员信用考核和记录制度基础上，建立依法对违纪违法和严重违反社会道德公职人员实施惩戒的制度，对出现失德行为的党员干部实施公开警示、经济处罚、从业禁止、法律制裁等方面的惩处。

二是把廉洁文化教育的实施纳入各级党委宣传教育工作总体规划、干部教育的培训计划、新闻媒体的报道计划。制定切实可行的考评激励机制，加强管理和监督，及时总结和推广廉洁政文化教育好的做法和经验。对优秀廉洁文化作品、项目、活动以及文化建设工作成绩突出的部门和单位，及时予以奖励，发挥典型示范效应，促进廉洁文化教育的健康发展。对于不能完成廉洁文化教育相关任务的单位和责任人也制定严格的惩处措施，可以将廉洁文化教育实施效果纳入本单位人员评议和单位考核的重要指标体系中，与具体责任人、与责任单位的年终评比考核挂钩。

四、廉洁文化教育的监督机制

对公权力运行如何进行有效的制约和监督，是中国共产党执政以来必须回答的重大课题，也是新的历史条件下经受的严峻考验。当前，反腐倡廉中监督缺失或流于形式的问题严重，从体制上看主要表现在：一是权力过于集中，主要集中于"一把手"；二是权力过于分散，造成效率低下，增加腐败易发点；三是权力运行不规范，存在权力运作缺乏法定程序、权力配置上权责不明或不一致、自主裁量权过大等情况，自由裁量权的无限扩大使公权力的监督存在"盲区"、权力的滥用自然难以避免；四是权力行使商业化，官商勾结现象屡禁不止，依然有存在空间；五是对公权力的制约和监督乏力；六是监督法治建设滞后，特别是由部门起草的法规，不同程度地存在"权力部门化、部门利益化、利益法制化"的现象，地方和部门保护主义严重；七是权力与责任脱节，监督体系不完善、监督机制不健全、监督措施不到位突出。

从各国的反腐败实践来看，只有通过对权力的制约与监督，才有可能对行政腐败形成约束，遏制腐败的无限蔓延。而有效地惩治和预防腐败，就要做到惩处与预防并重，标本兼治，综合治理。一是加大依法惩治腐败的力度，二是要加强公职人员的廉洁法律教育，增强其内心的道德约束力。从个体主观方面即精神领域减少产生腐败的心理冲动，从政府层面建立健全相应的公开、透明、科学的廉洁文化监督机制。党的十八大报告指出："健全权力运行制约和监督体系。坚持用制度管权管事管人，保障人民的知情权、参与权、表达权、监督权，是权力正确运行的重要保证。""加强党内监督、民主监督、法律监督、舆论监督，让人民监督权力，让权力在阳光下运行。"①

加强和改进党内监督。2016年10月颁布实施的《中国共产党党内监督条例》对党内监督基本原则、要求、主体、对象、内容、方式方法等做出了明确规定，指出："建立健全党中央统一领导，党委（党组）全面监督，纪律检查机关专责监督，党的工作部门职能监督，党的基层组织日常监督，党员民主监督的党内监督体系。"

开展党内监督的基础和前提是发展党内民主。要继续落实党内监督条例等监督规定，进一步完善集体领导和个人分工负责制度，严格执行述职述廉、诫勉谈话、函询和党员领导干部报告个人有关事项制度；落实党政主要负责人自觉参加民主生活会，开展批评与自我批评，切实提高民主生活会的质量。要充分发挥各监督主体的积极作用，制约公权力的运行。现阶段，权力监督的主体主要包括：中国共产党、全国人大及其

---

① 《坚定不移沿着中国特色社会主义道路前进　为全面建成小康社会而奋斗——在中国共产党第十八次全国代表大会上的报告》，《十八大以来重要文献选编》（上）中央文献出版社，2014年版，第22—23页。

常委会、全国政协及其常委会、政府专门机关、司法机关、各民主党派及社会团体、人民群众、新闻媒体等。目前，我国的监督主要形式有"党内监督、人大监督、政府专门机关监督、司法监督、政协民主监督、群众监督和舆论监督"等。结合廉洁文化教育工作的实施，要重点做好以下三个方面的工作。

（一）开展群众监督

在党和国家监督体系中，群众监督是极为重要的一种监督形式，是党和国家机关自我约束和内部监督的重要补充。习近平总书记强调："群众的眼睛是雪亮的，群众的意见是我们最好的镜子。只有织密群众监督之网，开启全天候探照灯，才能让'隐身人'无处藏身。"[1]习近平总书记将群众监督形象生动地比作全天候探照灯，道出了群众监督的真实性、广泛性、有效性。"群众监督是指广大人民群众直接或通过一定专门机构间接对党和国家机关及其工作人员制定和执行各项制度、方针、政策以及他们的工作进行检查和促进的活动。"[2]群众监督是对权力运行进行制约和监督，确保权力正确行使的重要保证。

发挥群众监督的独特作用，一要为监督者提供知政、参政、议政的条件和机会，切实保证其监督权力的行使，二要不断提高监督者的自身素质，提高群众监督的质量和水平。当前和今后一个时期，要进一步发展社会主义民主，不断拓宽群众对施政行为的监督渠道，健全民主制度，丰富监督形式，特别是要扩大基层民主，健全基层自治组织和民主

---

[1] 《在党的群众路线教育实践活动大会上的讲话》（2014年10月18日），《十八大以来重要文献选编》（中），中央文献出版社，2016年版，第101页。

[2] 马辉、杨云梅：《群众监督：社会主义权力监督体系的基础》，《大连理工大学学报（社会科学版）》，2005年第4期。

监督制度，保证人民群众依法直接行使民主权利，管理基层公共事务和公益事业，对干部实行民主监督。要进一步增强涉及群众切身利益和工作的透明度。开展群众监督，要进一步发挥工会、共青团、妇联组织等人民团体的监督力量。

要深化政务公开，进一步推进厂务公开、村务公开，逐步实现公用事业单位办事公开，拓宽对行政行为的监督渠道，扩大基层民主，扩大群众有序的政治参与，切实保障公民的知情权、参与权、表达权、监督权，依法保障人民群众对党和国家机关工作人员批评、建议、控告和检举的权利。要把信访举报作为体察民情、了解民意、开门纳谏的重要途径。进一步整合信访资源，推行信访举报网络化管理。落实设立举报电话，提倡实名举报，健全信访举报办理责任制、办理情况查询、处理结果答复和领导干部定期接访制度。加强民主测评、民意调查工作，实现社情民意反映制度，拓宽和畅通群众意见表达渠道。

（二）支持和保障舆论监督

舆论监督是中国特色社会主义监督体系的重要组成部分。加强和改进舆论监督工作，对弘扬社会正气、理顺公众情绪、维护安定团结具有重要意义。中共中央《建立健全教育制度监督并重的惩治和预防腐败体系实施纲要》指出："在党的领导下，充分发挥新闻媒体的舆论监督作用。各级党委和政府应当重视和支持舆论监督，听取意见，改进工作。新闻媒体要坚持党性原则，遵守新闻纪律和职业道德，把握舆论监督的正确导向，注重舆论监督的社会效果。"这是党中央对舆论监督工作提出的明确要求。

新闻舆论监督是意识形态的重要组成部分。舆论监督可以增强对公权力运行的制约和监督，防止权力失控、决策失误、执政失范，巩固党的执政基础，提高党的执政能力。新闻媒体要在坚持正确的舆论导向，注重监督社会效果的基础上强化新闻舆论监督作用，积极探索有效监督的方式方法，为新闻媒体提供更为宽松的表达空间和法治保障，形成惩恶扬善、扶正祛邪的舆论氛围。

要逐步扩大新闻媒体依法监督的自主权。在坚持正确舆论导向和维护稳定大局的前提下，加快舆论监督的立法。加强对调查腐败现象的记者的保护，避免遭到打击报复。切实保障信息畅通公开透明，保障媒体和社会公众知情权。通过立法规定处理获取信息要求的时间期限、能够公开的信息种类等，保障新闻媒体和公众的知情权，监督公共权力的运作。加强新闻媒体舆论监督机制建设，以互联网阵地建设为抓手，建立通畅、高效、规范的网络舆情信息监督渠道，为社会公众提供一条便捷、畅通的监督渠道。

（三）形成监督合力

开展廉洁文化教育可以增强公众权力监督意识，进一步增进党内监督与人大监督、政府专门机关监督、政协民主监督、司法健全、群众监督、舆论监督等结合起来，增强监督合力和实效。

进一步发挥党在监督工作中的核心作用。在监督工作的实践中，中国共产党逐步建立健全了一系列加强监督的法规制度，比如，《中国共产党纪律处分条例》《中国共产党党内监督条例》等党内法规，逐步探索提出了党内监督、舆论监督、群众监督等思想，充分体现了党在加强监督工作中的核心地位和作用。各种形式的监督活动必须在党的领导下，依法依纪、按照组织原则和程序，在制度的框架内进行。

发挥纪检监察机关和国家预防腐败机构的协调作用。一是要协调同级党委组织监督工作，开展监督工作专项监察。二要认真履行《中国共产党章程》《中国共产党党内监督条例》等赋予党员、广大群众的监督权利，加强对党员领导干部履行职责的行使情况的监督。三是要以查处滥用权力、谋取私利的违纪违法案件为重点，严惩腐败。四是及时向同级党委和上一级纪委报告党内监督工作的情况，提出建议，按照权限组织起草、制定有关规定和制度，依照权限做出维护党纪的决定。五是要受理党组织、党员违反党纪行为的检举和党员的控告、申诉，及时处理党员、群众反映的问题，加强基层纪委的信访举报工作，保障党员的权利。

切实发挥国家预防腐败机构的作用。对改革措施进行廉政风险评估，建立预防腐败的信息共享机制，根据社会不同发展阶段的特点和实际情况，分析识别并提出腐败高风险领域和部位，推动建立腐败预警机制和综合反映反腐倡廉工作及廉洁文化教育情况的指标体系，为强化和完善监督工作，提供科学可靠的决策依据和政策选择。建立有效的工作机制、联席会议制度，定期研究解决监督工作中的热点重点难点问题，充分调动各监督主体的积极性，逐步形成监督合力。

第五节　配置廉洁文化教育评估体系

廉洁文化教育实现路径得以科学有效运行的一个重要机制是配置科学的评估机制。只有通过建立严格的责任落实制度，制定严格的检查考核和责任追究制度，建立科学的绩效评估机制，制定科学的指标体系，才能明确部门责任和具体任务，做到对廉洁文化教育实现情况和实现效果的科学评定。部分单位还可邀请专业的文化评估公司进行评估机制的设计，发挥其在裁判立场、科学方法、时间保证、理性思维、社会认可度、专业背景等方面的优势，保证整个评估结果的客观性、公正性和科学性。

一、绩效评价体系框架

廉洁文化教育效果评估机制是一个动态的运行机制。在这一过程中，公众参与是一重要因素。其中廉洁文化评估指标体系主要针对考核内容和考核标准进行的设计。目前各地纪检监察部门相继出台了一系列的考评办法或考评细则。如上海杨浦区出台的《廉政文化建设评估办法》，对廉洁文化建设的目标要求、评估的标准和分值进行了详细规定。再如云南兰坪县制定实施了《廉政文化建设示范点创建量化考核办法》（试行），廉政文化建设示范点创建量化考核实行百分制，其中：共性标准（廉政文化进家庭示范点除外）27分，个性标准60分，特色标准13分。[①]根据机关、单位、学校、企业、社区村居等不同主体设定考核指标。采取查阅档案资料、现场查看、听取汇报等方式进行考核、评价，有效增强了地方廉洁文化教育实效，营造了风清气正的社会氛围，促进了地方经济社会较快发展。

绩效考核测量分析系统主要是根据绩效评估指标体系的指数规定，对公众评价指标数据通过入户调查或电话调查的形式进行采集。根据收集到的数据，可以依据系统的自动生成功能形成客观公正的考评结果。此时便进入考评反馈系统，通过专门廉洁文化教育组织机构，将该考评结果反馈给各个单位，并对整改效果进行进一步的评估，启动新一轮的评估反馈过程。

---

① 《兰坪县廉政文化建设示范点创建量化考核办法》（试行），中共兰坪县纪委监委网站，2013年5月23日。

二、绩效评价体系指标要素的筛选

当前，国际上专业性绩效评价模式主要包括：透明国际组织的清廉指数、世界银行的腐败控制指数、全球竞争力报告及商业国际组织公布的相关指标等。这些评估指标主要集中在对廉政建设和反腐败效果的评估，关于廉洁文化教育实践效果的科学考评系统研究还比较欠缺。目前国内还没有建立全国性的权威廉洁文化建设评估体系，相关的建设性意见和具有可操作性的机制构建还比较少。只有对各地区开展的廉洁文化教育实现效果的整体水平进行科学严密的考评，才能得出客观公正的结果。但是，各省、市、县在考核评估本地廉洁文化建设成效时，关于廉洁文化教育效果的评估多包含在廉洁指标体系中。

从反腐败理论来看，"腐败动机和腐败机会是导致腐败行为产生的两个重要因素，动机是主观欲望，机会是客观可能，一旦二者结合，腐败现象发生。因此，预防腐败和治理腐败既要重视人的因素，更要在制度上下功夫，才能收到较好的廉政工作实效"[1]。因此，在设计廉政文化教育综合评估体系指标时要以此为根本遵循。

在选择和制定该指标体系时，要充分考虑以下原则："一是科学全面原则。通过硬性指标与软性指标的结合、廉洁文化教育与廉洁实践成效的结合、共性要求与分类指导的结合，科学选定考核评价标准。在理论框架的指引下，结合实践中的经验教训，在已有研究的基础上设计，在整合专家意见的条件下产生，保证其产生过程的科学，保证指标体系能

---

① 倪星：《惩治和预防腐败体系的评价机制研究》，中山大学出版社，2012年版，第187页。

够全面反映出廉洁文化教育主体的水平和绩效。二是注重可操作原则。重视对成效的评估，必须重视深入一线、深入实际，选取具有可操作性的指标。指标体系应该是具体化、简明化、可量化、可操作的，否则，不能运用于实践和加以推广。设计指标体系是必须立足于实践，保证各项指标清楚、准确、使用方便，可操作性强。三是导向原则。指标体系对被评估对象有导向作用，设计的指标体系能够通过评估和考核工作成效来对各级廉洁工作主体形成约束并发挥导向作用，及时发现纠正问题，保障廉洁文化教育的正确方向。同时，预测廉洁文化教育的特点及发展趋势，及时调整政策措施，推动廉洁文化教育开展。"①

总之，廉洁文化指标体系必须立足于中国的国情及具体实践，充分借鉴国内外先进评估经验；同时，各项指标体系反映政府中心工作、大政方针，体现与廉洁文化有关的重大政策和战略调整。

"一个完整的评估系统应反映输入、过程、输出、结果四个方面内容。同时，依据系统论观点，政府的活动可分为投入、过程、产出和影响四个阶段。Carter指出，建构政府廉洁指标体系可以用一个简化的模式来表示：input、process、output、impact即投入、过程、产出、影响。"②对廉政文化教育评价指标体系建构可以采用这一模式，把指标体系设计成四个维度：投入强度、推进力度、直接效果、社会及经济效益。设计和选取的三级指标要素以5年为一个评估周期，主要包括：近5年刑事案件发案数目及发案比率；治安案件年发案比率及增长率；民众信访数量及年均增长率；社会稳定态势指标；社会贫富分化相对指标；社会保障

① 马娟：《廉政文化建设评价指标体系的构建》，《廉政文化理论与实践研究论文集》，中国方正出版社，2014年版，第527—535页。

② 倪星：《惩治和预防腐败体系的评价机制研究》，中山大学出版社，2012年版，第187页。

系数；招商引资年增加额及增加比率；年人均国内生产总值及年均增长率；年人均可支配收入及年均增长率等。

三、绩效评价体系的运用说明[①]

构建科学指标体系是进行廉洁文化教育测评的首要环节，为了便于测量工作，客观有效地实施对某地区或某单位廉政文化教育的综合评价，在评价过程中还必须相互配合：

（一）合理确定指标权重

在指标评价体系中，各指标影响不一，重要程度高低不同，因此需要采取一定的方法确定各指标间相对重要性次序，以准确地赋予各评价指标不同的权重，一般采取层次分析法。具体操作是：确定专家团队，通过函询征求专家意见，构造判断矩阵，再计算各指标的权重，进行定性、定量统计分析，最终确定指标体系各级指标及明细资本的权重值。为体现指标体系的完整性，采取百分制方式为各项指标赋予一定分值。

（二）实施测评

廉洁教育文化评价指标体系是一个多层次的综合体系，因此，采取模糊综合评价法作为绩效测评的首选方法。具体实施程序：首先使用层次分析法确定指标权重矩阵，采用线性插值法进行定量指标测评，确定样本集对各级别的相对隶属度矩阵，最后依据最大隶属度的原则进行模

---

① 马娟：《廉政文化建设评价指标体系的构建》，《廉政文化理论与实践研究论文集》，中国方正出版社，2014年版，第527—535页。

糊综合评判。

（三）获得指标数据

实践中，选取的一些指标如群众测评满意率、单位员工对领导作风的满意程度等具有较强的主观性，这些指标很难用数学方法加以精确描述，不能从有关方面或通过测量直接获取数据。应将这些指标数据配合问卷调查法综合运用。部分涉及主观性评价指标可在调查数据基础上，经过统计运算，得出量化的百分比，求得相应量化数据。为使指标数据能客观反映实际，在民意调查中一般采取随机取样法。

四、绩效评价体系的分析与反馈

建立完善的反馈机制，保证评估结果及时反馈到被考核单位，可以督促该单位在今后的廉洁文化教育实践中及时总结经验教训，同时启动新一轮的关于整改效果的绩效评估活动，从而保证将反馈意见落到实处。制定相关的奖惩机制，保证组织人事部门把廉洁文化教育活动成效纳入部门综合考评，把干部廉洁从政行为与评优选先和干部考评、任免提拔直接挂钩，起到奖先惩后、扶持激励的效果。

首先，必须做好社会调查，充分发挥社会调查方法的各种功效。根据指标体系对公职人员的廉洁自律状况、各职业各阶层从业人员遵纪守法状况、廉政制度的数量和质量、社会各阶层对腐败的认知和廉洁氛围、每年查处腐败案件的数量和级别、群众参与反腐败工作的热情度等进行评价。合理利用典型调查、普遍调查、重点调查、综合调查、抽样调查等调查方法，运用座谈调查（包含访问调查、文献调查、网上调查）等调查方式，做到客观公正、方法科学，保证整个调查工作制度化、常态化、科学化。

其次，对调查结果进行科学分析。借助现有的网络技术条件，运用辩证思维和现代科学思维手段对廉洁文化的生成、发展有关问题进行综合分析，得出全面、科学、客观、有针对性的分析结果。

第三，要对各部门廉洁文化建设的范围和规模进行分类评估。目前各地开展廉洁文化教育评估多停留在将各项工作任务化为一定的分值并制成表格，然后逐项打分，最后再把相关数据相加，依分数高低排位得出评估结果。这种评估由于缺乏定性上的分析和综合评估，很难全面客观地反映被评估对象廉洁文化建设的成效。在实际操作中，要注意把宏观评估与微观评估相结合，科学评估和经验评估相结合，集体评估和个人评估相结合，规范性评估和非规范性评估相结合，对分析结果进行全面深入的评估。

结　语

本书从新时期廉洁文化教育相关基础理论入手，分析了廉洁文化教育的内涵、特征，追溯了古今中外廉洁文化教育的思想理论来源，系统阐述了廉洁文化教育在腐败治理中发挥作用的机理、重要价值，分析了廉洁文化教育与价值观教育、公民道德教育的联系；从两个层面对个体价值观、群体价值观教育与廉洁文化教育的相互作用进行分析，试图建构起我国廉洁文化教育具体实践的一条基本路径。

本书结合新时期特点论述了廉洁文化教育实践中存在的问题并分析其原因，注重结合实践中的具体案例展开解读和剖析。本书的立论前提是：廉洁文化对提升道德修养、净化社会风气、促进制度的制定执行有着不可或缺的重要作用。在腐败治理中，走廉洁文化教育与法律法规制度相结合之路，只有坚持"软约束"与"硬制度"有机结合才能真正实现政治清明、社会廉洁、个体道德素养的提升。

本书的主要研究工作如下：

（1）分析界定了廉洁文化教育概念、特征，系统梳理了廉洁文化教育与党风廉政建设、廉政文化建设、反腐倡廉建设、反腐倡廉宣传教育、社会主义核心价值体系等概念间的逻辑关系。在此基础上，重点论述了西方国家和地区、中国古代、中国共产党执政后在开展廉洁文化教育中的成功经验和实践探索，并揭示了对当前开展廉洁文化教育的重要启示意义，从廉洁文化教育的基本内涵、外延上奠定了研究的理论基础。

（2）综合运用心理学、教育学、哲学等多学科知识，对廉洁文化教育在治理腐败、倡导廉洁社会中的作用机理进行了深入的理论剖析。从中国古代严刑治吏的对比分析中，得出法律制度在惩治腐败中同样存在鞭长莫及之处。而借助廉洁文化的正能量，发挥道德、文化因素在腐败治理中的作用，可以从源头上预防和消除腐败。本书通过对腐败犯罪心理动机分阶段剖析，得出了廉洁文化教育可以发挥对健康人性塑造的基础性作用，这正是当前开展职业道德教育、家庭美德教育的逻辑起点。另一方面，廉洁文化教育对社会良好环境的塑造、腐败环境的抵制具有不可替代的重要作用。从个体层面、群体层面对廉洁价值观教育的培育和践行进行了论述。在此基础上，对新时期廉洁文化教育的重要价值做了深入分析论证。

（3）客观分析了新时期我国廉洁文化教育推进中的成就和不足之处，并追根溯源，探究廉洁文化教育存在差距和不足的原因。新时期廉洁文化教育工作成效显著，表现为从中央层面高度重视，并通过各项实践活动的推进扩大了廉洁教育的覆盖面和影响力。二是各地区结合实际，不断实践探索，取得许多鲜活的经验，有力推动了廉洁文化教育的深入开展。同时，廉洁文化教育发展中存在不容忽视的问题：目前国内反腐败斗争的形势总体向好但不容乐观，加上经济转型、政治体制还不十分完善，社会中封建思想的影响还将在一定时期内长期存在，西方文化中不利因素对我国国民理想信念的冲击，廉洁文化建设具体实践中存在着薄弱环节，法律法规制度还不健全、执行力还有待提高等因素的细致分析，为提升廉洁文化教育成效明确了目标、方向。

（4）提出了新时代廉洁文化教育路径理论的一般构建。本书认为廉洁文化教育体系的构建路径从群体层面、个体层面进行架构，一是通过廉洁文化教育营造和谐的社会文化氛围，二是加强社会主义廉洁价值观教育，以此推动公民道德素养的提升和公职人员依法、秉公用权。廉洁文化教育体系主要包括以下因素：内容体系、路径体系、保障体系、评估体系等方面。本书结合国内部分地区在开展廉洁文化教育中的实践探索，实证分析了廉洁文化教育评估体系的制定和运用，为深入开展廉洁文化教育实践提供了参考样本。

综上所述，全面从严治党永远在路上，廉洁文化教育建设是一个漫长的孕育过程，需要经历时间的磨砺，一旦全社会形成了廉洁文化的良好氛围，其产生的作用和影响力将惠及全社会、全体国民，干部清正、政府清廉、政治清明的目标终将成为现实。这也正是各国都从国家战略角度来构建廉洁文化教育架构的原因所在。

增强全民廉洁意识，建设清廉社会、清明政治是中国共产党人的历史使命和庄严承诺。全面建成社会主义现代化强国的宏伟目标已经绘就，在中国共产党的坚强领导下，一代代中国人正沿着中国式现代化道路踔厉奋发、勇毅前行，用自己的不懈奋斗谱写中华民族伟大复兴的壮丽篇章。

参考文献

著作类

001　《邓小平文选》，北京：人民出版社1994年版。

002　《十六大以来重要文献选编》，北京：中央文献出版社2005年版。

003　中共中央《建立健全惩治和预防腐败体系2008—2012年工作规划》，北京：中国方正出版社2008年版。

004　杨耕著：《为马克思辩护：对马克思哲学的一种新解读（修订本）》，北京：北京师范大学出版社2006年版。

005　袁贵仁著：《价值观的理论与实践——价值观若干问题的思考》，北京：北京师范大学出版社2013年版。

006　唐伟著：《管理方法论》，北京：中国广播电视出版社1991年版。

007　唐伟著：《管理学》，北京：中国青年出版社1992年版。

008　唐伟著：《现代管理与人》，北京：北京师范大学出版社1998年版。

009　韩震著：《重建理性主义信念》，北京：中华书局2009年版。

010　韩震著：《社会主义核心价值观凝练研究》，北京：北京师范大学出版社2012年版。

011　韩震著：《全球化时代的文化认同与国家认同》，北京：北京师范大学出版社2013年版。

012　孙晓莉著：《国外廉政文化概略》，北京：中国方正出版社2011年版。

013　张曙光：《人的世界与世界的人：马克思主义思想历程追踪》，北京：北京师范大学出版社2009年版。

014　张曙光著：《民族信念与文化特征：民族精神的理论研究》，北京：人民出版社2009年版。

015　晏辉著：《市场经济的伦理基础》，太原：山西教育出版社1999年版。

016　晏辉著：《现代语境下的价值与价值观研究》，北京：北京师范大学出版社2009年版。

017　程光泉著：《全球化与价值冲突》，长沙：湖南人民出版社2003年版。

018　程光泉著：《全球化理论谱系》，长沙：湖南人民出版社2002年版。

019　吴向东著：《重构现代性：当代社会主义价值观研究》，北京：北京师范大学出版社2009年版。

020　吴玉军著：《非确定性与现代人的生存》，北京：人民出版社2011年版。

021　吴玉军著：《现代性语境下的认同问题：对社群主义与自由主义论争的一种考察》，北京：中国社会科学出版社2012年版。

022　麻承照著：《廉政文化概论》，北京：中国方正出版社2011年版。

023　秦馨著：《新时期廉政文化建设论》，北京：中国社会科学出版社2011年版。

024　任建明、杜治洲著：《腐败与反腐败：理论、模型和方法》，北京：清华大学出版社2009年版。

025　夏赞忠主编：《中国廉政法律制度研究》，北京：中国方正出版社2007年版。

026　敏新主编：《贪官忏悔录》，北京：中共中央党校出版社2004年版。

027　乔云华著：《地狱之门——与李真刑前对话实录》，北京：新华出版社2004年版。

028 李建华著：《行政效能与行政文化》，长沙：湖南人民出版社2012年版。

029 程维荣主编：《新民主主义革命时期中国共产党党内法规》，上海：上海三联书店2018年版。

030 张维迎著：《博弈论与信息经济学》，上海：上海三联书店、上海人民出版社1996年版。

031 《中国大百科全书》（政治学卷），北京：中国大百科全书出版社1992年版。

032 林伯海、田雪梅著：《制度反腐与廉政文化建设的互动研究》，成都：西南交通大学出版社2009年版。

033 任建明主编：《反腐败制度与创新》，北京：中国方正出版社2012年版。

034 中央纪委宣教室编：《正确认识和判断当前反腐败斗争形势》，北京：中国方正出版社2006年版。

035 李文珊著：《当代中国廉政建设中的道德调控研究》，北京：中央文献出版社2007年版。

036 黄理明著：《社会主义道德信仰研究》，北京：人民出版社2006年版。

037 程文浩著：《预防腐败》，北京：清华大学出版社2011年版。

038 薛刚著：《腐败预防新论》，广州：世界图书出版公司2011年版。

039 教育部高等学校社会科学发展研究中心编：《社会主义核心价值体系研究述评》，北京：教育科学出版社2012年版。

040 王玄武、胡玉清主编：《社会主义市场经济与道德建设通论》，武汉：武汉大学出版社1997年版。

041 罗国杰主编：《道德建设论》，长沙：湖南人民出版社1997年版。

042 郝文清著：《当代中国衍生性权力腐败研究》，合肥：安徽大学出版社2011年版。

043 过勇著：《经济转轨、制度与腐败》，北京：社会科学文献出版社2007

年版。

044　王寿林著：《权力制约与权力监督研究》，北京：中共中央党校出版社
　　　2007年版。

045　何增科著：《反腐新路——转型期中国腐败问题研究》，北京：中央编译
　　　出版社2002年版。

046　邓频声著：《中国特色社会主义权力监督体系研究》，北京：时事出版社
　　　2011年版。

047　马海军、邹世享著：《中国反腐败国际合作研究》，北京：知识产权出版
　　　社2011年版。

048　过勇著：《中国国家廉政体系研究》，北京：中国方正出版社2007年版。

049　季正举著：《跨越腐败的陷阱——国外反腐败的经验与教训》，北京：中
　　　国经济出版社1999年版。

050　周国才著：《一腐必败——告诉你腐败与反腐败的86个真相》，北京：中
　　　国方正出版社2014年版。

051　倪邦文、石国亮、刘晶著：《国外廉政建设制度与操作》，北京：中国言
　　　实出版社2013年版。

052　李小红、张如安著，《中国古代廉政思想简史》，北京：中国方正出版社
　　　2011年版。

053　辛鸣著：《制度论：关于制度哲学的理论建构》，北京：人民出版社2005
　　　年版。

054　朱新光、朱萍著：《西方国家公民廉洁教育比较研究》，北京：北京大学
　　　出版社2014年版。

055　傅吉元著：《人性缺陷与文化控制》，北京：知识产权出版社2011年版。

056　魏琼著：《中国传统清官文化研究》，北京：法律出版社2009年版。

057　单卫华、赖红卫、张相军著：《中国廉政文化史》，济南：山东画报出版

社2010年版。

058 肖杰著:《中国传统廉政思想研究》,长春:吉林大学出版社2010年版。

059 刘杰著:《中国廉政建设的路径分析》,北京:时事出版社2012年版。

060 段龙飞、任建明著:《香港反腐败制度体系研究》,北京:中国方正出版
社2010年版。

061 袁峰著:《网络反腐的政治学:模式与应用》,北京:中央编译出版社
2012年版。

062 张国臣等著:《社会主义廉洁文化建设论》,北京:人民出版社2011年版。

063 孟祥才著:《齐鲁传统文化中的廉政思想》,山东:山东人民出版社2016
年版。

064 韩丹著:《道德辩护与道德困境——腐败问题的伦理学探究》,北京:中
央编译出版社2012年版。

065 张萃萍著:《困境与重建——当代中国公务员行政道德建设研究》,北
京:中国法制出版社2008年版。

066 宋振国、刘长敏等著:《各国廉政建设比较研究》,北京:知识产权出版
社2006年版。

067 李秀峰主编:《廉政体系的国际比较》,北京:社会科学文献出版社
2007年版。

068 麻宝斌等著:《吉林省廉政文化建设研究》,北京:社会科学文献出版社
2013年版。

069 龚荒、郭军著:《国有企业廉洁文化模式实证研究》,北京:中国矿业大
学出版社2008年版。

070 中央纪委监察部教材编审委员会《建立健全教育、制度、监督并重的惩
治和预防腐败体系实施纲要教程》,北京:中国方正出版社2007年版。

071 中央纪委监察部教材编审委员会《反腐倡廉宣传教育教程》,北京:中

国方正出版社2007年版。

072 唐贤秋著：《廉之恒道：中国传统文化现代转换研究》，北京：中国社会科学出版社2014年版。

073 黄德林著：《探索反腐倡廉教育规律——反腐败与廉政建设研究》，成都：西南交通大学出版社2011年版。

074 周红主编：《行政伦理学》，天津：南开大学出版社2009年版。

075 朱银瑞著：《网络道德教育》，北京：社会科学文献出版社2007年版。

076 《党风廉政建设和反腐败斗争学习读本》，北京：研究出版社2013年版。

077 赵静著：《中国共产党执政道德建设研究》，北京：光明日报出版社2013年版。

078 倪星著：《惩治与预防腐败体系的评价机制研究》，广州：中山大学出版社2012年版。

079 建立反腐倡廉宣传教育长效机制研究课题组编著：《建立反腐倡廉宣传教育长效机制研究》，太原：山西人民出版社2010年版。

080 刘纪舟著：《落马贪官的腐败心理——腐败心理学研究》，北京：中共中央党校出版社2013年版。

081 包玉秋著：《反腐倡廉立法研究》，北京：中国社会科学出版社2013年版。

082 金观涛、刘青峰著：《中国现代思想的起源——超稳定结构与中国政治文化的演变（第一卷）》，北京：法律出版社2011年版。

083 中共中央宣传部编：《习近平总书记系列重要讲话读本》，北京：学习出版社、人民出版社2014年版。

084 孙剑鸣主编：《廉雨清风沐桃李——宁波教育系统廉政文化建设论文集萃》，宁波：宁波出版社2012年版。

085 杨礼宾、葛维先主编：《廉政文化理论与实践研究》，北京：中国方正出版社2014年版。

086 詹复亮著：《反贪侦探热点与策略》，北京：人民出版社2010年版。

087 王世谊、周义程著：《权力腐败与权力制约问题研究》北京：中国社会科学出版社2011年版。

088 何增科著：《反腐败新路：转型期中国腐败问题研究》，北京：中央编译出版社2002年版。

089 胡鞍钢著：《中国：挑战腐败》，杭州：浙江人民出版社2001年版。

090 刘宋斌编著：《中国共产党反腐倡廉纪事1921—2009》，北京：中国方正出版社2009年版。

091 王沪宁著：《腐败与反腐败——当代国外腐败问题研究》，上海：上海人民出版社1990年版。

092 胡杨主编：《反腐败导论》，北京：中共中央党校出版社2012年版。

093 李秋芳主编：《廉政文化建设理论与实践研究》，北京：中国社会科学出版社2011年版。

094 张华著：《腐败犯罪控制机制研究》，北京：中国长安出版社2013年版。

095 王文升主编：《廉政文化论》，北京：中国方正出版社2009年版。

096 高建林著：《社会主义核心价值体系与廉政文化建设》，苏州：苏州大学出版社2011年版。

097 朱光磊著：《以权力制约权力——西方分权论和分权制评述》，成都：四川人民出版社1987年版。

098 杨奎、邱吉等著：《社会主义思想道德建设研究》，北京：知识产权出版社2013年版。

099 《廉政文化建设新论》课题组编著：《廉政文化建设新论》，北京：中国方正出版社2007年版。

100 吴敬琏等著：《腐败寻根：中国社会会成为寻租社会吗》，北京：中国经济出版社1999年版。

101 沈其新、汪太理著：《和谐之魂——中华廉洁文化与中国共产党先进性建设》，长沙：湖南人民出版社2007年版。

102 宋振国、刘长敏著：《各国廉政建设比较研究》，北京：知识产权出版社2006年版。

103 周国富主编：《中国浙江廉政文化论坛文集》，北京：中国社会科学出版社2006年版。

104 罗任权主编：《新时期廉政文化建设研究》，北京：中国社会科学出版社2010年版。

105 林喆著：《权力腐败与权力制约》，北京：法律出版社2010年版。

106 中央纪委宣教室：《邓小平党风廉政建设和反腐败理论学习纲要》，北京：中国方正出版社2002年版。

107 《马克思恩格斯全集》第1、2、8、22卷，北京：人民出版社1972、1979、1995、2001年版。

108 ［瑞典］博·罗斯坦著，蒋小虎译：《政府质量：执政能力与腐败、社会信任和不平等》，北京：新华出版社2012年版。

109 ［古希腊］亚里士多德著，吴寿彭译：《政治学》，北京：商务印书馆1965年版。

110 ［美］苏姗·罗斯·艾克曼著，王江、程文浩译：《腐败与政府》，北京：新华出版社2000年版。

111 ［美］埃德加·博登海默著，邓正来译：《法理学——法哲学及其方法》，北京：华夏出版社1987年版。

112 ［美］道格拉斯·诺思著，刘守英译：《制度、制度变迁与经济绩效》，北京：生活·读书·新知三联书店1994年版。

113 ［美］道格拉斯·C.诺斯著，陈郁等译：《经济史中的结构和变迁》，上海：上海三联书店、上海人民出版社1994年版。

114　[美] 丹尼斯·朗著：《权力论》，北京：中国社会科学出版社2001年版。

115　[法] 洛克著：《政府论》（下篇），北京：商务印书馆1986年版。

116　[法] 孟德斯鸠著：《论法的精神》（上卷），北京：商务印书馆1961年版。

117　[南非] 罗伯特·克利特加德著，杨光斌等译：《控制腐败》，北京：中央编译出版社1998年版。

118　[日] 川岛武宜著：《现代化与法》，北京：中国政法大学出版社1994年版。

119　[俄] 萨塔罗夫主编，郭家申译：《反腐败策略》，北京：社会科学文献出版社2011年版。

120　[英] 丹尼·卡瓦拉罗著：《文化理论关键词》，南京：江苏人民出版社2006年版。

121　[法] 托克维尔著，陈玮译：《论美国的民主——为什么美国没有爆发法国式的大革命》，北京：九州出版社2013年版。

122　[法] 塞缪尔·亨廷顿、劳伦斯·哈里森著，程克雄译：《文化的重要作用：价值观如何影响人类进步》，北京：新华出版社2010年版。

123　[英] 马修·阿诺德著，韩敏中译：《文化与无政治状态》，北京：生活·读书·新知三联书店2008版。

124　[新西兰] 杰瑞米·波普著，清华大学廉政研究室译：《制约腐败——建构国家廉政体系》，北京：中国方正出版社2003年版。

期刊类

001　党评文：《扎实推进新时代廉洁文化建设》，《学校党建与思想教育》，2022年第4期。

002　梁建业：《传统廉洁文化的当代价值及融入路径》，《人民论坛》，2019年第29期。

003　任建明、胡光飞：《文化反腐：历史反思、特点分析及手段策略》，《廉政文化研究》，2018年第6期。

004　李红权：《廉洁文化的培育与传播》，《社会科学家》，2014年第10期。

005　李斌雄、杨竹芸：《廉洁教育和廉洁文化建设：实现不想腐的基本路径》，《社会科学动态》，2019年第3期。

006　孙晓莉、李广栋：《历史和现实双重视野下的全面增强执政本领》，《新视野》，2020年第2期。

007　朱军：《芬兰的廉政文化》，《检察风云》，2005年第5期。

008　杜文杰：《俄罗斯民族精神的两面性》，《对外经济贸易大学学报》，2003年增刊。

009　周琪：《美国历史上的腐败与反腐败》，《美国研究》，2004年第3期。

010　胡孚琛：《全球化浪潮下的民族文化——再论21世纪的新道学文化战略》，《东方论坛》，2005年第4期。

011　陈伯海：《东亚文化与文化东亚》，《上海社会科学院学术季刊》，1997年第1期。

012　李文：《东亚国家廉政文化建设比较研究》，《浙江社会科学》，2006年第3期。

013　张丹丹：《反腐败国际合作的中国参与机制研究》，《当代世界与社会主义》，2011年第5期。

014　舒颖：《以法律规范立法　用立法促进法治——立法法实施二十周年回眸》，《中国人大》，2020年第19期。

015　王伟东、杨萍：《教育心理学视阈中的科学与哲学》，《吉林教育》，2002年第Z2期。

016　唐贤秋、陈成志：《浅析广西廉政文化建设的基本特点》，《学术论坛》，2008年第10期。

017 殷星辰：《廉政文化建设挑战不小》，《瞭望》，2006年第51期。

018 刘建武：《论反"和平演变"的长期性、艰巨性》，《马克思主义研究》，2016年第8期。

019 陈培永：《新自由主义对中国未来发展的潜在危害》，《红旗文稿》，2017年第24期。

020 毛昭辉：《反腐败制度之刚性缺陷》，《廉政瞭望》，2009年第11期。

021 马辉、杨云梅：《群众监督：社会主义权力监督体系的基础》，《大连理工大学学报（社会科学版）》，2005年第4期。

022 李景平、鲁洋：《国外公务员廉政制度及对我国的启示》，《学术论坛》，2010年第12期。

023 《习近平经典之语》，《党政论坛（干部文摘）》，2013年第5期。

024 杨宝童：《香港廉政建设对大陆的政策启示》，《江西金融职工大学学报》，2006年第1期。

025 丁忠甫、郑林：《反腐倡廉：构建和谐政治生态环境》，《云南行政学院学报》，2010年第4期。

026 《广州廉洁城市建设，真的不是在作秀》，《领导决策信息》，2014年第36期。

027 陈永忠：《国外廉政文化建设的经验与启示》，《廉政文化研究》，2020年第2期。

028 刘峰岩：《加强廉政文化建设 为反腐倡廉创造良好的社会环境》，《中国监察》，2007年第1期。

029 周云华、杨国春：《论廉政文化建设长效机制的构建》，《湖南社会科学》，2008年第2期。